晚夏殷商八百年

大历史视野下的早中国时代

李琳之 著

Eight Hundred Years from Late Xia to Shang Dynasty

中国出版集团
研究出版社

图书在版编目（CIP）数据

晚夏殷商八百年：大历史视野下的早中国时代 / 李琳之著 . -- 北京：研究出版社，2022.6
ISBN 978-7-5199-1224-6

Ⅰ.①晚… Ⅱ.①李… Ⅲ.①中国历史 – 研究 – 三代时期 Ⅳ.① K221.07

中国版本图书馆 CIP 数据核字（2022）第 053878 号

出 品 人：赵卜慧
出版统筹：张高里　丁　波
责任编辑：安玉霞

晚夏殷商八百年

WANXIA YINSHANG BABAINIAN

李琳之　著

研究出版社 出版发行

（100006　北京市东城区灯市口大街 100 号华腾商务楼）
北京中科印刷有限公司印刷　新华书店经销
2022 年 6 月第 1 版　2024 年 1 月第 5 次印刷
开本：710 毫米 ×1000 毫米　1/16　印张：26
字数：321 千字
ISBN 978-7-5199-1224-6　定价：89.00 元
电话（010）64217619　64217652（发行部）

版权所有・侵权必究
凡购买本社图书，如有印制质量问题，我社负责调换。

本书由山西省"1331工程"重点学科建设计划、山西大学三晋文化与旅游产业协同创新中心资助出版

目 录

前　言　　　　　　　　　　　　　　1

第一章 晚夏盛衰	征服东夷	13
	走向全盛	19
	孔甲乱夏	25
	夏桀祸国	28

第二章 晚夏的政治、经济与文化	高度分层的社会结构	41
	青铜铸造和青铜礼仪	47
	社会经济	53
	文化刻符	59

	先商足迹	71
第三章	成汤革命	75
夏商鼎革	剪灭"三蘖"	80
	桀奔南巢	87

	汤践天子位	101
第四章	营建新都	107
新朝气象	伊尹放太甲	114
	太戊中兴	119

	中丁迁隞	133
	祖乙复兴	138
第五章	比九世乱	146
开疆拓土	经略"有夏之居"	152
	拓展四土	158

	盘庚迁殷	175
第六章	武丁中兴	183
底绥四方	妇好挂帅	189
	殷墟的秘密	196

第七章 盛世景观	四土方国	211
	农业、渔猎业和畜牧业	218
	手工业和商业	225
	青铜时代的巅峰	233
	甲骨文及其他	241

第八章 盛极而衰	祖甲改制	257
	武乙射天	262
	文丁"杀"季历	267
	羌戎集团	271
	晚商的人祭、人殉和羌人牲	278
	西土衰变（一）	286
	西土衰变（二）	291

第九章 天命有德	帝乙归妹	307
	商纣失德（一）	312
	商纣失德（二）	317
	文王受命	322
	文王拘而演《周易》	328

第十章 剪商布局	周人"克蜀"	345
	三星堆古国（一）	350
	三星堆古国（二）	356
	扬梦以说命	363

第十一章 伐纣灭商	文王遗训	375
	孟津观兵	380
	牧野大战	386
	商鼎迁周	393

附录：夏商年表　　　　　　　402

图片来源　　　　　　　　　　405

后记　　　　　　　　　　　　408

前 言

公元前1800年至前1046年是全球化的青铜时代,世界因此形成了一个巨大的青铜文化网络系统,不同的文明都成为这个系统的一个有机组成部分。它们互相摩擦、互相碰撞,又互相交流、互相融合,由此推动着整个世界向前发展。

青铜时代的显著特征是,青铜器在人们的生产、生活中得以广泛使用,并占据重要地位。青铜文化的诞生有两个前提,一是小麦、大麦等农作物种植技术的发明和提高,二是牛、羊、马等畜牧业的高度发展。小麦、大麦等农耕种植业的兴盛发达是青铜冶炼业能够产生并形成规模的物质基础,牛、羊、马等畜牧业的高度发展是远距离运输交换的必要前提,而青铜冶炼技术的提高和普遍使用,又可以进一步提高农具和动物牵引车辆制作的技术水平,从而大大提高单位劳动生产效率。

青铜时代骑马术和用动物牵引车辆的出现,一方面大大方便了人们远距离的交流,但另一方面也为各种文明的频繁冲突创造了更大的空间。包含西亚、北非在内的地中海沿岸地区和中亚印度河流域那些曾经叱咤风云、引领世界潮流的古老文明，就是在这种背景下，被轻松上阵的新兴文明势力击垮，纷纷走向崩溃的边缘。[1]

在美索不达米亚平原两河流域，公元前3千纪末，乌尔第三王朝被东部的埃兰人和西部的阿摩利人灭亡，原居民苏美尔人也被殖民者同化，逐渐丢失了他们的母语——苏美尔语，苏美尔文明因此消失。乌尔第三王朝灭亡以后，埃兰人撤回，阿摩利人占领了两河流域，并先后建立了伊新、拉尔撒、埃什嫩那和古巴比伦四个国家。古巴比伦大致建立在公元前1894年。约100年后，汉谟拉比成为古巴比伦第六代国王，他对内颁布法典、发展生产、稳定统治，对外采取远交近攻策略，先后消灭伊新、拉尔撒，并迫使埃什嫩那与东部的亚述俯首称臣，成为古巴比伦的藩国。

这一时期，两河流域东部有加喜特人，北部有赫梯人和亚述人。汉谟拉比在位58年，是古巴比伦最为强大的时期。汉谟拉比之后，南方的乌尔、拉尔撒等地频频发生暴乱，古巴比伦逐渐衰落。公元前1595年，也就是商汤灭夏以后正筹建商都西亳的时候，赫梯人从北部长驱直入古巴比伦，劫掠了大批珍宝。此后，加喜特人又大举进攻，古巴比伦灭亡。西亚的历史重心由此转向亚述和赫梯。

亚述在公元前1815年，被来自巴比伦尼亚的阿摩利人首领沙马什阿达德用暴力夺走政权，一度成为两河流域最为强大的国家，但后来被汉谟拉比领导下的古巴比伦长期压制。古巴比伦灭亡后，亚述于公元前14世纪中期进入中亚述时期，但彼时的赫梯和米丹尼已经成长壮大起来，两河流域呈现三足鼎立局面。公元前14世纪后期，米丹尼因遭赫梯的打击而衰落，亚述趁机扩张，并在公元前13世纪初将米丹尼灭亡。公元前1115—前1077年，提格拉特-帕拉沙尔一世在位时，亚述达到极盛：在北方，驱逐了入侵的木什吉人，将边界进一步向北推进；在西方，攻占了黎巴嫩；在西南，迫使强大的埃及人主动与其修好。但是，当提格拉特－帕拉沙尔一世去世以后，亚述再度走向衰落。

赫梯位于小亚细亚东部，在今克泽尔河中上游一带。公元前19世纪中期，赫梯进入阶级社会。约从公元前18世纪起，赫梯开始了部落之间的吞并和对外扩张。进入公元前16世纪后期，铁列平上位国王后推行改革，缓解了统治阶级内部的矛盾，加强了王权，赫梯由此强盛起来。公元前14世纪至前13世纪，赫梯同埃及为争夺叙利亚、巴勒斯坦，进行了长期战争，并取得优胜地位。但长期的战争导致国内各种矛盾激化，至公元前13世纪末，赫梯又遭海上民族入侵，内忧外患之下，逐渐陷入分裂境地。公元前8世纪，亚述消灭赫梯残存势力，赫梯灭亡。

尼罗河流域在公元前1800年时，处于第十二王朝阿美涅姆赫特三世的统治下，由于在农业、政治、军事等方面实行了一系列的改革，埃及继续稳居世界头号强国位置。其综合反映就是，首都底比斯有城门百座，人口稠密，经济繁荣，广厦连亘，被称为"百门之城"。在此后又经过连续几代人的扩张，到公元前15世纪中期，埃及北疆已抵小亚细亚南部，东北达幼发拉底河，西界利比亚，南至尼罗河第四瀑布，一跃成为西亚和北非地区最强大的国家。但此后由于宗教势力日益强大，王权和神权发生激烈冲突，政权几番易主，埃及陷入动荡之中。

公元前1348年，霍连姆赫布夺取王位，之后大刀阔斧进行宗教改革，同时整顿吏治，惩贪治污，并出兵西亚，同赫梯进行争霸战争，埃及得以复兴。然而这场争霸战争持续了近半个世纪之久，尽管两国在公元前1284年签订了和平条约,但国内外各种矛盾开始集中爆发。国内,人民起义此起彼伏;国外,利比亚等国侵略骚扰不断。到公元前2千纪末时,危机进一步加深:一方面是海上民族加入骚扰埃及的行列,叙利亚和巴勒斯坦等埃及附庸势力也举起了造反旗帜,埃及最后完全丧失了海外殖民地;另一方面是宫廷内部连续发生政变,并不断受到周边国家欺侮,埃及再次走向衰落。公元前7世纪,亚述征服埃及。此后300年,埃及又先后被波斯、马其顿征服。古老的埃及文明,除了仅留下一些纪念性建筑外,其他荡然无存。

在希腊半岛东部的爱琴海地区,公元前2000年左右时,克里特岛文明进入国家行列。大约550年后,大陆上的希腊人侵占克里特岛,克里特文明覆亡,取而代之的是由希腊人创造的迈锡尼文明。

迈锡尼诸国占领克里特岛后,在约公元前13世纪,发动了特洛伊远征。战争持续了10年,虽然迈锡尼取得了最终的胜利,但却由此引发了国内矛盾的总爆发,内争纷起。居住在希腊北部的多利安势力乘机南下,灭了迈锡尼诸国,迈锡尼文明因此被毁灭。这一毁灭是如此彻底、干净,连迈锡尼人使用的线形文字都化为了乌有,唯一留下的就是一些恍惚迷离的传说。直至19世纪末,德国考古学家海因里希·施里曼发掘出了迈锡尼、特洛伊和梯林斯等遗址以后,迈锡尼文明和克里特文明才逐渐显露出它们的本来面目。

在印度河流域,公元前1750年,辉煌达700年之久的哈拉巴文化在其中心区突然消失,至于具体原因,至今没有明确的答案。哈拉巴文化开始转入乡村偏远地区。与此同时或稍靠后,属印欧语系的雅利安人侵入印度河流域,原住民被雅利安殖民者所同化,哈拉巴文化最终于公元前1000年前后销声匿迹。

与地中海沿岸和印度河流域古老文明先后灭绝现象不同的是，在公元前 1800—前 1046 年，华夏文明在东亚大陆呈现出了另一番连绵不断、蓬勃发展的景观。

继承了陶寺文明基因的夏朝在公元前 1800 年时，跨越古国阶段进入王国阶段，夏王朝一枝独大，中国大地出现了月朗星稀的现象。夏作为一个地域国家，跃升为一个集权的中央政府成为通过方国或诸侯国所控制的大面积地域的政治实体。其全盛时期，北面已抵达沁河岸边；西北到达晋南，直至晋中灵石一带；西面突入陕西关中东部、丹江上游的商州地区；南及豫鄂交界地带；往东抵达豫东开封一带。夏王朝拥有了以往任何古国都无法企及的"广域王权"，成为东亚大陆星空中唯一的那轮朗月。

公元前 1600 年，商汤率领商夷联军进军中原灭夏，建立了商王朝。商人接受的不仅仅是夏的疆域，还全盘继承了夏人优秀的传统文化和治国理念。新兴的商王朝统治者对夏王室遗民没有赶尽杀绝，而是通过保留夏都旧城和夏社，对他们予以安抚。商人公开宣称，他们这样做的目的是接受"天命"，承续夏禹之绩。[2]

夏商不是两种不同性质的文化前后替代，而是同属华夏文明的两种部族文化的前后相续，这使得商王朝能够在发达的夏文化基础上，快速发展起来，不论是农业，还是手工业等，都很快呈现出了前所未有的繁盛景观。在早商晚段臻于鼎盛时，商的疆域已经远远超越了夏：向北，抵达石家庄地区，甚至连远在太行山以北的蔚县庄窠和四十里坡也发现有商文化遗存[3]；向东，到达济南和鲁中南地区；向西，范围扩大到东起华山、西到岐山、南起蓝田、北至铜川这一广大区域；向南，商人以武汉盘龙城为中转站，远抵江西九江和湖南澧县一带。

更能说明问题的是商王朝早中晚都邑面积的不断扩大。商早期都邑偃师商城，一期面积只有80万平方米，二至三期时扩大到190万平方米；中期都邑郑州商城面积扩大到了史无前例的1400万平方米，到晚期都邑殷墟时，面积更是扩大到了惊人的3600万平方米，是晚夏都城二里头遗址面积的12倍。

商代在政治、经济等方面之所以能有如此快速的发展，除了商王朝所继承的华夏文明有深厚的积淀外，还有一个不可忽视的因素是，彼时的中国已经成为整个世界青铜时代网络体系中的一个成员。尽管由于距离遥远和封闭等原因，西亚、中亚的政治文明没有对古老的华夏文明产生实质性的影响，但青铜及其铸造技术、小麦及其种植技术、牛羊马及其驯养技术、车辆及其制造技术等的传入，事实上等于为夏商带来了新的生产力，极大地刺激并促进了华夏社会飞速向前发展。

晚夏处于中国青铜时代的早期，商王朝在晚期达到了中国青铜时代的巅峰。彼时的青铜冶炼技术更加成熟，青铜器种类日益增多，质量和艺术水准都达到了前所未有的高度，青铜器已经广泛运用于农业、手工业及军事上。尤其是商承夏创造性地将青铜器运用在政治和宗教领域，使得青铜礼器具有了国家政权及其辖下诸侯和方国分权象征的意义——不同级别的官员按照等级使用不同质量和等次的礼器，青铜礼器及其组合也因而成为个人身份和地位的象征。

商王朝相比周边小国尽管显示出了相对发达的文明景观，但由于尚处于早期国家阶段，还不可避免地带有古国乃至原始社会的痕迹，这在商人政治和社会生活中有很鲜明的体现。

首先，商人从上至下都普遍信仰原始巫教。商人痴迷于巫风，好占卜，重祭祀，几乎无所不祭，无所不占。《礼记·表记》说："殷人尊神，率民以事神，先鬼而后礼。"[4] 殷墟发现的甲骨文就是晚商时期商王和商王室成员占卜问卦的卜辞记录。据不完全统计，迄今国内外总计发现各类卜辞甲骨有154936片。另外，还有甲骨文拓本共275项，216235片。[5] 商人巫风之盛由此可见一斑。

商人还盛行人殉、人祭。据甲骨文记载，从盘庚迁殷到商纣亡国，共用人祭13052人，另外还有1145条卜辞未记人数，如果这1145条卜辞都以1人计算的话，全部杀人祭祀，至少当用14197人——这是一个很不完备的数字，因为有很多甲骨流失在国外，还有被损坏的、没有被发现的，如此等等。[6]

其次，商王权力受到神职人员一定程度的限制。由于商人尊鬼事神，迷信巫术，商王朝因此存在一个用来沟通神人的巫祝贞人阶层。这些巫祝贞人利用所谓沟通神人的特殊能力，不时干涉商王决策，到商代后期甚至威胁到了商王权力的行使。商朝第24任君主祖甲发明了周祭制度，主祭人由原来的贞人集团变为由商王本人亲自担任，实际上体现的是祖甲从巫祝贞人集团手中夺回了作为神人之间媒介的沟通权力。巫祝贞人集团心有不甘，要夺回这个权力，但他们能拿出手的唯一理由就是搬出上帝和天神，从多方面压制商王。第27任君主武乙终于忍无可忍，遂"为偶人，谓之天神。与之博，令人为行。天神不胜，乃僇辱之。为革囊，盛血，卬而射之，命曰射天"[7]。武乙此举或许就是要警告那些想用天神压他一头的贞人官僚集团：天神不过就是个任人摆布的木偶，我既然敢辱它、射它，收拾你们也不在话下！

武乙"射天"行为，在商末时，又被纣重复了一次："囊盛其血，与人县而射之，与天帝争强。"[8] 应该说，自祖甲改制以来，这种"王权"和贞人集团之间的夺权斗争其实已经成为一种常态。

再次,商代社会中出现了女人地位较高的异常现象。殷墟出土的甲骨文中,带有"妇"字的人名就有121位,均为武丁和后来商王以及诸多兄弟的配偶,还有诸侯、方伯一类的贵妇。[9]从卜辞内容看,这些带"妇"字的贵妇,大都有参与祭祀、征召兵力、奉命征伐、管理稼穑以及向商王纳贡等权利和义务。其中,妇好和妇妌就是这些"妇"人中的杰出代表,她们作为王后,最主要的职责是陪王主祭。妇妌还主管农业稼穑之事,同时参与祭祀、祈求生子、受王呼命、奉命征伐等。

妇好和妇妌还都是拥有封地的郡主。妇好不仅以王室成员的身份参加祭祀大典,还亲自主持祭祀仪式。妇好又是统兵征战一方的大帅。甲骨卜辞记载妇好曾为武丁征集兵员,还带兵北上征伐土方,南下征伐巴方,东进征伐夷方,西进征伐羌方,并在对羌的战斗中统帅1.3万人作战,显示了极强的统兵作战能力。[10]

周武王在讨伐商纣时,指责纣的一大罪状就是"惟妇言是用"[11],也从反面说明妇女在商王朝的地位比较高。这意味着从戎狄脱胎而来的商王朝,还带有一定的母系氏族社会痕迹。

第四,商代同时实施"长子继承制"和"兄终弟及"制,也体现了早期国家在政权交替方面还处于比较稚嫩的时期。商代开国君王成汤驾崩时,由于太子太丁意外早逝,太丁之子年龄尚小,因此就由太丁之弟外丙继承王位,开了"兄终弟及"的先河。但是,这种制度在中丁时疑似遭到破坏。从中丁开始,中间历经外壬、河亶甲、祖乙、祖辛、沃甲、祖丁、南庚,直至阳甲,一连九世,都是在"废嫡而更立诸弟子,弟子或争相代立"的非正常状态下获取王位的,其间的骨肉相残、血雨腥风，以致商王朝连续九世都处在混乱不堪的状态中，甚至连各方诸侯都不来朝拜，史称"比九世乱"。[12]

"比九世乱"的一个显著特征是都邑屡迁。终商一朝，共有五次迁都行为，其中四次都发生在"比九世乱"期间。最后一次盘庚迁殷虽然不是发生在"比九世乱"期间，但也是紧接着"比九世乱"进行的。商人多次迁都尽管有多重因素在起作用，但主要原因应该还是商王室内部因王位继承问题发生了内讧，这些靠非常手段夺取王位的商王不得不离开是非之地，以便抛弃反对势力，启用新人，重新开始一段新的航程。

商王朝显示出来的这些带有古国乃至原始社会的痕迹，正是晚夏至商周早期国家的固有特征。如果把早期中国分为早晚两段，那么晚夏及终商一朝就属于早期中国早段，我称之为"早中国时代"，她为处于早期中国晚段的周王朝的兴起以及华夏民族的最终形成，奠定了坚实的文化基础和物质基础。

注　释

1. 晏绍祥：《世界上古史》，中国人民大学出版社2009年版，第27—86页；雷海宗：《世界上古史讲义》，中华书局2012年版，第93—102页；〔美〕斯塔夫里阿诺斯著，吴象婴等译：《全球通史：从史前史到21世纪》（第7版/修订版），北京大学出版社2012年版，第49—154页。

2. （清）邵晋涵撰，李嘉翼、祝鸿杰点校：《尔雅正义》，中华书局2017年版，第60页。

3. 罗琨：《商代战争与军制》（商代史·卷九/宋镇豪主编），中国社会科学出版社2010年版，第94页。

4.（清）孙希旦撰，沈啸寰、王星贤点校：《礼记集解》，中华书局1989年版，第132页。

5. 胡厚宣、胡振宇：《殷商史》，上海人民出版社2019年版，第407—421页。

6. 胡厚宣：《中国奴隶社会的人殉和人祭》（下篇），《文物》1974年第8期。

7.（汉）司马迁撰，（南朝宋）裴骃集解，（唐）司马贞索隐，（唐）张守节正义：《史记》，中华书局1982年版，第104页。

8.（汉）司马迁撰，（南朝宋）裴骃集解，（唐）司马贞索隐，（唐）张守节正义：《史记》，中华书局1982年版，第3235页。

9. 宋镇豪：《夏商社会生活史》，中国社会科学出版社1994年版，第148—151页；孟世凯：《商朝》（文明的历程丛书/李学勤主编），上海科学技术文献出版社2020年版，第259页。

10. 王宇信、徐义华：《商代国家与社会》（商代史·卷四/宋镇豪主编），中国社会科学出版社2011年版，第137页。

11.（清）孙星衍撰，陈抗、盛冬铃点校：《尚书今古文注疏》，中华书局2004年版，第286页。

12.（汉）司马迁撰，（南朝宋）裴骃集解，（唐）司马贞索隐，（唐）张守节正义：《史记》，中华书局1982年版，第101页。

第一章
晚夏盛衰

桀众叛亲离,曾经郁勃强盛的大夏彼时就像是一座由几根朽木支撑起来的大厦,只需一股强风吹到,便会轰然倒塌,但桀对此似乎浑然不觉,还四处征伐。除了伐有施、岷山外,还因为夏桀十一年召集诸侯在有仍氏所在的今山东泰安一带会盟时,有缗氏中途逃归而大肆讨伐,灭掉了在今山东金乡县一带的有缗国。

征服东夷

夏人建国之前，整个东亚大陆的舞台主要由东夷集团、华夏集团和南方苗蛮集团占领，三大集团虽然都互有攻伐，但基本上是东夷集团和华夏集团为统一战线，等到南方苗蛮集团被消灭，夏朝建立后，夷夏之争则成为这一时期的主题。

从考古学方面观察，海岱地区在龙山时代之后，继之而起的是继承了龙山文化传统的岳石文化。[1] 时间大约在公元前1900—前1450年，相当于夏代中期至商代初期。岳石文化主要分布在山东、皖北、苏北和豫东等原龙山文化地区。彼时，整个东亚大陆已经形成了以豫西、晋南等中原地区为中心的基本格局，而海岱地区的文化、经济、政治重心则由鲁东南、鲁中北、苏北地区转移到了鲁西、鲁西北平原及豫东和皖北地区。这一带也随之成为夷夏之争的前沿阵地，虽然岳石文化人群延续了龙山文化以来大规模西迁的态势，其中一大部分还融入华夏族群，东西方文化得以深度融合，但东西对峙仍是这一时期双方不得不面对的棘手问题。

我在《元中国时代》一书中已述及，太康失国，后羿代夏，太康的儿子少康借助东夷族群的有仍、有虞两国势力先后灭掉同为东夷族群的有穷、过和戈三国,成功恢复了夏王朝的大统[2],这一惨痛教训让少康及其后续几代夏帝充分认识到了东夷族群的强大及其对夏王朝的觊觎之心,因而有针对性地采取了征伐和安抚两手并举的策略。

古本《竹书纪年》记载[3],少康复国即位第二年,"九夷"之方夷就到夏都进行了"国事"访问。

为了更有效地镇抚东夷族群,继少康之后的予即帝杼,还把前沿战略指挥中心从河济地区的原迁到了豫东的老丘,即今开封市陈留镇以北约20公里的虎丘岗遗址[4],并亲自挂帅,一直向东打到东海岸边,捕获了以九尾狐为图腾神和婚姻神的多个东夷部族首领[5],征服了这一地域的土著夷人。东海大致在今鲁东南的沂沭河盆地一带——在公元前6000—前2000年这一段时期,这一地区尚是一望无际的湖泊和大泽。[6]

帝杼驾崩后,其子槐(即后芬)继位。槐沿袭了少康以来对东夷人胡萝卜加大棒的政策,革故鼎新,取得了意想不到的成效。到帝槐三年时,来自海岱地区东南西北各地的畎夷、于夷、方夷、黄夷、白夷、赤夷、玄夷、风夷、阳夷等都主动前往夏王朝进贡。夏王朝浴火重生,走向鼎盛。至此,"家天下"的格局完全确立并被普天下各方势力所认可,以夏王朝为中心的新天下秩序得以全面建立。

帝槐死后,其子芒继位。即位之初,芒将黑色的玉珪掷进黄河,祭祀河神。随后他命东夷人巡狩海滨,还降服了另一支以大鸟为图腾的东夷支系。

帝芒驾崩，其子泄继位。彼时的夏王朝已经能够堂而皇之地对畎夷、白夷、赤夷、玄夷、风夷、阳夷发号施令，对他们封爵加命。

到帝泄子不降当政时，"九夷"的隐患彻底清除，夏王朝开始腾出手来，北上嵩山西北讨伐"九苑"一族。[7]

夏王朝的兴盛一直延续到第 16 任夏帝发时。发即位元年，东夷诸族还派大臣前来祝贺，进献歌舞。彼时的天下呈现出的是一派和乐繁荣的景象。

夏人征服东夷在考古学上也有相应的证据。从现有的考古资料观察，二里头文化的分布范围是逐渐扩大的，第一期以伊洛河盆地及其周围为主要分布区；第二期扩张至豫中、豫东地区，并在此间修筑了具有政治和军事意义的据点，考古发现有大师姑、东赵、望京楼等遗址；第三期除稳定原有地区外，二里头文化还向东扩张到了山东地区。[8]

二里头夏人东进的路线大致是沿伊洛河向东至伊洛河与坞罗河交汇区域，然后继续沿伊洛河转向东北方向抵达黄河，再沿黄河和嵩山北麓一线向东至豫中平原北部，在此分东、南两路，进入豫东地区。这一路都留下了斑斑足迹：

> 偃师二里头遗址——巩义稍柴遗址——荥阳大师姑、郑州高新区东赵遗址——郑州洛达庙遗址——杞县段岗、牛角岗、朱岗、西伯牛岗遗址——河北保定满城要庄、山西芮城西王村遗址——商丘坞墙遗址。

除此之外，在周口地区的西华陆城和后于王庄、项城骆驼岭、商水王田寺、太康方城等遗址中，也都发现了二里头文化遗存。[9]

其中，商丘坞墙遗址所处时代大致为二里头文化一期，段岗和牛角岗两处遗址为二里头文化二至四期，朱岗遗址对应时代为二里头文化二、三期[10]。根据夏王朝14世17王共历471年推算，二里头文化一期大致应处在帝杼及其后一两代夏王时期。

豫东兰考、杞县、太康等地正是岳石文化遗址最西端的集中分布区，岳石文化和二里头文化在此杂处，既表明这一地区是双方绞杀的前沿阵地，又暗示这两种文化在相互碰撞、纠缠数百年后有了和睦相处的趋势。

从表面看，在二里头文化和岳石文化的相互关系中，似乎后者对前者的影响更强烈一些，如在二里头遗址各期文化层中均发现有与岳石文化典型器物相似的同类器[11]，而在岳石文化腹地却极少发现二里头文化的典型器物。不过，岳石文化腹地一些重要遗址出土的器物上却

▲ 杞县段岗遗址一隅

刻有二里头文化的传统纹饰。[12]纹饰一般代表着制造者和使用者的族群认知和精神信仰。岳石文化腹地出现二里头文化纹饰，说明二里头文化对岳石文化的影响更多体现在精神层面，是岳石文化统治阶级对二里头文化族群信仰、治国理念等认可和接受的物化体现。而二里头文化对岳石文化的认可和接受却恰恰相反，仅限于一些具体的日常用品，绝不涉及精神层面，这和上述夏人征服东夷的文献记载可以相互印证。

夏人对东夷的征服在"淮夷"身上表现得尤为突出。夏人对"淮夷"的征服路线是，从豫东南下皖北，再直达淮河上游。[13]淮河流域本是夏人早期重要活动区域。早在夏代建立前夕，这里就是和大禹有姻亲关系的涂山氏族人活动的根据地，也是"禹会诸侯"、确立大禹作为华夏联盟集团盟主地位的宝地。[14]大禹即位后，封东夷偃姓始祖皋陶于安徽六安，故六安又称皋城。皋陶后人后来还在这一地区建立了六、英等国。[15]

可以说，终夏一朝近500年的时间内，淮河中游地区的土著夷民及偃姓族人始终没有与夏人发生过冲突，彼此相处和睦，其乐融融。这种历史渊源使得夏人能够顺利南进至此，并很快与当地土著居民和其他外来移民融合在一起——在该地区诸多文化遗址中的同一文化层面上，都发现有二里头文化与其他多种文化并存的现象，像从杞县往南至周口市的太康—淮阳—项城—驻马店—信阳—息县—淮滨一线就分布有较多的二里头文化遗址，如太康方城，项城高寺、骨头冢，淮阳的范丹寺、双冢、平粮台等。[16]

从这些遗址分布情况观察，至迟自夏代中期开始，夏人就已经不仅仅在文化上与淮河流域有所交流，应该还伴随有大规模的人员迁徙，说明夏王朝可能一开始就对淮河上游干流两岸进行了精心布局和经营。

第一章 晚夏盛衰

当夏人在淮河上游站稳脚跟后，又步步为营，沿淮河向东推进，直达江淮地区。这一路也留下了众多带有二里头文化鲜明特色的遗址，如安徽寿县斗鸡台、青莲寺，肥东吴大墩，肥西塘岗，含山大城敦和潜山薛家岗等。寿县斗鸡台遗址的二里头文化因素，显示时代为二里头早期[17]；潜山薛家岗遗址的二里头文化因素，显示为二里头文化一、二期。[18]

在山东和苏北沿淮两岸的岳石文化遗址中也都出现了诸多的二里头文化因素，如鸡冠耳盆、舌状足三足罐、觚形杯等，都是典型的二里头文化器物，表明夏王朝势力不但推进到淮河下游，而且拓展至山东和苏北地区。[19]

走向全盛

　　东夷诸族臣服标志着夏王朝全面进入兴盛时期,夏代社会开始呈现出不同于以往任何古国的社会政治组织结构,拥有了以往任何古国都无法企及的"广域王权"。[20] 聚落调查表明,二里头文化二期时,二里头文化的政治势力,北面已抵达沁河岸边;西北到达晋南,直至晋中灵石一带[21];西面突入陕西关中东部、丹江上游的商州地区;南及豫鄂交界地带;往东抵达豫东开封一带。[22]

　　二里头文化对周边地区的影响更是达到了前所未有的广度:北面,二里头文化影响所及已达内蒙古中南部、豫北、冀南、冀北—燕山南麓及辽西地区[23];南面,包括江淮、宁镇、皖南、上海、赣鄱、江汉平原、峡江等地区都发现有二里头文化遗存[24];在上海马桥遗址发现了属于二里头文化性质的鸭形壶、扁平三角形石镞、半月形石刀等器具[25];在鄂东北的滠水、涢水流域、襄阳以及鄂西地区,发现有二里头文化遗址或二里头文化典型遗存[26];在武汉盘龙城也发现了大量的二里头文化器物,该遗址很可能是夏王朝在长江中游地区设立的一个控制铜矿资源和绿松石资源的重要战略基地。[27] 另外,赣江中下游地区广丰社山头、高安下陈、新余珠珊等遗址出土的觚、斝、盆、盉及直内戈等，也都明显受到了二里头文化的影响[28]；在西南，四川广汉三星堆与其西面不远的高骈遗址出土了具有二里头文化特性的三件变形饕餮纹牌饰，以及与二里头文化所见几乎完全相同的镶嵌绿松石的铜牌[29]；在西北，由于原来石峁文化占据的陕北、晋西北、冀西北，以及齐家文化占据的甘青地区本就是夏王朝早期的势力范围[30]，所以夏人在南下占据伊洛河平原并建立了新都斟鄩即二里头遗址后，这一广大区域应该仍在夏王朝的控制之下。事实上，二里头文化在玉文化、青铜礼仪文化、丧葬文化乃至在人种方面同石峁、齐家文化都有诸多的共同点[31]，说明它们之间存在着千丝万缕的联系。齐家文化年代与夏纪年大致相当，其年代上限或略早于夏代，在公元前 2200 年左右。[32] 天水出土的陶盉、铜牌饰等[33]与二里头文化同类器相似，而二里头文化出现的花边罐则明显是受到了齐家文化的影响。[34]

从二里头聚落演变过程观察，二里头遗址出现之前的仰韶晚期和龙山早期，周边有北许南[35]、四角楼[36]和圪垱头东北[37]三处小型聚落，面积在 8 万~12 万平方米之间，位于古洛河北岸。

公元前 1800 年左右，夏人废弃地处西北地区的石峁城，开始营建面积超过 100 万平方米的二里头一期城邑。如此规模的城址在豫西地区还是首次出现。从其中发掘出来的数量较多且规格较高的遗物以及可能开始铜制品冶铸实践的情况来看，这一时期二里头遗址已经成为区域中心聚落，具有了一定的都邑性质。换言之，二里头一期城址已经成为夏王朝政治、经济和文化中心所在地。夏王朝历尽劫难后，由此开始进入全面提速发展时期。[38]

二里头一期延续了 100 年左右。从其最初出现的时间和对外扩张情况观察，除在伊洛河盆地留下大量遗存外，伊洛河盆地东部边缘的稍柴遗址也始建于二里头一期——这个地方是二里头文化向东到达豫西的必经之地，很有可能是作为物质补给和军事防御的战略据点而设立的。豫中地区陆续出现了一些属于二里头文化一期的遗址，如荥阳竖河、郑州西郊东赵等[39]，最引人瞩目的是周口地区发现了16处二里头文化遗址，其中绝大多数都包含甚至主要是二里头文化一期遗存，在临汝煤山也发现同类遗存。[40]另外，像前述豫西商丘坞墙遗址的对应时代也是二里头文化一期。[41]

由于在二里头文化一期时，夏人采取了稳扎稳打、逐步东进的方针，东夷诸族先后臣服，夏人能够在一个安定的环境里进行经济建设，夏朝的政治、经济和军事实力迅速提高：二里头都邑的面积由一期的100万平方米骤然扩建到二期的300万平方米，遗址中心区营建了面积庞大的大型建筑基址区和道路系统，遗址南部也建立了具有围垣设施的手工业作坊区，包括绿松石器作坊、铸铜作坊等技术含量较高的手工业设施。到二、三期之交，小型房屋和灰坑等开始出现，以新建大型建筑基址群为中心的封闭宫城拔地而起，西南部作为宫城附属建筑的7号、8号基址也于同期建成。[42]在遗址不同区域形成了各种不同的骨器加工点、制骨作坊和400多座规格不同的墓葬簇群，尤其是在宫殿区北侧和东侧还规划出了祭祀区[43]，充分体现了"国之大事，在祀与戎"[44]的重要意义。

尤为重要的是，在二里头文化二期时，统治者将铜铃与绿松石龙形器组合作为王陵随葬礼器使用，实际上是"开启了铜铃加松石镶嵌器组合的随葬模式……这一肇始于二里头文化第二期的随葬品组合，经二里头都邑两次大的礼制变革，一直延续了下来"[45]，说明晚夏统治者在沿袭陶寺尧舜古国以来的礼仪传统时，又进行了二里头特色的革新，从精神方面开始加强夏王朝向心力和凝聚力的统治。

二里头遗址二、三期之交，在中轴线布局上，大型宫室建筑群和宫城的问世以及以酒礼器为核心的青铜礼容器组合的形成，被认为是中国"朝廷"与"宫廷礼仪"的滥觞。[46]

与此同时，夏王朝核心所在的伊洛河盆地，聚落数量和规模出现了前所未有的暴涨现象。如果把伊洛河盆地的聚落按面积100万平方米以上、33万~80万平方米、18万~29万平方米和小于20万平方米分作四级聚落的话，那么在二里头文化一期，除了第四级聚落有9处，其他一、二、三级只有各一处。但到了二里头文化二期，第四级聚落骤增至46处，增长幅度高达4.1倍；第二、三级聚落分别增至7处和8处，增长幅度高达6倍和7倍。而一级聚落数量虽然没有增加，但唯一的二里头遗址，面积却比原来扩大了2倍。总体而言，与一期相比，二期聚落激增量约为336%。[47]

人口数量和经济实力的增长，使夏王朝进入了前所未有的快速扩张时期，在二里头文化二期尤其是二期晚段时，二里头文化基本上占领了豫东大部分地区和皖西北地区，促使东夷各部先后降服。如上述开封地区东部的段岗、牛角岗等，都是这一时期的二里头文化遗址。这些遗址大都分布在惠济河沿线以西地区。在周口涡河以西和皖西北颍河西岸西部也发现有同时期的二里头文化遗址。[48]

二里头三期时，夏王朝疆域基本定型，二里头文化的扩张势头也随之减缓。这一时期几乎不见有新型遗址出现，三期遗存大都出现在原来的二期文化遗址中。[49]

与此同时，二里头遗址也出现了前所未有的新气象，[50]三期早段，

4号基址开始兴建。宫城西南部 1 号宫殿基址也在偏晚阶段兴建起来。宫城内东、西两组建筑群的格局开始形成。这个时期还出现了最早的青铜礼容器——作为温酒和饮酒器具的爵,成为日后商周青铜酒礼器的核心器物,是区分人们社会地位的重要标志,是二里头遗址发生的第一次礼制大变革。[51]

▲ 二里头遗址出土的青铜爵

二里头遗址三期从都邑格局等到礼器组合的重大变化意味着夏王朝统治者不但在都邑的建筑布局上要体现天下一尊的威严和神秘,还要在礼制上限制臣民的等级身份地位,昭示了这一时期边患已除,夏王朝进入了自开国以来的极盛时期——天下安定,经济繁荣,上下各安其位,万民和乐。

彼时,作为夏王朝统治核心区域的伊洛河盆地成为各色人等趋之若鹜的"天堂"之所。据不完全统计,二里头三期时,伊洛河盆地第四等级 12 万平方米以下的聚落遗址由二期的 46 处增加到了 66 处,第三等级 18 万～29 万平方米的遗址由 7 处增加到了 11 处。需要说明的是,由于采集的遗物较为残碎,很多遗址难以确定具体期段,但疑似包含二里头文化遗存的聚落至少还有 60 处。总体来说,三期聚落的数量较二期增加了 20% 左右。[52]

一般而言,平原和山地的分界线是海拔 200 米,200 米以下被视作较为适宜耕作和居住的区域,而 200 米以上则相反。伊洛河盆地二里头文化一期聚落主要分布于海拔 100～200 米之间,但从二期开始,分布于海拔 200 米以上区域的聚落数量却在不断增多，如一期时分布在这个区域的遗址只有 2 处，但到二期时增加到 14 处，而到三期时则猛增到了 22 处。聚落数量，尤其是海拔 200 米以上区域聚落数量的持续增加，显示出二里头文化核心区的人口聚集效应，意味着当地居民对包括土地资源在内的各种资源需求都在逐渐增加。[53]

孔甲乱夏

从文献记载看,晚夏由盛到衰的转折点出现在夏朝第 14 任君主孔甲时期。《国语·周语下》有明确记载:"孔甲乱夏,四世而陨。"[54]

孔甲本是不降的儿子,不降是夏朝第 11 任君主。可能是由于孔甲性情乖戾,喜怒无常,不降觉得孔甲担当不起领导一个国家的重任,而弟弟扃执政经验更丰富一些,于是便把帝位禅让给扃,自己做了太上皇。扃执政第 10 年时,不降病死。第 18 年时,扃也病死。但扃在临死前并没有还政于孔甲,而是把帝位传给了自己的儿子廑,亦即胤甲。[55] 廑即位后,将都城迁回西河。帝廑八年时,天空出现"十日并出"的幻日现象,朝野都认为是妖孽作怪——这与当时人们对自然的认知水平低下有关。同年,帝廑崩,孔甲继位。[56]

孔甲在应该继位时没有得到父亲不降的首肯,直到经过了两任君主,才在 26 年后承袭大统,这或许促使他做了反思,尤其是天空中出现"十日并出"的幻日现象,让他觉得朝野上下可能对老天不够恭顺,老天才出此异象予以警告,所以他上位以后立即对当时的祭祀制度进行了改革,重心是要礼敬天帝,顺天道而行。孔甲的这次改革,顺应了民意，安抚了民心，得到了朝野的好评，以至于成文于先秦时期的清华简《厚父》在分析夏桀亡国的原因时，都把桀废弃孔甲制定的祀典认定为其主要罪责之一。[57]

但孔甲对祭祀制度进行改革、强调恭顺天命的同时，又不适当地夸大了鬼神的作用，忽视了人，尤其是他作为君王的作用。一方面他不顾国情，铺张浪费，极尽所能地侍奉鬼神；另一方面又肆意淫乱，沉湎于歌舞升平之中。各诸侯国由此心生不满，纷纷叛离，大夏朝盛极而衰，开始出现崩溃的苗头。[58]

孔甲失德而胡作非为的事例，文献没有具体记载，但《左传·昭公二十九年》《史记·夏本纪》和《吕氏春秋·季夏纪》所记两则关于孔甲行为怪僻的故事，也多少能让我们看到他作为国君胡作非为的影子。

一件是"孔甲好龙"。[59] 传说孔甲在位时期，因礼敬、顺服天帝而得到天帝的垂青，赐他四条龙为他驾车。这四条龙分雌雄两两配对，分别来自黄河和汉水。孔甲和手下大臣都不会饲养，而善于养龙的豢龙氏家族一时也找不到。就在孔甲一筹莫展之际，已经衰落的陶唐氏后人刘累赶来对孔甲说，他曾经向豢龙氏学过驯龙的技术，愿意为孔甲饲养这几条龙。孔甲遂赐封刘累为御龙氏，并把豕韦氏后代的封地也转封于他。但之后不久，其中一条雌龙死掉，刘累就偷偷地把这条雌龙剁成肉酱献给孔甲吃，孔甲吃后觉得味

▲ 孔甲好龙

美可口，就派人再向刘累索要。刘累害怕，便偷跑到鲁县，即今河南鲁山一带，隐居起来。

这是一则神话故事，天帝和龙自然都是臆想中的事情，但孔甲好事鬼神，笃信天地的存在，很可能是把鳄鱼当作了龙，这给了善于投机的刘累以可乘之机。可想而知，以此理念去领导治理一个国家，衰败自然是不可避免的了。

另一件事情说的是，孔甲有一次到东阳萯山打猎，巧遇天刮大风，四处尘土飞扬，天色昏暗不清。孔甲一行迷失方向，误入附近一百姓家中。适逢这家女主人生孩子。有人说："君王到来，是个好日子啊，这孩子一定大吉大利！"另有人则说："这孩子怕是享受不了这个福分，将来可能会遭受灾难。"孔甲闻言说："让他做我的儿子，谁敢害他？"然后就把这个孩子带回宫里去了。孩子长大成人后，一次刮大风，帐幕掀动，屋椽裂开，上面的斧子掉下来，砍断了他的一只脚。孔甲无奈，只好派他去做守门官。孔甲叹息道："唉！发生这种灾难，是命中注定吧！"于是创作了一首名为《破斧》的歌，这就是最早的"东音"，可惜没有流传下来。[60]

孔甲在位 9 年去世后，由其子皋继位。[61]皋在位 11 年，具体政事史料没有记载。

帝皋崩，子发继承王位。[62]发即位时，还出现了"诸夷宾于王门，再保庸会于上池，诸夷入舞"[63]的盛观，说明彼时的夏朝虽已衰败，但还处在相对强大的时期。但帝发在位 17 年驾崩后，其子桀的继位，使得已经呈现明显衰败之相的晚夏王朝，加速走向覆亡的深渊。

夏桀祸国

桀，名癸，又名履癸。桀是其谥号，故史称夏桀，是继帝发之后的第17任夏王。[64] 桀即位时，内政不修的夏王朝已是内忧外患不断，一方面阶级矛盾日趋尖锐，民不聊生，另一方面民族矛盾日益加大，危机四伏。但桀对这一切似乎视而不见，反倒大兴土木，横征暴敛，肆意而为，过着骄奢淫逸、醉死梦生的生活。

文献记载，桀"殚百姓之财""筑倾宫、饰瑶台、作琼室、立玉门"[65]。瑶台、琼室、玉门的材质均系珍贵稀缺的美玉一类。倾宫是说，新宫殿远远望去，规模宏大，耸入云天，好像要倾倒一样，蔚为壮观。

二里头文化四期早段被认为是桀都。[66] 二里头遗址2号宫殿基址北墙外，发现了至少一座始建于二里头文化四期早段的大型建筑基址[67]；在2号、4号、6号宫殿基址附近，也发现有数座始建于二里头文化四期的宫殿基址的线索。这也就是说，在1号宫殿废弃后的二里头文化四期早段，在宫城东部又兴建了一组建筑群。[68]

夏人有嗜酒的传统，不过由于嗜酒常常误事，夏初时大禹就下达了戒酒的指令。[69] 但这个戒酒令并未为禹的后人所执行。《墨子·非乐上》引《武观》说启"湛浊于酒，渝食于野"。[70] 到了桀之时，桀对嗜酒更是有过之而无不及。《大戴礼记·少间》说："桀不率先王之明德，乃荒耽于酒，淫泆于乐。"[71]《新序·节士》记载，桀造的酒池，大到可以行舟。酿酒后残留的酒糟堆起来像个山丘，前后绵延有7里之遥。"一鼓而牛饮者"则有3000人之多。[72] 二里头遗址发现了很多酒器，如觚、爵、盉、角、斝等，而且一般有随葬品的墓穴都会有1件以上的酒器随葬，说明当时的饮酒之风十分盛行。[73]

俗话说，上梁不正下梁歪。作为一国之君的桀胡作非为，诸侯自然也就上行下效了。《竹书纪年》记载，有洛氏无休止地建设奢华的宫殿和宏大的池囿，而且是"工功日进，以后更前"，以至"民不得休，农失其时，饥馑无食"。[74]

不仅如此，桀还沉迷于美色，不理国事。桀讨伐有施，有施国君为免遭国破家亡的命运，就把美女妹喜献给了桀。桀得之如宝，对妹喜宠爱有加，如上所述，给妹喜"筑倾宫、饰瑶台……"，还因为妹喜爱听绢帛撕裂的声音，就让宫女从国库拿来大批绢帛，专门撕给妹喜听[75]，还由着妹喜胡作非为而听之任之。[76]

妹喜亦称末喜。《列女传》记载："末喜者，夏桀之妃也。美于色，薄于德，乱孽无道，女子行，丈夫心，佩剑带冠。桀既弃礼义，淫于妇人，求美女，积之于后宫，收倡优、侏儒、狎徒、能为奇伟戏者，聚之于旁，造烂漫之乐，日夜与末喜及宫女饮酒，无有休时。置末喜于膝上，听用其言，昏乱失道，骄奢自恣……颂曰：末喜配桀，维乱骄扬。"[77]

后来，桀又讨伐岷山氏，岷山氏战败，为了逃脱惩罚，便效仿有施国君，给桀献上了琬、琰两个美女。好色的夏桀得到琬、琰，如获至宝，还特意命人将她们的名字分别刻在两块宝玉上，以示珍爱。有了新欢，桀便把旧爱妹喜遗弃在洛水附近的别宫中。妹喜被冷落，遂生背叛之意。[78]

桀贪恋美色，不满足于有某个或某几个美女，而是恨不得把全世界的美女都占为己有。《管子·轻重甲》记载："桀之时，女乐三万人。晨噪于端门，乐闻于三衢。"[79] "三万"不一定是实数，但也在一定程度上反映了桀后宫嫔妃之众的史实。

桀沉陷在纸醉金迷的奢侈生活中，给手下一班小人提供了充分施展阿谀奉承才能的空间，如干辛、歧踵戎、赵梁等，都是些"教为无道，劝以贪狼"[80]的宵小之辈。大夏朝都危险到"累卵"之时了，他们还"皆曰无伤"，甚至"称乐万岁，或曰未央"。桀则甘愿"蔽其耳目，与之诈狂"。[81]

▲ 清·有夏昏德图

但有些大臣还是很清醒地看到了其中潜伏的危机，他们勇敢地站出来劝谏，希望桀能够迷途知返，挽救危局。《新序·节士》记载，关龙逄看到桀不顾国情，不管百姓的生死而大兴土木，就上谏说："古之人君身行礼仪，爱民节财，故国安而身寿也。今君若用材无穷，杀人若恐弗胜。君若弗革，天殃必降，而诛必至矣。君其革之！"[82]关龙逢说完没有离去,而是站在朝堂上等着桀认错。桀油盐不进,见关龙逢不知好歹,一怒之下就把关龙逢投进了监牢。

桀还在深谷之中修建长夜宫,"男女杂处,十旬不出听政。天乃大风扬沙,一夕填此宫谷"[83]。耗费巨资修建的宫室顷刻间化为乌有。

桀不吸取教训,还要继续营造瑶台。关龙逢没有被前番牢狱之灾所吓倒,再一次苦谏:"吾之有民,如天之有日,日亡我亡。"桀刚愎自用,斥关龙逢是妖言惑众,并杀之,"以儆效尤"。后来又有一帮耆老上前劝谏,桀"又以为妖言而杀之"。[84]孔子为此指斥桀"自满而无极,亢意而不节,斩刈黎民如草芥焉"。[85]

"桀为无道,贤良郁怨。"[86]一时间,朝野上下,人心惶惶,为求自保,只能听之任之。

太史令终古见桀专断残暴,滥杀无辜,就抱着观测天象的器具进宫,演示天象变化给桀看,警告他说,上天已经给大夏降下了灾祸的预兆。终古"执而泣之",而夏桀却恍恍惚惚,不为所动。结果"暴乱愈甚",终古无奈,被逼投奔商汤而去。[87]

周部落首领公刘见夏桀胡作非为,滥杀无辜,为避免惹火上身,就带着周人从渭河流域向北逃至戎、狄所在的荒原地带,"变异风俗",图谋发展。[88]

伊尹也曾苦口婆心劝谏夏桀:"君王不听臣言,大命至矣!亡无日矣!"桀手拍龙案,哈哈大笑说:"子又妖言矣。吾有天下,犹天之有日也。日有亡乎?日亡吾亦亡也。"[89]没想到夏民听说这件事后,竟指着太阳咒骂桀:"太阳什么时候灭亡啊?我愿意与你同归于尽!"[90]

桀倒行逆施,终让群臣醒悟,皆生离去之心。《韩诗外传》卷二记载桀沉迷酒色,暴虐专横,群臣皆相持而歌:"江水沟涌兮,舟楫败

第一章 晚夏盛衰

兮。我王败废江山，我等乐向商亳，商亳亦大兮。"又歌曰："乐兮乐兮，乘四马六辔，风光兮。去不善兮从善，何不乐兮！"[91]

桀众叛亲离，曾经郁勃强盛的大夏彼时就像一座由几根朽木支撑起来的大厦，只需一股强风吹到，便会轰然倒塌。但桀对此似乎浑然不觉，还四处征伐。除了伐有施、岷山外，还因为夏桀十一年桀召集诸侯在有仍氏所在的今山东泰安一带会盟时，有缗氏中途逃归而大肆讨伐，灭掉了今山东金乡县一带的有缗国。[92]

夏桀四处征伐的无道行为，终于激起了诸侯国的愤怒。生活在豫北冀南一带的商部族领袖成汤见时机成熟，遂挺身而出……

注　释

1. 燕生东：《"夷夏东西"格局下的岳石文化》，《海岱学刊》2016年第2期。

2. 李琳之：《元中国时代——公元前2300—前1800年华夏大地场景》，商务印书馆2020年版，第436—456页。

3. 方诗铭、王修龄：《古本竹书纪年辑证》（修订本），上海古籍出版社2005年版，第8—15页。

4. 张国硕：《夏都老丘考略》，《中国国家博物馆馆刊》2014年第9期。

5. 九尾狐应该是东方九夷族的婚姻神和图腾神，其"九尾"乃是王者的标志和子孙繁盛的象征，或许还有东夷族群是由九个部族组成的意思。《吴越春秋·越王无余外传》记载："禹三十未娶，行到涂山，恐时之暮，失其制度，乃辞云：'吾娶也，必有应矣。'乃有九尾白狐，造于禹。禹曰：'白者吾之服也，其九尾者，王之证也。于是，涂山之歌曰：绥绥白狐，九尾痝痝。我家嘉夷，来宾为王。成家成室，我造彼昌。天人之际，于兹则行。明矣哉！'禹因娶涂山，谓之女娇。"见（后汉）赵晔撰，周生春辑校汇考：《吴越春秋辑校汇考》，中华书局2019年版，第97—98页；《白虎通》记载："德至鸟兽，则九尾狐见者九。配得其所，子孙繁息也。于尾者，后当盛也。"见（唐）徐坚：《初学记》，中华书局2004年版，第

717页。

6. 赵希涛等：《中国沿海全新世海面变化的基本特征》，《中国海岸演变研究》，福建科学技术出版社1984年版。

7. （清）郝懿行著，李念孔点校：《竹书纪年校证》，齐鲁书社2010年版，第3842页。

8. 郭明辉：《论二里头文化的东渐》，郑州大学2020年硕士学位论文。

9. 徐昭峰、马春梅：《豫东夏商考古与古史传说》，《中原文化研究》2017年第4期。

10. 徐昭峰、马春梅：《豫东夏商考古与古史传说》，《中原文化研究》2017年第4期。

11. 方辉：《海岱地区青铜时代考古》，山东大学出版社2007年版，第7—94页；栾丰实：《二里头遗址中的东方文化因素》，《华夏考古》2006年第3期。

12. 葛利花：《岳石文化生业与社会研究综述》，苏州博物馆编《苏州文博论丛》（总第9辑），文物出版社2018年版。

13. 金荣权：《"夷夏之争"与夏人的东迁及对淮河流域的影响》，《中原文化研究》2019年第1期。

14. 李琳之：《元中国时代——公元前2300—前1800年华夏大地场景》，商务印书馆2020年版，第311—315页。

15. （汉）司马迁撰，(南朝宋)裴骃集解,（唐）司马贞索隐,（唐）张守节正义：《史记》，中华书局1982年版，第83页。

16. 金荣权：《"夷夏之争"与夏人的东迁及对淮河流域的影响》，《中原文化研究》2019年第1期。

17. 北京大学考古学系商周组等：《安徽省霍邱、六安、寿县考古调查试掘报告·考古学研究（三）》，科学出版社1997年版，第240—299页。

18. 张敬国：《安徽含山大城墩遗址第四次发掘报告》，《考古》1989年第2期。

19. 陈朝云、周军玲：《夏商周与淮河流域》，《郑州大学学报》2005年第2期。

20. 许宏：《何以中国——公元前2000年的中原图景》，生活·读书·新知三联书店2016年版，第163页。

21. 韩炳华、宋艳花：《山西灵石县逍遥遗址发掘简报》，《考古》2019年第1期。

22. 中国社会科学院考古研究所：《中国考古学·夏商卷》，中国社会科学出版社 2003 年版；许宏：《何以中国——公元前 2000 年的中原图景》，生活·读书·新知三联书店 2016 年版，第 145 页。

23. 李鹏辉、井中伟：《从二里头文化设防聚邑看夏王朝的控辖模式》，《江汉考古》2020 年第 3 期。

24. 李鹏辉、井中伟：《从二里头文化设防聚邑看夏王朝的控辖模式》，《江汉考古》2020 年第 3 期。

25. 程有为：《夏商时期中原王朝的向外扩张和中原文化圈的拓展》，《郑州大学学报》2009 年第 1 期。

26. 朱玲玲：《夏代的疆域》，《史学月刊》1988 年第 4 期。

27. 湖北省文物考古研究所：《盘龙城：1963—1994 年考古发掘报告》，文物出版社 2001 年版。

28. 彭适凡：《江西地区新石器时代末期文化与夏文化的南渐》，《南方文物》2007 年第 1 期。

29. 程有为：《夏商时期中原王朝的向外扩张和中原文化圈的拓展》，《郑州大学学报》2009 年第 1 期。

30. 李琳之：《元中国时代——公元前 2300—前 1800 年华夏大地场景》，商务印书馆 2020 年版，第 233—290 页。

31. 李琳之：《元中国时代——公元前 2300—前 1800 年华夏大地场景》，商务印书馆 2020 年版，第 509—515 页。

32. 中国社会科学院考古研究所：《中国考古学·夏商卷》，中国科学出版社 2003 年版，第 539 页。

33. 张天恩：《天水出土的兽面铜牌饰及有关问题》，《中原文物》2002 年第 1 期。

34. 陈小三：《河西走廊及其邻近地区早期青铜时代遗存研究》，吉林大学 2012 年博士学位论文。

35. 中国社会科学院考古研究所二里头工作队：《河南洛阳盆地 2001—2003 年考古调查简报》，《考古》2005 年第 5 期。

36. 中国社会科学院考古研究所、中澳美伊洛河流域联合考古队：《洛阳盆地中东部先秦时期遗址：1997—2007 年区域系统调查报告》，科学出版社 2019 年版。

37. 中国社会科学院考古研究所：《二里头：1999—2006》，文物出版社 2014 年版。

38. 李琳之：《元中国时代——公元前 2300—前 1800 年华夏大地场景》，商务印书馆 2020 年版，第 463—479 页。

39. 郭明辉：《论二里头文化的东渐》，郑州大学 2020 年硕士学位论文。

40. 陈朝云：《夏商周中原文明对淮河流域古代社会文明化进程的影响》，《文史哲》2005 年第 6 期。

41. 徐昭峰、马春梅：《豫东夏商考古与古史传说》，《中原文化研究》2017 年第 4 期。

42. 许宏：《二里头都邑的两次礼制大变革》，《南方文物》2020 年第 2 期。

43. 陈国梁：《合与分：聚落考古视角下二里头都邑的兴衰解析》，《中原文物》2019 年第 4 期。

44.（清）阮元校刻：《十三经注疏》（清嘉庆刊本），中华书局 2009 年版，第 115 页。

45. 许宏：《二里头都邑的两次礼制大变革》，《南方文物》2020 年第 2 期。

46. 冈村秀典：《夏王朝——王権誕生の考古学》，讲谈社（东京），2003 年；许宏：《二里头都邑的两次礼制大变革》，《南方文物》2020 年第 2 期。

47. 陈国梁：《合与分：聚落考古视角下二里头都邑的兴衰解析》，《中原文物》2019 年第 4 期。

48. 郭明辉：《论二里头文化的东渐》，郑州大学 2020 年硕士学位论文。

49. 郭明辉：《论二里头文化的东渐》，郑州大学 2020 年硕士学位论文。

50. 许宏：《二里头都邑的两次礼制大变革》，《南方文物》2020 年第 2 期。

51. 杨锡璋、杨宝成：《殷代青铜礼器的分期与组合》，中国社会科学院考古研究所编：《殷墟青铜器》，文物出版社 1985 年版；许宏：《二里头都邑的两次礼制大变革》，《南方文物》2020 年第 2 期。

52. 陈国梁：《合与分：聚落考古视角下二里头都邑的兴衰解析》，《中原文物》2019 年第 4 期。

53. 陈国梁：《合与分：聚落考古视角下二里头都邑的兴衰解析》，《中原文物》2019 年第 4 期。

54. 徐元诰著，王树民、沈长云点校：《国语集解》，中华书局 2002 年版，第 3 页。

55. 范祥雍：《古本竹书纪年辑校订补》，上海古籍出版社 2018 年版。

56. （清）郝懿行著，李念孔点校：《竹书纪年校证》，齐鲁书社 2010 年版，第 3842—3843 页。

57. 杨栋：《清华简〈厚父〉所见夏代传说》，《民俗研究》2020 年第 1 期。

58. （汉）司马迁撰，（南朝宋）裴骃集解，（唐）司马贞索隐，（唐）张守节正义：《史记》，中华书局 1982 年版，第 86 页。

59. （清）洪亮吉撰，李解民点校：《春秋左传诂》，中华书局 1987 年版，第 793—794 页；（汉）司马迁撰，（南朝宋）裴骃集解，（唐）司马贞索隐，（唐）张守节正义：《史记》，中华书局 1982 年版，第 86 页。

60. 许维遹撰，梁运华整理：《吕氏春秋集释》，中华书局 2009 年版，第 139 页。

61. （清）王聘珍撰，王文锦点校：《大戴礼记解诂》，中华书局 1983 年版，第 218 页。

62. （汉）司马迁撰，（南朝宋）裴骃集解，（唐）司马贞索隐，（唐）张守节正义：《史记》，中华书局 1982 年版，第 88 页。

63. （清）郝懿行著，李念孔点校：《竹书纪年校证》，齐鲁书社 2010 年版，第 3846 页。

64. （汉）司马迁撰，（南朝宋）裴骃集解，（唐）司马贞索隐，（唐）张守节正义：《史记》，中华书局 1982 年版，第 88 页。

65. （梁）萧绎撰，许逸民校笺：《金楼子校笺》，中华书局 2011 年版，第 241、777 页。

66. 详见本书第四章"汤践天子位"一节。

67. 中国社会科学院考古研究所二里头工作队：《河南偃师市二里头遗址中心区的考古新发现》，《考古》2005 年第 7 期。

68. 赵海涛等：《二里头遗址发现大型围垣作坊区》，《中国文物报》2006 年 7 月 21 日。

69. 焦循：《孟子正义》，中华书局 1987 年版，第 569 页；范祥雍：《战国策笺证》，上海古籍出版社 2006 年版，第 1353 页。

70.（清）孙诒让撰、孙启治点校：《墨子间诂》，中华书局 2001 年版，第 262 页。

71. 方向东：《大戴礼记汇校集解》，中华书局 2008 年版，第 1159 页。

72.（汉）贾谊撰，阎振益、钟夏校注：《新书校注》，中华书局 2000 年版，第 203 页。

73. 徐昭峰等：《商汤灭夏战争的军事战略思想探析》，《辽宁师范大学学报》2013 年第 4 期。

74.（清）郝懿行著，李念孔点校：《竹书纪年校证》，齐鲁书社 2010 年版，第 3848 页。

75.（晋）皇甫谧撰，徐宗元辑：《帝王世纪辑存》，中华书局 1964 年版，第 59 页。

76. 徐元诰著，王树民、沈长云点校：《国语集解》，中华书局 2002 年版，第 250 页。

77.（清）王照圆撰，虞思徵点校：《列女传补注》，华东师范大学出版社 2012 年版，第 281—282 页。

78.（梁）萧绎撰，许逸民校笺：《金楼子校笺》，中华书局 2011 年版，第 238 页。

79. 姜涛：《管子新注》，齐鲁书社 2009 年版，第 532 页。

80.（清）王鸣盛著，陈文和主编：《尚书后案》，中华书局 2010 年版，第 898 页。

81.（汉）司马迁撰,（南朝宋）裴骃集解,（唐）司马贞索隐,（唐）张守节正义：《史记》，中华书局 1982 年版，第 3234 页。

82.（晋）葛洪著，杨明照撰：《抱朴子外篇校笺》，中华书局 1991 年版，第 48 页。

83.（清）皮锡瑞撰，吴仰湘编：《尚书中候疏证》，中华书局 2015 年版，第 629 页。

84.（晋）张华撰，范宁校证：《博物志校证》，中华书局 2014 年版，第 83 页。

85. 杨朝明、宋立林主编：《孔子家语通解》，齐鲁书社 2013 年版，第 179 页。

86.（清）皮锡瑞撰，吴仰湘编：《尚书中候疏证》，中华书局 2015 年版，

629页。

87. 陈其猷：《吕氏春秋校释》，学林出版社1984年版，第947页。

88.（后汉）赵晔撰，周生春辑校汇考：《吴越春秋辑校汇考》，中华书局2019年版，第2页。

89.（汉）韩婴撰，许维遹校释：《韩诗外传集释》，中华书局1980年版，第59页。

90.（清）孙家鼐等主编，钱伟彊、顾大朋点校：《书经图说》，浙江人民美术出版社2019年版，第344页。

91.（汉）韩婴撰，许维遹校释：《韩诗外传集释》，中华书局1980年版，第57—58页。为通俗易懂，个别字句用了现代文。

92. 孙庆伟：《鼏宅禹迹——夏代信史的考古学重建》，生活·读书·新知三联书店2018年版，第64页。

第二章
晚夏的政治、经济与文化

　　青铜礼器是二里头青铜文化中最重要的组成部分，也是二里头文化晚期礼器群的核心，与陶礼器、玉礼器和木质礼器等构成不同序列的组合，代表彼时社会不同的等级结构，成为明贵贱、辨等列的重要标识。同时，青铜礼器作为青铜器重要的组成部分，还与城址、文字一起构成晚夏进入早中国时代文明社会的重要标志。

高度分层的社会结构

二里头文化所代表的晚夏是一个广域王权下高度分层的社会。

伊洛河盆地区域内二里头文化聚落有一个发展过程。一期时，区域内聚落较少，只有区区 19 处（包含确认和疑似，下同），但是面积近 100 万平方米的二里头遗址已经出现。二期时，二里头文化聚落的数量急剧上升至 83 处。三期时，上升至 100 处。这 100 处聚落依据面积规模大小，可以分为四个等级，其中第一等级唯一的一处聚落就是面积达到 300 万平方米的二里头遗址。[1]

从整体观察，二里头遗址是一个经过严格规划而表现出某些规律性模式的大都邑，层次清晰，秩序井然，处处体现着等级结构的存在。[2] 宫殿区大体位于遗址的中心部位，下层贵族的居住区和墓葬集中在宫殿区的东侧和南侧。这个区域有不同等级的贵族居住，范围最大，延续时间也最长，是整个城址的核心区域。祭祀区位于宫殿群北部，其中分布着一些形式特殊的建筑和墓葬。青铜器和绿松石作坊作为封闭区紧邻下层贵族的居住区，位于宫殿区的南部，暗示这些下层贵族控制着高等级礼仪用品的生产和流通。一般平民的居住区和墓葬则位于遗址的西、北部边缘地带。

在二里头城址布局中，二期以后出现的宫城毋庸置疑是最高等级的存在，而宫殿区显然是这个最高等级头上的"王者"。居住于宫殿区的上层贵族和分区而住的下层贵族、平民百姓，分属这个等级体系里的第二、三、四层。

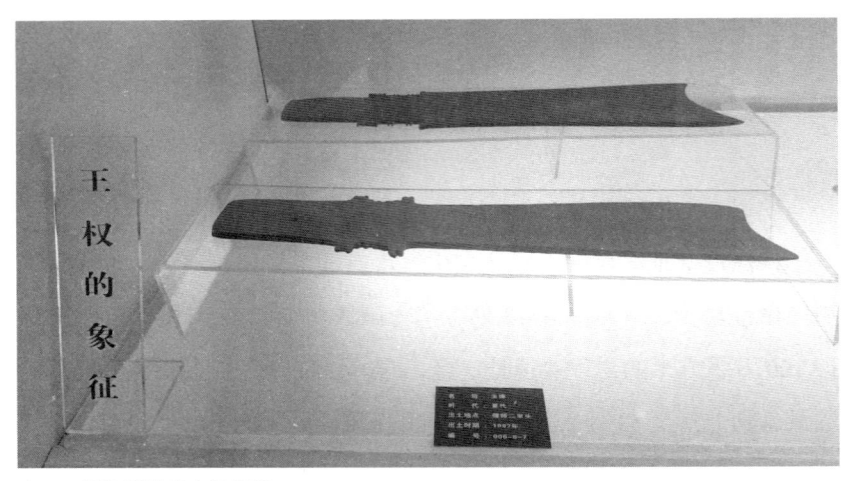

▲ 二里头遗址出土的玉璋

二里头遗址作为晚夏的政治、经济和文化中心，作为早期国家的神经中枢，二期新筑的大道、宫城无不规矩方正，明显异于元中国时代陶寺城垣因地制宜的特点，体现的是统治者自诩顺天而为、公道大明的治国思想。这是我国早期都邑聚落布局的一次飞跃性变化。宫城不同区域内分布着不同但均规模较大的宫殿建筑，且经过严格规划，错落有致，井井有条。尤其是一些宫殿基址，已经显示出建筑格局具有中轴线及左右对称、前后相连的特性，事实上开启了中国古代宫室制度的先河。

二里头遗址内各色人等的层级存在，在其墓葬中也有充分的体现。二里头墓葬大致可以分成王墓、贵族墓、平民墓和乱葬墓四个等级。[3]

王墓有高级而又丰富的随葬品，如二里头二期宫殿院落发掘出的一座墓中，墓主是一年龄30～35岁的男子，其骨架周围散布着青铜器、玉器、漆器、陶器和子安贝等。最引人瞩目的是，骨架上部还摆放着一条大约由2000块绿松石和一些玉料制成的"龙"。这些随葬品显然都是体现墓主身份等级的礼器。

二里头墓葬所出铜器，尤其铜容器，是典型的葬礼器。这些葬礼器的种类、数量和等级都存在着明确和严格的规制。根据现有的材料观察，凡是出土青铜器的墓葬，都是墓向朝西的贵族墓，而像平民和乱葬的墓葬均不见铜器。这种等级与身份的制度化是社会礼制存在的明确体现。

在二里头文化势力范围以内，王级大墓仅发现于二里头遗址，即便是一些规模较大的遗址也只发现次一级的贵族墓。墓葬在不同等级的聚落间呈现出明显的层级格局，说明"二里头文化墓葬等级开始在更广大地域内统辖于同一个等级体系内，也就是说社会开始统一到一个等级制度、礼制系统"。[4]

平民墓一般只随葬一两件陶器、石器，或者根本就没有随葬品。

处于最下层的是乱葬墓，死者大多是非正常死亡，身份也较为低下。乱葬墓不只发现在二里头遗址，在夏县东下冯、伊川白元、洛阳东干沟等二里头文化聚落中，也都有发现，表明此类墓葬在二里头文化分布范围内具有一定的普遍性。乱葬墓具有一定的规模和普遍性，显然只能是彼时社会等级分化严重的产物。

依据现有考古材料观察，在伊洛河盆地，四级聚落体系在二期时已经逐渐趋于完备，并延续至四期。二里头遗址作为区域内最高等级的聚落，是该区域的政治、宗教和经济中心；次级中心聚落由二里头文化一期的 1 处增加到二期的 8 处，并基本稳定下来延至三期。这些聚落在稳定的聚落分层体系中，承担着分区社会管理的职能。29 万平方米以下三、四级"基层聚落"的数量在二里头文化二、三期呈现出较为明显的快速增长趋势，三级聚落由一期的 1 处增加到二期的 7 处，再增加到三期的 11 处。四级聚落则由一期的 9 处增加到二期的 46 处，到三期时增加到了 66 处。这些"基层聚落"实际上进一步夯实了这一金字塔式聚落体系的基础，保证了中心聚落建设和维持贵族阶层生活不断上升的资源需求供应。[5]

进一步观察发现，二里头文化核心区内的次级聚落除了在规模上略有差异并扮演共同的社会管理角色——给中心聚落提供所需的人力支撑和食物供给外，不同聚落在整个社会体系中还起着不同的作用，发挥着不同的功能。譬如登封南洼遗址承担着为皇室和高等级贵族生产白陶的职责[6]，洛阳景阳冈、黑王和高崖西等聚落作为小范围的地区中心承担着资源获取、军事防御等功能，巩义稍柴和灰嘴两处遗址则主要为二里头社会提供石器生产的原料、半成品或成品等。[7]

由于稍柴遗址面积达到了 60 万平方米，并且地处洛阳盆地东部交通要塞，所以它应该还行使着拱卫首都的职能[8]；而面积约 51 万平方米的荥阳大师姑、168 万平方米的新郑望京楼等城址很可能是夏王朝在东疆设置的军事重镇。这两处城址同面积分别为 5.3 万、7.2 万平方米的平顶山蒲城店遗址和郑州东赵遗址，均坐落于二里头文化东进的重要通道上。四处遗址具有以下三个共同点[9]：

一是兼具城墙和环壕双重防御设施。其中望京楼更是被城墙、内壕与外壕三重防御设施环绕。

二是扼守要冲之地。大师姑、望京楼、蒲城店三座城址呈弧线分布于二里头文化辖区的东至东南一线，扼守东西交通要道。东赵与大师姑相距仅 7 公里，城址内还发现有疑似仓储设施，因此东赵有可能是大师姑的附属城池或卫星城，处于第三等级的聚落序列。

三是所有城址内均发现有夯土建筑、池苑、卜骨、青铜器等高规格设施和器物遗存，暗示该类设防聚邑在二里头文化聚落体系中处于较高等级的地位，可能兼具政治与军事职能。

总之，在二里头都邑二期晚段基本完成城市化以后，伊洛河盆地聚落在人口、陶器、动植物资源供给等方面，也迅速完成了四级聚落的建设和完善过程。而二里头文化分布区内外的矿产资源在这一体系下，开始源源不断地输送至二里头，为奢侈品的生产提供原材料。

放眼观察，至迟至二里头文化二期晚段时，在整个夏王朝即二里头文化分布范围以内，各区域的中心聚落、次中心聚落和基层聚落基本同步完成。正如我在《元中国时代》一书中所讲[10]，彼时晋南夏县的东下冯遗址，应是二里头王国在其西北疆设立的一个次一级区域政治中心和军事据点，其目的不仅是对该地区实施统治管理，更重要的是要控制中条山的铜矿资源和河东盐池；夏王朝西方，位于陕西商洛的东龙山遗址，可能更主要的是作为殖民性质的次级"政府"而存在；在夏王朝南疆的武汉盘龙城遗址，也不仅仅单纯发挥次级"政府"社会管理的功能，因为那里靠近重要的铜矿和绿松石资源所在地，所以为二里头都邑提供其所需要的铜矿资源和绿松石资源也就成为它的主要职能之一。

要之，在龙山文化晚期至二里头文化三期，随着二里头城邑建

第二章　晚夏的政治、经济与文化

设规模不断扩大，相关设施不断完善，人口和其他物产资源快速向二里头及其周围汇聚，促使伊洛河盆地内原有的多中心的、对抗式的三级聚落体系向单一中心的、向心式的四级聚落体系转变，整个夏王朝管辖范围内逐渐形成了以二里头为塔顶的"金字塔"式的阶梯网络状体系。[11]

显然，夏王朝作为一个国家，在晚夏时已是一个通过不同层级的地方政府或诸侯国所控制的大面积地域的政治实体，亦即所谓"国上之国"的"广域王权的'中国'"。[12]

青铜铸造和青铜礼仪

根据文献记载，早在大禹之时，夏人作战就开始使用铜制兵器了。[13]夏帝启时，还派大臣蜚廉到附近山川开采铜矿，运到昆吾，就是今新郑一带[14]，用浇铸陶器的模范铸造铜器。[15]到夏代中晚期时，因"昔夏之方有德"，于是出现了"远方图物，贡金九牧，铸鼎象物"[16]的盛世景观。

考古发现，在禹都平阳陶寺遗址晚期[17]墓葬中曾出土过一件作为礼器的铜铃，做工虽然粗劣，但却是纯度较高的含铅红铜，是中国迄今发现最早、最完整的复合范铜器，暗示彼时的夏人已经掌握了复合范铸造工艺，为夏代晚期礼器群的问世准备了充足的技术条件。[18]1980年，考古人员在大禹辅都登封王城岗遗址小城之西城内的灰坑中发现了一件青铜器残片，系由锡铅青铜铸造而成，推测应为铜鬶的腹部和袋状足的残片。[19]随后不久，又在曾是"太康失国"和"少康复国"重要事发地的新砦遗址[20]发现了一件残长8厘米、形似镰刀的铜片，可能是鬶或盉一类酒器的流部，即倒酒的槽或管。[21]

二里头遗址一至四期，迄今已发现各种金属器物100余件，质地有红铜、铅和锡铜合金以及铅铜合金、铅锡铜合金、砷铜合金等。这些合金的构成缺乏标准的配比。总体来说,随着时间的后移,纯铜比例逐渐下降,青铜比例呈上升趋势,锡青铜和铅青铜逐渐占据主要地位。二里头青铜冶炼技术已经明显超出陶寺、王城岗和新砦阶段,成为当时中国最大的青铜器生产基地。[22]

二里头的青铜器从用途上可以大致划分为礼器、兵器、乐器、饰品和工具等几大类。一期没有发现青铜器,到二期晚段才发掘出铜铃和铜牌两种,三期时开始出现容器爵,兵器戈、戚,工具刀、锛、凿等,还有圆泡形器和镶嵌圆形器等。[23]

对二里头青铜器铸造技术分析显示,当时已经使用了退火和冷煅等热、冷加工的技术[24],其主要成就是使用了块范法。青铜器作坊中发现了用来铸造礼器、武器和小型木作工具的陶范。[25]

二里头出土的青铜器有如下几个特点[26]:一是礼器组合简单,以青铜爵为主。例如,在出土礼器的11座墓中,就有9座出有青铜爵,而且都是单独出现,只有1例是爵与斝的组合,还是属于二里头四期;二是造型比较简单,多数为生产工具和兵器,如扁体四棱形状的铜锥、扁薄短小的铜刀、呈锥形和圆叶形状的铜镞等,均系仿制石骨蚌器,属于浑铸成形,迄今还未见到分铸的器物;三是铜器的器壁极薄,形制还处于原始雏形阶段;四是所有青铜器均无铭文出现,大多为素面,只有部分铜器上有简单的纹饰,

▲ 二里头文化乳钉纹铜斝

如网纹、云纹、饕餮纹等。

目前在二里头宫殿基址附近总共发现了三处铸铜作坊遗址,其中最大的一处位于宫殿区南部四区,面积达到了1万多平方米。[27]这里发掘出了大量的炉壁残块、铜渣块、陶范等。其中,炉壁是用黏土制成,里面还夹杂着一些谷粒和植物叶痕。内壁灰黑色,有的还保留一层或多层冶铜痕迹。陶范也是用黏土制成,使用面抹有一层细泥皮,平而光滑。陶范阴面刻有符号。更重要的是,在这里还清理出来四处较为完整的长方形铸铜工作面,最大的一块长达16米,宽6米。工作面系由多层路土堆积而成,每层路土中都发现有红烧土面和成片分布的铜锈绿。其中还有一些分布不太规则的柱洞,夹杂着少量铜渣、铜块和炉壁残块。在三处铸铜作坊遗址周围的灰坑亦即垃圾坑中,发掘出了大量的铜渣块、陶范碎片和小件铜器等。陶范数量多、体型大,从一期至四期均有发现。

夏代青铜器从目前看,大都是在二里头遗址发现的,尤其是使用块范法铸造作为礼器出现的大件铜器,几乎被二里头垄断。可以说,在同时代的遗址中,二里头是唯一发现用块范法技术制造青铜礼器的遗址。这意味着,这一技术可能已经被一个依附于二里头统治者的手工业团体垄断。尽管考古工作者也在洛阳东干沟、山西夏县东下冯和绛县西吴壁等遗址[28]发现了大小不一的青铜作坊,但是这些作坊遗址仅生产工具和武器,其铸造所使用的技术方法是双面石范法,不见块范法使用的痕迹。

研究表明,块范法技术可能是在专门铸造青铜礼器的过程中得以发明或提高的。青铜礼器可以说是晚夏最重要的政治、宗教和经济实力的象征。因此,块范法技术从某种意义上说,就是二里头与同一时期周围地区冶金技术区别的标志，是二里头青铜礼器最醒目的标识。[29]

青铜礼器目前在二里头遗址共发现46件，包括爵、鼎、斝、铃、钺、牌饰六类。其中二至三期有11件，分别是爵（三期，7件）、铃（二期，3件）、牌饰（二期，1件）。[30]

爵是二里头文化发现最早、数量最多的青铜容器，属于酒器，在其出现之前，二里头贵族墓葬中发现的具有同类性质的白陶器形与之相仿。这意味着，这些酒器的类型承袭同礼仪宴飨有关的陶器传统。从新石器时代至青铜时代，作为礼器，这一风格传承有自，暗示了相类仪式一直在延续。

一种新物质材料能够得到统治阶层的长期青睐，很可能是因为其产品在传统仪式中具有非凡的意义，并能够在其中发挥相应的作用。新的金属材料正是具备这样的潜质，才成为作为贵族身份象征的礼器的最佳材质。如前所述，这一转变发生在二里头二、三期之交，彼时夏王朝正处于鼎盛时期，那些手工业者已经能够轻松地得到金属材料，模仿传统陶礼器，以开拓性的姿态使用代表先进生产力水平的冶金技术，生产出复杂而昂贵的青铜礼器。[31]

▲ 二里头遗址出土的陶礼器

以酒器组合为核心的青铜礼器的出现意味着礼器制度的确立,"这是一个跨时代的变化,从此开启了夏商、西周早期礼器一以贯之的以酒礼器为核心的礼器制度"。[32]

二里头铜铃的形制同陶寺铜铃相比,大同小异,能看出二者之间有很明显的传承关系。

二里头文化标志性器物——绿松石铜牌,是一种独特的器物,在二里头文化之前的考古学文化中无踪迹可寻。但同类的牌饰在齐家文化遗址中也有出土。有学者指出,甘肃天水地区发现的牌饰属于齐家文化,源于新疆天山北麓文化。二里头遗址出土的绿松石铜牌和铜铃、铜镜等,都是西北青铜文化影响的结果。[33]

前述二里头遗址宫城内王墓中出土的绿松石龙,很可能是宗庙祭祀时,祭祀者抱在怀中的绿松石龙牌——"禹"的化身仪仗。[34] 祭祀时,主持祭祀仪式的官员持龙牌、系铜铃、戴羽冠,进行跳舞一类的巫术表演时,绿松石龙牌、铜铃等都可能是万舞的道具。在二里头文化二期偏晚至四期时,绿松石铜牌饰逐渐取代了绿松石龙牌,成为"禹"的化身仪仗和万舞的核心道具。

从字源看,古文字"夏"字表现的就是跳万舞的人,因此,手执绿松石龙牌或铜牌、系铜铃、戴羽冠而祭祀大禹跳万舞的"中国之人"就是所谓的"夏人"。因此,二里头青铜文化和万舞是西北高地龙山社会青铜文化和"禹神话"信仰东渐的结果,在中原进一步得到发扬光大后才逐渐成为之后二里头文化礼乐文明核心要素的载体。从这个意义上讲,"祭祀大禹的万舞,构成了夏代礼乐文明与制度的核心内涵,其物化的表现就是二里头文化的绿松石龙牌和铜牌。"[35]

毋庸置疑,青铜礼器是二里头青铜文化中最重要的组成部分,也是二里头文化晚期礼器群的核心，与陶礼器、玉礼器和木质礼器等构成不同序列的组合，代表彼时社会不同的等级结构，成为明贵贱、辨等列的重要标识。[36] 同时，青铜礼器作为青铜器重要的组成部分，还与城址、文字一起构成晚夏进入早中国时代文明社会的重要标志。

可以说，在公元前 1800 年左右，夏王朝进入二里头时代后，逐渐形成了以二里头遗址为核心的早期国家城市网络。而青铜冶铸业的适时出现，满足了贵族阶层成长壮大的需要，对早中国时代的文明化进程产生了重要影响，是中原地区由古国阶段跨入王国阶段关键性的推动力量。

社会经济

二里头 300 万平方米大都邑的崛起、青铜礼器的滥觞以及伊洛河盆地聚落数量的急剧增加，昭示着晚夏以农业为核心的经济发展已经达到了一个很高的水平。

农业方面，延续并进一步完善了瓦店和新砦以来粟、黍、水稻、大豆和小麦多品种兼营的格局，使得五谷丰登成为真正的现实。

夏早中期，考古人员在禹州瓦店遗址浮选出了 8 粒小麦的炭化籽粒，占出土农作物总数的 0.18%；[37] 在新密新砦遗址浮选出的小麦炭化籽粒更是少到只有 1 粒，占出土农作物总数的 0.013%。[38] 而进入夏晚期的二里头时代，炭化小麦在伊洛河盆地至豫中平原等广大地区普遍被发现，如郑州东赵、登封南洼、信阳皂角树、偃师二里头等，虽然出土的数量和概率均较低，但比起早前的瓦店和新砦高出了很多，像皂角树和南洼遗址，小麦的出土概率甚至超过了水稻。[39]

二里头时期水稻的种植也有了一定程度的增长，二里头遗址就发现了大量的稻谷基盘遗存。[40] 稻谷基盘是指稻谷与稻秆小枝梗连接处用来承托稻谷的部分。这和当时适合水稻生长的环境有一定关系。瓦店和二里头遗址发现了豪猪[41]，花地嘴遗址发现了竹鼠和疑似水牛的遗骸[42]。此外，上述三处遗址都发现了淡水贝类遗存，说明中原地区当时的自然环境比较温暖湿润，存在湿地或沼泽。当然，由于二里头遗址大都邑的性质，不排除有向外埠征集谷物的情况。[43]

在这五种农作物中，粟和黍占绝对优势，合计占出土农作物总数的80%，说明晚夏时期二里头遗址的农业生产虽然是多品种的种植结构，但还是以种植谷子和糜子为主的旱作农业生产。[44]

多品种种植的农业结构对夏文明的滥觞、延续和发展有着重要的奠基和推动作用[45]：其一，能够有效防止自然灾害给农业生产带来毁灭性的打击。旱地作物和湿地作物同时种植，可使得统治者在面对或旱或涝的灾害时，不至于颗粒无收，总有一种作物可以取得收成，从而对不同地区进行有效的粮食调剂，让灾民顺利度过困难时期。其二，可以充分利用土地资源。由于粟、黍、水稻、大豆和小麦各自对土壤、水分等生长环境的要求不同，所以具有不同特点的土地就可以种植不同的作物，从而使有限的土地资源得到最充分的利用。

由单品种的农作物种植发展到多品种的农作物种植，可以说是早期中国农业的一个大发展、大跨越，有效防止了无常的自然灾害给国家带来的冲击和危害，保障了整个社会不至于因为某种作物的绝收而陷入瘫痪状态。

家庭蓄养业方面，二里头文化时期出土有猪、狗、黄牛、绵羊和山羊等几种家养动物。[46]调查统计表明，二里头一期家养动物约占全部哺乳动物总数的67%，野生动物约占33%；二期时家养动物约占75%，野生动物约占25%；三期时，家养动物约占67%，野生动物约占33%。显然，二里头文化各期都是以家养动物为主。[47]在这几种家养动物中，山羊是新引进来的品种，此前在中原地区还没有发现家养的山羊。

科学工作者对二里头遗址出土的绵羊死亡年龄结构进行了分析，结果表明，二里头文化二期绵羊死亡年龄结构偏小，暗示二里头人养羊主要应该是以开发肉食资源为目的，而到了四期，绵羊死亡年龄更大一些，说明养羊主要以开发羊毛为目的。两种不同的畜产品开发模式表明，二里头文化时期，家庭畜养业的畜产品开发策略是复杂的，这在某种程度上促进了其他部门的发展，如纺织业等。

对二里头遗址出土的牛骨骼分析表明，二里头人养牛的主要目的是肉食的开发，但一些牛在偏晚阶段死亡，则说明养这些牛的目的可能是为了利用畜力或用于祭祀。

牛羊等食草动物开发利用的多样性，使得家庭畜养业在二里头经济中的地位日益重要。尤其是牛羊的喂养、生长，不存在与人或猪、狗争食的情况，实际上是开启了人类以草食性动物为新生计资源的航道，意味着早中国畜牧业的发展进入了一个新的阶段。

渔猎经济在二里头文化时期的社会生活中也占有一定的地位。[48]二里头遗址发现的野生动物资源主要有螺贝与鱼类等淡水水生动物，有龟、鳖、鳄鱼等爬行动物，有雉、雁等禽类，有鹿、兔等野生哺乳动物，还有熊、豹、虎、犀、野猪等猛兽。二里头先民一方面把这些野生动物资源作为肉食享用，另一方面也同时利用野

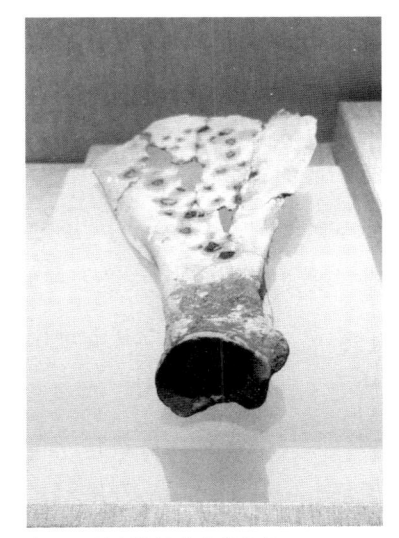

▲ 二里头遗址出土的卜骨

生动物的骨骼、角、牙齿，贝壳和羽毛等作为骨器、角器、牙器、蚌器和羽饰等材质，还将某些动物骨骼如鹿的肩胛骨作为卜骨使用。另外，还把可能是通过远程交换而得到的海贝作为货币使用。可以说，野生动物资源的获取、利用与供应已经成为晚夏社会经济、文化生活中一项较为重要的内容。

二里头遗址作为晚夏都城遗址，获取的野生动物种类和渠道具有多样化的倾向，凸显了其作为政治、经济和文化中心的资源汇聚辐辏性功能，也反映了城乡之间或地区之间的动物资源交流的繁盛景象。

陶器制造业在晚夏时期也占有很重要的地位。[49] 从考古发掘情况看，陶器是二里头先民最主要的生活用品。自1960年代起，二里头遗址出土了数以百计的陶器，主要有炊器、酒器、食器和盛储器几大类。其中，以白陶鬶、印纹硬陶或原始瓷象鼻盉最引人注目，这不但是因为这些陶器品质高，而且数量极少，又都是发现于贵族墓中。从现有资料观察，二里头陶器制造业具有以下两个明显特点：一是二里头遗址各个出土的陶器由专门陶窑供应，不同区域聚居着不同家族或氏族，拥有各自的制陶作坊；二是陶器色调的明暗成为个人威望的标示。研究表明，色调明亮的精制陶器和较高的阶层之间存在关联。这可能和高亮度的陶器代表较细致的制作过程有关。上述白陶、印纹硬陶和原始瓷所用胎料采用了能承受更高温度烧成的瓷石一类料质，明显区别于一般日用陶器。

从二里头文化众多遗址出土的玉器、石器观察，玉石制造业已经从手工业中独立出来，成为一种专门的行业。[50] 2004年春季，考古人员在二里头遗址南部进行发掘，共出土绿松石料3999件，包括原料、毛坯、嵌片、破损品及废料，经复原开料、切割、打磨、穿孔、拼嵌等技术流程，考古科技人员确认该区域是一处绿松石加工作坊。由于该作坊与铸铜作坊外围均发现有墙垣，可以判定是迄今所知最早的官营作坊区。二里头遗址发现了众多的玉器，如管、琮、璜、戚、刀、圭、璋、钺、戈、柄形饰、尖状饰等。玉器制作技艺精湛，代表了当时最高的技术水准。如玉戈，器身棱角分明，线条流畅，表面光滑，如同用模子压出一般；兽面纹柄形饰造型优美，雕琢精细，抛光光洁，如同鬼斧神工，看不出人为的雕琢痕迹。已发现的绿松石装饰品有串珠、管、饕餮眼、长方片饰等。这些器物大多既小且薄，而且还要加上精细的穿孔，制作难度很大，说明晚夏时的玉石器制造领域已经拥有了一支训练有素、技术纯熟、手艺高超的工匠队伍。

二里头玉石器制造有着一套成熟的技术和严格的流程，如钻孔、切割、减地、阴刻及打磨等。尤其值得一提的是，玉器钻孔可能还使用了转盘和辘轳轴承器一类的金属装置，否则，很难解释那些精细流畅的花纹是怎么雕琢出来的。[51]

晚夏时期的酿酒业也很发达。二里头遗址生活区和墓葬中出土了众多的专用酒器，如斝、爵、斚、盉等，还出土有大口尊等一类的酿酒器具。夏早期就有禹命仪狄造酒和杜康发明秫酒等一类记载，在石峁、陶寺和王城岗等夏人早期活动的地方，都发现有酒器出土。《尚书·大传》说："夏人饮酒，醉者持不醉者，不醉者持醉者相和而歌。"[52] 活灵活现地刻画出夏人酣畅淋漓的饮酒场景。联系前述夏桀嗜酒的情况，说明豪饮、畅饮是夏人从上至下、从早夏到晚夏

▲ 二里头文化玉戚

第二章　晚夏的政治、经济与文化

一以贯之的一种生活习俗。

除此以外,晚夏还存在骨器制造业、漆器制造业和纺织业等。[53] 二里头遗址出土的骨器有骨笄、骨锥、骨凿、骨铲、骨匕、骨针和骨珠等。骨器制造业在新石器时代即已诞生,到晚夏虽没太大的发展,但制作技术却随着时代的发展有了相应的提高,磨制更加精致,形式也更为多样;漆器已发现有钵、觚、鼓等器体腐朽后留下的痕迹,还有涂在棺材上剥落下来的红漆皮等;纺织业发现有大量的纺织工具,如陶纺轮、骨针,还发现有如麻布一类纺织品的痕迹。

晚夏时期农业和各种手工业的发达,带来剩余产品的出现,从而使得以交换产品为核心内容的商业贸易适时出现。二里头遗址发现的青铜器、绿松石饰、玉器、朱砂、海贝、釉陶和白陶等原料,大都非本地所产,除了有一部分属于夏县东下冯、商洛东龙山、武汉盘龙城等附属国或诸侯国进贡外,其余大多数应该是通过交换、商业贸易或者战争掠夺而来。表现比较明显的是海贝在二里头遗址的发现。海贝的产地是在海边,距离二里头遗址所在的中原地区十分遥远,显然只有通过上述渠道才能传入内陆。

海贝和仿制的石贝、蚌贝、骨蚌,当是交换和贸易的媒介物。[54]《说文》释"贝":"古者货贝而宝龟,周而有泉。"[55] 夏代已将贝作为货币使用,当时称为"玄贝"[56],说明晚夏时期应当存在广泛的商业贸易网络。[57]

总而言之,晚夏时期以农业为主、以畜牧业和各种手工业为辅的经济形态呈现出了前所未有的繁荣景象,这种情况和夏代作为早期中国的奴隶制国家性质是相适应的。

文化刻符

据不完全统计，二里头遗址迄今已出土各类契刻符号50余种，这些刻符遍布于二里头文化一至四期，三、四期所见数量尤多。[58]

从这些刻符出土的具体位置看，二里头文化一至三期主要见于宫城区的东、南、西三面，四期主要见于宫城区所在的Ⅴ区。

从这些刻符的载体看，一至三期主要见于罐体、小口尊、平底盘和大口尊，而四期仅见于大口尊。

从这些刻符出现的频率看，在二里头文化后期有明显的同期重复和承前重复现象，而且时间越靠后重复出现频率越高。如三期，同期重复10次（例），承前重复1次（例）；四期，同期重复12次（例），承前重复也是12次（例）。

再从这些刻符的渊源观察，很明显是承自夏人早中期遗存的河南龙山文化（王湾三期文化）。这可以从以下两点得到证明：一是二者约有11种刻符在结构方面极为相似或完全一致。河南龙山文化这11种刻符集中在登封王城岗[59]、新密古城寨[60]、永城王油坊[61]、禹州瓦店和淮滨沙塚[62]、淅川下王岗[63]等遗址中。二是二者的出土地点都是区域中心遗址。二里头文化刻符除了二里头文化遗址有出土外，在周围的偃师高崖[64]、洛阳皂角树[65]、渑池郑窑[66]、陕县西崖[67]、郑州大师姑[68]、方城八里桥[69]等次中心聚落也都有发现。不同的是河南龙山文化刻符分布地点相对较多，二里头文化分布地点相对较少，这和夏人统一中原后区域中心趋于集中有一定关系。

二里头文化	丨	丨丨	丨丨丨	✕	∨	∧	十	∧	✹	口	囯
河南龙山文化	丨	丨丨	川	✕	ト	∧	✕	ᐱ	ƒ	一	囲

▲ 二里头文化与河南龙山文化相似陶字符类比示意图

还有更为重要的一点是，二者所见刻符载体也大都相同，尤其是大口尊，在河南龙山文化主要源头之一的山东大汶口文化陵阳河类型中，作为主要契刻符号的载体更是屡见不鲜。[70]而且，这些刻符所在大口尊部位，两者也大体一致，基本上是在大口尊的口沿线下或腹部。

这些刻符出土的具体位置都在大都邑或某一区域中心，说明其发明权和使用权为统治者所垄断；刻符载体及其在载体具体部位雕刻的固定化，说明这些刻符有着特殊的指事意义；刻符承前重复和同期重复的高频率，说明这些刻符是一种年代久远的文化传承，已经有了属地、数量、日期、祭祀等固定内涵。[71]

杜金鹏先生把二里头文化刻符与后来的甲骨文、金文做了对比之后，指出二里头遗址出土的部分文化刻符在"字形"方面同甲骨文和金文相同或相似，这些字包括木、丰、禾、矢、蔽、井、慵、山、射、虹等。[72]

曹定云先生在此基础上做了进一步梳理，指出二里头遗址三、四期至少有13种文化刻符在"字形"方面同后来的甲骨文、金文相同或相似,尽管有的已经"死亡",但其意义仍十分明确,这些字包括矢、井、皿、丰、行、来等。[73]

因为甲骨文、金文已经是一种很成熟的文字系统,从二里头晚夏时期到中商时期也仅仅四五百年的历史,所以二里头文化刻符作为甲骨文和金文的前身,必然也是初始文字。在此前的龙山时代还发现了已经具有象声意义的陶寺"朱书文字"[74]和"丁公陶文"[75],作为山东龙山文化和中原陶寺文化直接继承者的二里头文化,自然也会把"朱书文字"和"丁公陶文"的积极因素吸纳进来。事实上,不管是"朱书文字"也罢,"丁公陶文"也罢,都能在二里头文化刻符中找到相同或相似的因子,说明它们本质上属于一个文字或文化系统,二者之间是一种前后继承和创新的关系。

特别需要说明的是,二里头遗址陶器上曾有一种"刻画符号"反复出现30多次[76],引起学界广泛关注。这种符号的形状比较特别,由圆转流动的弧线构成,右端略向下弯曲,呈尖角形,左端向下卷勾,呈螺线形,图形中央有一圆点,猛一看似乎是人的眼睛,但仔细端详会发现,把它看作是人的眼睛同符号的轮廓不符,反倒是和后来甲骨文、金文的"臣"字形比较相似。[77]

蔡运章先生认为二里头陶尊上这一类奇异符号就是"臣"字,其理由有二[78]:

一是二里头陶尊这一类符号的"眼形"特征,与甲骨文、金文"臣"字的构形相似,说明它可能就是"臣"字形体演变过程中的一个环节。"臣"本是对古代男性罪人和战俘的"贱称",如《白虎通疏证》就引《说文·臣部》云:"臣,牵也。象屈服之形。"[79]南方良渚文化陶杯上曾出现两个"臣"字形刻符——锯齿形纹饰在口沿上分布成一圈，有两处不完全相对的缺口，各刻带一串符号。[80]这两个"臣"字形刻符均似"仆隶"弯腰前行，服侍主人时卑恭的样子，当是"臣"字的初始状态。二里头陶尊上的"臣"字，左端已演变成圆转流动的弧线，右端演变成明显突出而略向下弯曲的形状，其整体构形既像耳朵，又像眼睛，或可称为"横目"状。《仪礼注疏》云："臣，君之股肱耳目。"[81]说明二里头陶尊"臣"字的"奇异"构形，可能正是其充当帝王耳目股肱的具体象征。这种耳目作用既表现在替君王听、看上，还表现在对君王言行的"监视"上，所以殷墟甲骨文中的"望""瞿""監""臨"诸字，均从"竖目"旁。因为张望、远望就要极力睁目。从"横目"到"竖目"，意味着"臣"作为帝王"股肱耳目"的地位不断提高和加强。

二是二里头这一类符号出现在陶尊上，意味着二者内涵相同。陶尊是古代盛酒祭祀的礼器，主要作用在于奉献，即奉上祭品供天地、祖先享用。而"臣"作为帝王"股肱耳目"，也要把自己奉献给帝王，如韦昭《释名》就说："臣，慎也，慎于其事，以奉上也。"[82]显然，二里头陶尊上的"臣"字，极有可能就是"其载体的'标识'符号，也是一种特殊的纪事文字"。[83]

▲ 二里头陶尊及其"臣"字刻符

除此以外，李维明先生2009年2月27日在《中国文物报》上刊发《夏代、商前期牛骨刻辞试读二例》，把密县黄寨出土的二里头文化一例牛骨刻辞隶定为"夏"字。

李文认为，该牛骨刻辞左边一例似乎是由上下两个象形字组成的会意字。上部像一个奔跑的兽形动物，下部是两竖道，在殷墟卜辞中也有发现，代表族（地）的意思，有时候也与豖连用。因为殷墟卜辞中类似的会意字"陷"，表现一只鹿掉进陷坑，坑中还有表示尖桩的两根竖道，所以联系文献中有关夏人田猎的记载，推测此字像是陷坑，或尖桩、绊索一类，会意设置机关捕兽。由于考古报告结语显示摹写字形与绘图字形有明显差别，尤其是缺少下部两竖道，因此对该字的释读还有待实物材料检验。

右边一例，结语显示摹写字形与绘图字形相近，上部似从目，下部从又（手）。殷墟卜辞有上部从目、下部从又（手）的字形，这与具有相类构字要素的周代、汉代金文排列中凸显目、手、止的"夏"字似有渊源关系，所以这一例刻辞可隶定为"夏"字。

注　释

1. 陈国梁：《合与分：聚落考古视角下二里头都邑的兴衰解析》，《中原文物》2019年第4期。

2. 刘莉、陈星灿：《中国考古学——旧石器时代晚期到早期青铜时代》，生活·读书·新知三联书店2017年版，第281页。

3. 高江涛：《陶寺遗址与二里头遗址聚落形态之比较研究》，中国社会科学院夏商周考古研究室编：《三代考古》（四），科学出版社2011年版。

4. 高江涛：《陶寺遗址与二里头遗址聚落形态之比较研究》，中国社会科学院夏商周考古研究室编:《三代考古》(四),科学出版社2011年版。

5. 陈国梁:《合与分:聚落考古视角下二里头都邑的兴衰解析》,《中原文物》2019年第4期。

6. 郑州大学历史学院考古系、郑州市文物考古研究所:《河南登封南洼遗址2004年春试掘简报》,《中原文物》2006年第3期;韩国河等:《用中字活化分析研究南洼白陶的原料产地》,《中原文物》2007年第6期。

7. 秦超超:《科技考古视野下的二里头遗址生产制造业》,《文史知识》2019年第9期。

8. 陈星灿等:《中国文明腹地的社会复杂化进程:伊洛河地区的聚落形态研究》,《考古学报》2003年第2期。

9. 李鹏辉、井中伟:《从二里头文化设防聚邑看夏王朝的控辖模式》,《江汉考古》2020年第3期。

10. 李琳之:《元中国时代——公元前2300—前1800年华夏大地场景》,商务印书馆2020年版,第499—503页。

11. 许宏:《二里头文化聚落动态扫描》,北京大学震旦古代文明研究中心等编:《早期夏文化与先商文化研究论文集》,科学出版社2012年版,第31—44页;陈国梁:《合与分:聚落考古视角下二里头都邑的兴衰解析》,《中原文物》2019年第4期。

12. 许宏:《何以中国——公元前2000年的中原图景》,生活·读书·新知三联书店2016年版,第163页。

13. (东汉)袁康撰,李步嘉校释:《越绝书校释》,中华书局2013年版,第303页。

14. 张国硕:《夏代晚期韦、顾、昆吾等方国地望研究》,《中国历史地理论丛》2015年第2期。

15. 许富宏:《吕氏春秋先秦史料考订编年》,凤凰出版社2017年版,第39页。

16. (清)洪亮吉撰,李解民点校:《春秋左传诂》,中华书局1987年版,第401页。

17. 李琳之:《元中国时代——公元前2300—前1800年华夏大地场景》,商务印书馆2020年版,第344—346页。

18. 李平：《陶寺出土乐器与中国早期的礼乐文明》，《文物世界》2013年第1期。

19. 李琳之：《元中国时代——公元前2300—前1800年华夏大地场景》，商务印书馆2020年版，第325—331页。

20. 李琳之：《元中国时代——公元前2300—前1800年华夏大地场景》，商务印书馆2020年版，第436—446页。

21. 许宏：《何以中国——公元前2000年的中原图景》，生活·读书·新知三联书店2016年版，第92—96页。

22. 刘莉、陈星灿：《中国考古学——旧石器时代晚期到早期青铜时代》，生活·读书·新知三联书店2017年版，第282页。

23. 张剑：《夏代青铜器研究》，《洛阳师范学院学报》2007年第1期。

24. 秦超超：《科技考古视野下的二里头遗址生产制造业》，《文史知识》2019年第9期。

25. 中国社会科学院考古研究所：《偃师二里头：1959年—1978年考古发掘报告》，中国大百科全书出版社1999年版。

26. 张剑：《夏代青铜器研究》，《洛阳师范学院学报》2007年第1期。

27. 中国考古学会：《中国考古学年鉴1984》，文物出版社1984年版，第128、163页。

28. 戴向明等：《山西绛县西吴壁遗址发现大量夏商时期冶铜遗存》，《中国文物报》2018年12月14日。

29. 刘莉、陈星灿：《中国考古学——旧石器时代晚期到早期青铜时代》，生活·读书·新知三联书店2017年版，第283页。

30. 段玉琬：《二里头文化青铜礼器研究》，《文物鉴定与鉴赏》2019年第16期。

31. 刘莉、陈星灿：《中国考古学——旧石器时代晚期到早期青铜时代》，生活·读书·新知三联书店2017年版，第283页。

32. 李志鹏：《二里头文化墓葬研究》，中国社会科学院考古研究所编：《中国早期青铜文化：二里头文化专题研究》，科学出版社2008年版。

33. 张天恩：《天水出土的兽面铜牌饰及有关问题》，《中原文物》2002年第1期。

34. 何弩：《二里头绿松石龙牌、铜牌与夏禹、万舞的关系》，《中原文化研究》2018年第4期。

35. 何驽：《二里头绿松石龙牌、铜牌与夏禹、万舞的关系》，《中原文化研究》2018 年第 4 期。

36. 段玉琬：《二里头文化青铜礼器研究》，《文物鉴定与鉴赏》2019 年第 16 期。

37. 刘昶、方燕明：《河南禹州瓦店遗址出土植物遗存分析》，《南方文物》2010 年 4 期。

38. 钟华等：《河南新密新砦遗址 2014 年浮选结果及分析》，《农业考古》2016 年第 1 期。

39. 唐丽雅等：《龙山——二里头时期环嵩山地区农业演变》，《华夏考古》2019 年第 3 期。

40. 刘长江等：《植物考古：种子和果实研究》，科学出版社 2008 年版，第 212 页。

41. 吕鹏：《禹州瓦店遗址动物遗骸的鉴定和研究》，科技部社会发展科技司、国家文物局博物馆与社会文物司编《中华文明探源工程文集：技术与经济卷（1）》，科学出版社 2009 年版，第 179—194 页。

42. 刘一婷：《河南巩义花地嘴遗址出土动物遗存研究》，中国社会科学院研究生院 2014 年硕士学位论文。

43. 唐丽雅等：《龙山——二里头时期环嵩山地区农业演变》，《华夏考古》2019 年第 3 期。

44. 赵志军、谢阮虹：《五谷初聚：二里头遗址植物考古的意义与成绩》，《世界遗产》2015 年第 8 期。

45. 赵志军、谢阮虹：《五谷初聚：二里头遗址植物考古的意义与成绩》，《世界遗产》2015 年第 8 期。

46. 李志鹏、袁靖：《解读动物密码：二里头遗址出土动物的多学科合作研究》，《世界遗产》2015 年第 8 期。

47. 杨杰：《二里头遗址出土动物遗存研究》，中国社会科学院考古研究所编：《中国早期青铜文化》，科学出版社 2008 年版，第 470—539 页；中国社会科学院考古研究所：《二里头（1999—2006）》，文物出版社 2014 年版。

48. 李志鹏、［日］江田真毅：《二里头遗址的野生动物资源获取与利用》，《南方文物》2016 年第 3 期。

49. 秦超超:《科技考古视野下的二里头遗址生产制造业》,《文史知识》2019年第9期。

50. 方酉生:《偃师二里头遗址第三期遗存与桀都斟鄩》,《考古》1995年第2期。

51. 秦超超:《科技考古视野下的二里头遗址生产制造业》,《文史知识》2019年第9期。

52. (清)孙星衍撰,陈抗、盛冬铃点校:《尚书今古文注疏》,中华书局2004年版,第494页。

53. 方酉生:《偃师二里头遗址第三期遗存与桀都斟鄩》,《考古》1995年第2期。

54. 李久昌:《偃师二里头遗址市场蠡测》,《文博》2007年第5期。

55. (清)郝懿行著,吴庆峰等点校:《尔雅义疏》,齐鲁书社2010年版,第3674页。

56. 吴慧:《中国商业通史》(第1卷),中国财政经济出版社2004年版,第42页。

57. 方酉生:《偃师二里头遗址第三期遗存与桀都斟鄩》,《考古》1995年第2期。

58. 李维明:《二里头文化陶字符量化分析》,《考古与文物》2012年第6期。

59. 河南省文物研究所等:《登封王城岗与阳城》,文物出版社1992年版,第58、78页;河南省文物考古研究所等:《登封王城岗考古发现与研究(2002—2005)》,大象出版社2007年版,第111页。

60. 河南省文物考古研究所等:《河南新密市古城寨龙山文化城址发掘简报》,《华夏考古》2002年第2期。

61. 中国社会科学院考古研究所河南二队等:《河南永城王油坊遗址发掘报告》,《考古学集刊》(5),中国社会科学出版社1987年版,第110页。

62. 河南省文物考古研究所:《禹州瓦店》,世界图书出版公司2004年版,第97页;信阳地区文管会等:《河南淮滨发现新石器时代墓葬》,《考古》1981年第1期。

63. 河南省文物研究所等:《淅川下王岗》,文物出版社1989年版,第302页。

64. 洛阳市第二文物工作队、偃师县文物管理委员会:《洛阳市偃师县高崖遗址发掘报告》,《华夏考古》1996年第4期。

65. 洛阳市文物工作队:《洛阳皂角树:1992—1993年洛阳皂角树二里头文化聚落遗址发掘报告》,科学出版社2002年版。

66. 河南省文物研究所、渑池县文化馆：《渑池县郑窑遗址发掘报告》，《华夏考古》1987年第2期。

67. 河南省文物研究所：《陕县西崖村遗址的发掘》，《华夏考古》1989年第1期。

68. 郑州市文物考古研究所：《郑州大师姑：2002—2003》，科学出版社2004年版。

69. 北京大学考古学系等：《河南方城县八里桥遗址1994年春发掘简报》，《考古》1999年第12期。

70. 康瀚予：《文明史视野中的大汶口文化陶文研究——兼与良渚文化刻符比较》，烟台大学2013年硕士学位论文。

71. 李维明：《二里头文化陶字符量化分析》，《考古与文物》2012年第12期。

72. 杜金鹏：《关于二里头文化的刻画符号与文字问题》，《中国书法》2001年第2期。

73. 曹定云：《夏代文字求证——二里头文化陶文考》，《考古》2004年第12期。

74. 何驽：《陶寺遗址扁壶朱书"文字"新探》，《中国文物报》2003年11月28日。

75. 冯时：《山东丁公龙山时代文字解读》，《考古》1994年第1期。

76. 中国社会科学院考古研究所编著：《二里头考古六十年》，中国社会科学出版社2019年版，第284—286页。

77. 李学勤：《二里头陶器的一个奇异符号》，饶宗颐主编《华学》（第二辑），中山大学出版社1996年版；高明：《古文字类编》，中华书局1980年版，第185页。

78. 蔡运章：《二里头陶尊臣字解读》，《洛阳日报》2019年10月30日。

79. （汉）班固撰集，（清）陈立疏证，吴则虞点校：《白虎通疏证》，中华书局1994年版，第376页。

80. 李学勤：《二里头陶器的一个奇异符号》，饶宗颐主编《华学》（第二辑），中山大学出版社1996年版。

81. （清）阮元校刻：《十三经注疏》（清嘉庆刊本），中华书局2009年版，第2445页。

82. （汉）刘熙撰，（清）毕沅疏证，（清）王先谦补，祝敏彻、孙玉文点校：《释名疏证补》，中华书局2008年版，第313页。

83. 蔡运章：《二里头陶尊臣字解读》，《洛阳日报》2019年10月30日。

第三章
夏商鼎革

桀师溃败后,汤又率军向东对夏王朝残余势力三朡国进行了讨伐,征服了三朡国,并缴获了一批美玉等宝物。三朡降服,意味着汤革夏命这场改朝换代的战争取得全面的胜利。彼时为公元前1600年。

先商足迹

先商文化是指汤灭夏以前商族或以商族为主体的族群所创造的物质文化遗存。[1] 从契立商至汤灭夏建商朝,先商共经历了14世先公。[2] 自商族于公元前2300年左右发祥于冀南古漳水地区起,直至成汤革命前,商族都邑虽有"八迁"之说,但其活动的核心地带一直就在豫北冀南地区。[3]

契是商人的始祖,由于他先后存在于尧舜禹三代,功绩也非常卓著[4],具备一定的神性,所以,契同尧舜禹一样,不仅是一个个体,更是集合了数代商族"开山领袖"个体的共同称谓。先商是夏朝的一个方国,后期与夏朝基本同期。其中,契和禹大体是在同一时代,昭明对应太康,帝相对应相土,昌若、曹圉对应"代夏"的羿、寒浞,冥对应少康和帝杼(予),王亥对应芒和泄,上甲微对应不降,报乙、报丙和报丁对应扃、廑和孔甲,主壬、主癸和汤对应帝皋、帝发和桀。[5]

契在舜和大禹时期,曾任负责观象授时和祭祀大火星的司徒一职。[6] 契时的商族还处在"阶等"制社会中。"阶等"就是说人们因身份不同以及同祖先神远近关系不同,而形成了地位上的等差。商族在契时创造的河北龙山文化涧沟类型[7]中，曾经出土了不少卜骨，在同时期的其他龙山文化类型遗存中也有发现，表明彼时的人们已经普遍信仰占卜决疑的原始宗教，这成为后来商人用兽骨和龟卜问卦风尚的源头。联系到颛顼发动"绝地天通"运动后的大汶口文化中期，职业巫师阶层不但形成，而且还产生了执掌神权的领袖，[8]不难判断，契时代的商族已经有了职业巫师阶层，而契就是那个集族权、神权和世俗权力于一身的大巫师，这从契在甲骨文中被称为"高祖夒"[9]就可略窥一斑。

邯郸涧沟遗址发现有丛葬坑和剥人头皮现象。在发现的9个人头骨中，有4个有刀割痕迹。有的是连皮带肉一起切割的，有的是从额结下部砍切以后，自下而上揭去头皮，只剩一个连有枕骨的顶盖。[10]丛葬坑是一圆形袋状坑，里边发现有10副人骨架，分三层，应该是分三次埋入的。这些骸骨大都有外部损伤痕迹，推测为火烧和工具所伤。譬如二次埋葬的2人，其中一人是30～40岁的成年男性，头骨上有6处伤痕。10人分三次胡乱葬在一起，最有可能是部落之间的战争所致。[11]说明当时各部落、族群之间冲突和战争频繁，而战争不仅是古国或方国形成的重要机制，也是巩固阶等社会里社会等差及军事首脑地位的主要方式和手段之一。[12]

契以后的昭明时期，先商族活动中心转移到了今石家庄以南、邢台以北的"砥石"，即今元氏县的古泜水、石济水流域，暗示昭明时期也是先商族的一个大发展时

▲ 涧沟遗址出土的人头盖骨

期。[13]

昭明之子相土时期，先商部落的畜牧业已相当发达，《竹书纪年》记载："（帝相）十五年，商侯相土作乘马，遂迁于商丘。"[14] 这里的商丘在今濮阳一带。"相土作乘马"就是说，驯养马作为运载工具。畜牧业的发达使得商人的经济和军事实力迅速提高。相土利用夏王太康失国对东方无力控制之际，趁机向东南方扩展自己的势力，打到今山东菏泽雷泽和巨野泽以东。《诗经·商颂·长发》说，相土威风凛凛，商师所过之处，各方势力纷纷归服。[15]

《吕氏春秋·古乐》还记载相土时期，"商人服象，为虐于东夷"[16]，说明相土不但驯养牛、马等动物，而且还驯养大象，并且把驯服的大象用于征讨东夷人的战争之中。《史记·殷本纪·索隐》对相土做了高度评价："相土佐夏，功著于商。"[17]

相土之后的昌若和曹圉相对沉寂，功业平平。但曹圉之子商侯冥却是一个大名鼎鼎的人物。《竹书纪年》记载："（帝少康）十一年，使商侯冥治河。"[18] 冥自从做了治水官员以后，勤勉笃行，任劳任怨，但不幸在20多年后的帝杼十三年，因"勤其官"治理黄河而死在任上。[19]

冥治水功业为200年后殷商王朝的崛起打下了坚实的基础，商人"郊冥而宗汤"。[20] 郊即郊祀，是一种祭天之礼。"郊冥"意味着商人将冥配祀上帝，可见冥在商人心目中的地位何等重要。

冥死后，或许是因为原封地商丘毁于洪水，无法居住，后继的先商第七任首领王亥便率领族人迁至殷地。王亥在部落农业快速发展的基础上大力驯养牛、马，并开始使用牛车作为运输工具，促进了贸易的发展，有效缓解了农牧产品过剩问题。王亥开创了商业贸易的先河，这成为"商人"一词的肇始。

综合清华简《保训》《竹书纪年》《山海经》等记载[21]，王亥同其兄弟王恒等，驾上载着货物的牛车，前往北方易水一带的有易部落去"做买卖"。王亥在有易放牧牛羊，以干舞引诱有易女。有易君绵臣在盛怒之下杀死王亥，并抢走了牛车和货物。但之后不久，绵臣却把抢走的"仆牛"还给了王亥的弟弟王恒。王恒安全返回，还继承了王亥的王位。

王恒继位4年，考虑的都是如何谋求"大国"的公认，坐稳王位，不见有为王亥复仇的任何动向。王亥之子上甲微觉得事情蹊跷，就下决心前往有易进行调查，要为父王的死讨个说法。

《天问》记载，上甲微沿着王亥行商路线追查王亥死因，让有易君绵臣惶恐不安。[22] 王亥被害4年以后，上甲微最终查清了王亥系绵臣所杀，而且同王恒有一定关系，便借助河伯之师讨伐有易，纵兵虐杀。《天问》描述那场面，勇士丛集，杀喊声响彻云霄。[23] 上甲微杀死绵臣，有易部落就此绝灭。

上甲微凯旋，从王恒手中夺回王权，成为商族新一代领袖。上甲微除了有中兴殷商的功绩，还创立了傩舞。[24] 傩最初就是指在宫室内驱除疫气的一种祭祀礼节。[25]

从文献记载来看，上甲微似乎是先商自契以来第一位靠军事强权获得王位的先商公，表明上甲微所获得的王权已经有了强制性的专政意味。而且从甲骨文观察，无论是对直系先王的合祭，还是对所有继位先王的周祭，往往都是从上甲微开始。显然，"在商代的祀谱中，商人是把上甲以后的先王作为'有史'来对待的。这种祀谱实际上就是后来所谓'世系''谱系'的原型"[26]。这说明，彼时的先商已经由属于酋邦的分层阶等社会一跃而跨入了属于古国或邦国的阶级社会。

成汤革命

商族自上甲微时期进入邦国阶段后,历经报乙、报丙、报丁、示壬、示癸,至成汤时期,农业和畜牧业得到进一步发展,社会财富大幅增加,商族由氏族制社会过渡到奴隶制社会。

成汤,又称汤,名履,号天乙,子姓,是契第14代孙,示癸之子。[27]《史记·殷本纪》记载,先商都邑,自契至汤有八迁。但到汤时,又迁回先王帝喾所居之亳[28],即《吕氏春秋·具备篇》所说的郼亳,在今内黄靠近濮阳的地方。[29]

成汤继示癸做商侯时,商国面积不大,方圆只有70里左右。[30]彼时正是夏桀统治时期,桀横征暴敛,骄侈淫逸,宠用嬖臣,暴虐无道,朝野上下对他已是怨声载道、恨之入骨,夏的统治摇摇欲坠。商汤见此情景,立下雄心,蓄意灭夏。也许是为了联合夷人,汤后来又将战略重心转移至今河南商丘虞城县谷熟镇西一带,史称南亳。[31]南亳应该是汤设立在商国南方的一个战略指挥中心,所以其作为辅都的性质更浓一些。

开封、商丘以及周口东北等豫东地区是夷、夏、商三种文化交汇地带[32]，这种现象以杞县最为典型。杞县境内发现有多处二里头文化、岳石文化和先商文化遗址。[33] 考古资料显示，至迟自二里头文化三期晚段开始至四期之末，这三种文化便在杞县境内共存。二里头夏文化的分布限于该县域西部，岳石文化和先商文化则在该县东部。[34] 另外，杞县鹿台岗遗址显示了先商文化与岳石文化二期有初步融合的现象。在此后相当长的一段时间内，两种文化不断进行交流，融合逐步加深，形成了独具特色的豫东先商文化及岳石文化。

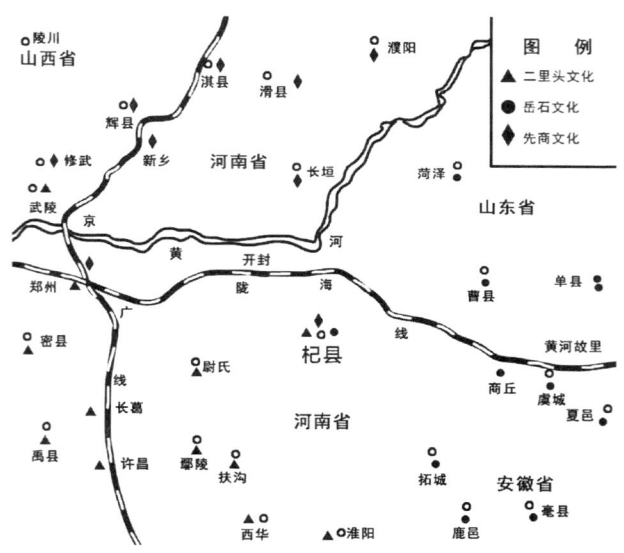

▲ 杞县及周邻地区夏末考古学文化形势图

汤在亳积蓄粮草、招集人马、训练军队，为灭夏创造有利条件。商国在商侯冥时期，曾因冥治黄河功劳卓著，被夏王授为"夏方伯，得专征伐"大权[35]，也就是说，商要征伐其他国家，可以不经夏王的批准。成汤利用这一特权，预谋先剪除夏的死党方国，然后争取更多的诸侯反夏。

汤把试刀的第一个对象瞄向了葛国。葛东邻商，在今河南宁陵北。[36] 葛伯是夏桀安置在东方诸侯国中的一个忠实耳目，是阻挡汤西进攻夏的第一个障碍。汤想灭掉葛国，又恐出兵无道，就打算争取葛伯反戈一击。

《孟子·滕文公下》记载：葛伯放荡，连天地祖先都不祭祀，汤派人问他为什么不行祭祀之礼。葛伯理直气壮地回答，没有可供奉的牺牲祭品。汤就令手下给他送去牛和羊，葛伯却把这些牛羊吃掉了。汤又派人前去问他为什么，葛伯回答得堂而皇之："没有粮食可供祭祀。"汤于是派人前往葛国替他们耕种，并且免费把粮食送给葛国的老弱病残。葛伯不思感恩，反率人从老弱病残手里抢夺粮食和酒肉，不予者，就直接杀掉，甚至连儿童也不放过。汤见葛伯顽固，无药可救，就索性发兵，灭了葛国。

在夏商之际，"祀"与"戎"乃国家头等大事，而爱护儿童也是一个君王最起码的德行要求，葛伯既不行祭祀之礼，还纵容手下对儿童"杀而夺之"，可谓罪不可恕。在这种情况下，汤顺应民意，灭掉葛国，自然会为他带来巨大声誉："为其杀是童子而征之，四海之内皆曰：非富天下也，为匹夫匹妇复仇也。"[37]

汤知道要完成灭夏大业，没有人才不行，于是，他便礼贤下士，四处寻访。汤的贤名让他轻而易举就网罗了一大批贤能，如庆誧、伊尹、湟里且、东门虚、南门蝡、西门疵、北门册，"得七大夫佐以治天下，而天下治。"[38]

"七大夫"中有迹可考的只有伊尹。伊尹名阿衡[39]，有莘氏人。有莘氏也称作有侁氏[40]，居地在今河南陈留县一带。[41]《水经注疏·伊水篇》称，有莘氏女在伊川采桑，生下伊尹。幼时寄养于庖人之家，得以学习烹饪之术，长大以后成为精通烹饪的大师，且有贤德，因"殷以为尹"，故"曰伊尹也。"[42]

伊尹贤名远播，汤听说后，就向有莘氏请求得到伊尹。伊尹也早闻汤礼贤下士，是个仁人君子，就想归附于汤，但有莘君婉拒了汤的请求。汤于是变通，向有莘君求婚，这样伊尹就作为有莘氏的媵臣随嫁过来。

伊尹到达第二天，汤就在朝堂上接见了他。伊尹为汤讲述美味。汤问："我能得到这些美味吗？"伊尹回答说："您的国家小，还不具备这些东西，只有做了天子以后才能够全部得到。作为食材有三类动物，味道各不相同。生活在水中的动物气味腥，吃肉的动物气味臊，吃草的动物气味膻。当然，味道不美的通过调和也可以让它变好，这些都各有其内在的道理。调和味道的根本首先在于用水。酸、甜、苦、辣、咸五味和水、木、火三材都是味道的决定性因素。味道烧煮九次变九次，火很关键。通过疾徐不同的火势可以灭腥、去臊、除膻，而且不会失去食物原来的品质。调和味道离不开酸、甜、苦、辣、咸，用多、用少、用什么，需要根据自己的口味来将这些调料进行调配。至于说锅里的变化，那是很精妙细微的，不是三言两语能说明白的。若要准确地把握食物精微的变化，还要考虑阴阳的转化和四季的影响，所谓久而不腐，熟而不烂，甘而不浓，咸而不苦，酸而不酷，辛而不烈，淡而不薄，肥而不腻，这样才算达到美味的标准。"

伊尹接着给汤讲述了各地的美味和特产，然后一语双关地总结说："只有先成了天子，才能完全领略这些美味。天子不是可以强取的，而必须先学习素王九主之道。道存于自身却施于天下万物。自身修养成就了素王九主之道，也就成了天子，成了天子，那所有的美味也就齐备了。所以说，察近可以知远，成己可以成人。圣人之道朴素简约，用不着去做那些事倍功半的事情。"[43]

伊尹"负鼎俎，以滋味说汤，致于王道"[44]，让汤如醍醐灌顶，钦佩不已。于是汤立即任命伊尹为相，协助他经理灭夏大业。

剪灭"三蘖"

汤灭葛，是以诸侯的身份行使属于国王的权力，这既是剪灭夏附属势力的必要步骤，同时也是试探天下反应的一招妙棋。汤未雨绸缪，一箭双雕，取得了出乎意料的成效。汤遂从讨伐葛国开始，招兵买马、广纳贤才，迈出了他剪除夏羽翼的坚定步伐。

彼时，夏桀暴虐贪婪，肆意逞威，欺凌诸侯，祸害百姓。天下人心混乱，满腹怨恨。《吕氏春秋》说："桀愈自贤，矜过善非，主道重塞，国人大崩。"[45]

面对这种情况，汤和伊尹商量，决定让伊尹到夏都斟鄩去观察动静，了解虚实。汤担心桀不相信伊尹，于是就扬言伊尹犯了大罪，自己要亲自射杀叛徒。伊尹"逃亡"到夏，待了三年后回到商，对汤禀报："桀被妹喜迷惑，又宠爱琬、琰，不怜悯大众，朝野上下已经不堪忍受。上下猜忌，民心积怨，都诅咒桀：'天不佑夏，夏必灭亡！'"汤对伊尹说："君所言夏桀暴虐无道之情状，同民歌所唱一般无二。"二人遂订立盟约，以表灭夏决心。[46]

随即，二人从战略上做了周密的布划，并付诸实施。夏桀二十一年，商师征伐有洛国，有洛亡。有洛国大致在今洛阳东北[47]。紧接着，商师又讨伐荆国，荆国投降。[48] 荆国在今禹州一带。[49]

汤的异常征伐行为引起了桀的警惕，夏桀二十二年，桀以召商汤入朝述职为名，乘机将商汤囚禁在夏台。夏台亦称钧台，在启都阳翟即今河南禹州颍河下游流域瓦店遗址附近。[50] 后可能是因找不到定罪理由，再加上伊尹等一班商臣的极力斡旋、营救，桀遂于第二年将汤释放。[51] 汤无罪被囚，加深了其灭夏的决心。同时，天下诸侯也由此对桀失去了最后的信心。但这件事在无形之中却提高了汤在这些诸侯心目中的地位，给他带来更大的声誉和政治资本。今本《竹书纪年》记载，汤被释放回国后，"诸侯遂宾于商"。[52]

汤经此劫难，清醒地认识到了商与夏王朝在政治、经济和军事实力方面相比，尚有巨大差距，于是在接下来的三年中，他卧薪尝胆，韬光养晦。夏桀二十六年，汤见时机成熟，出其不意发兵，一举灭了在今温县西南一带的温国。[53] 温国是夏王朝都邑斟鄩即二里头遗址东北方向的一道屏障。温和昆吾是祝融后裔己姓的两个分支，二者有共同的文化背景，可能还有血缘和姻亲关系。昆吾氏彼时生活在祝融故地新郑一带。昆吾还和韦、顾一起被称为夏桀"三蘖"[54]，说明这三个诸侯国不仅实力强大，而且还是夏桀颇为倚重的死党一族。《国语·郑语》云："昆吾为夏伯。"[55] 表明昆吾至少与被封为"商伯"的商王居于同等地位。

温国被商所灭，昆吾氏感受到了唇亡齿寒的恐惧，也让不可一世的桀不寒而栗，于是在商灭掉温的第三年，即夏桀二十八年，昆吾氏在桀的支持下对商进行了讨伐。[56]

昆吾氏不但实力强大，而且背后还有夏王朝做强力后台，在这种情况下，汤选择了忍让，只是做了抵抗而未进行即时的反攻。

刘向在《说苑·权谋》中记录了与此相关的一件事：汤欲伐桀，伊尹劝谏说，先停止对夏纳贡，试探一下桀的反应。桀没有看到商汤纳贡，大怒之下"起九夷之师"伐商。伊尹说，咱们先不要轻举妄动。桀能调动九夷之师，是我们对形势判断错了。汤于是"谢罪请服"，继续对夏纳贡。到了第二年，商又停止了对夏纳贡。桀怒不可遏，再次下令，命九夷之师伐商，但这次九夷之师却没有响应。伊尹见此，就对汤说，时机成熟，现在可以伐桀了。[57]

九夷之师没有起而响应，等于宣告了夷夏联盟的破裂，桀成了真正的孤家寡人。事实上，夷夏联盟早在夏桀即位第十一年主持召开"有仍之会"时，因有缗氏中途逃归而对其大肆讨伐，就已经产生了裂隙。这不仅因为有缗氏是"九夷"中的一个重要成员，还因为有缗氏是夏先帝少康的母族，并且是少康复国所凭借的一支重要力量。[58]桀背信弃义、恩将仇报的行为自然为辅车相依、休戚相关的九夷诸部所不齿，所以，《左传·昭公十一年》才有了"桀克有缗，以丧其国"[59]的说法。

昆吾氏伐商让汤更加清醒地认识到了仅凭有商一族根本无法同强大的夏王朝及其同盟对抗，于是在此后不久，汤便打出"有夏多罪，天命殛之"[60]的旗号，召集天下诸侯，举行"景亳会盟"，成立了以商汤为首的反桀军事联盟集团。[61]

《史记·夏本纪》载："汤修德，诸侯皆归汤，汤遂率兵以伐夏桀。"[62]有学者考证，这些同商一起盟誓的诸侯，主要是位于鲁西南、豫东地区的几个原夏王朝的夷人方国，如有施、有仍、有莘、薛、卞等。"景亳之会"的会盟地点极有可能是今菏泽曹县北境的梁堌堆遗址。[63] 还有一说是在今河南省商丘市梁园区蒙县故城遗址，史称北亳。[64]

▲ 梁堌堆遗址一隅

"景亳之会"后，汤将灭夏联军的战略指挥中心直接迁至今郑州一带，并开始规划营建新都，即郑州商城遗址，试图以此为中心，实现"乡有夏之境"[65]的计划。郑州地区发现有先商文化晚期末段的南关外类型[66]，这是以先商文化为主体、糅合部分东方夷族的岳石文化因素而形成的一种混合态文化[67]，历时比较短暂，遗迹主要是壕沟。沟内常见人骨架和凌乱人骨，带有明显的军事色彩。南关外类型显然就是夏末商夷联军进入郑州地区的物质遗存，其中较多的岳石文化因素，正是商、夷联合灭夏这一历史背景的反映。[68]

在郑州商城内城的东北部，即一般所谓的宫殿区内，发现有先商时期亦即二里头文化四期早段修建的宫室基址。[69]考古人员还发现编号为W22的夯土墙基修筑于先商和早商之交。[70] 该聚落遗址除了包含大量的二里头文化四期晚段文化因素外，还包含有来自豫北冀南地区的漳河型先商文化因素和少量来自豫东鲁西一带的岳石文化因素。[71]

汤将灭夏联军指挥中心迁移至此具有重大的战略意义，首先，这一地区是东西交会、南来北往的交通枢纽之地，占领它，进可以长驱直入夏人腹地，退则可以扼守要道拒敌于境外；其次，这一地区正好处在商人故地豫北冀南与商新开拓的根据地豫东、鲁西中间的位置上，前后呼应的优势不言而喻。

从郑州二里岗下层偏早阶段商文化的分布区域观察，早商文化北部覆盖范围大体就在今豫北冀南地区，南界约在今郑州至陕县一线，郑州地区处在商与夏及其附属国交锋的前沿阵地上。[72]

夏附属国中实力最强且横在商伐夏道路上的拦路虎，就是被称为夏桀"三蘖"的韦、顾和昆吾。欧阳修在《诗本义》中说："夏所谓本也，韦也，顾也，昆吾也，所谓三蘖也……谓此三蘖莫能遂达，其恶皆伐而去之，并拔其本也。"[73]

"三蘖"都是夏桀死党。其中，韦在今郑州市区（一说在今滑县东南），属豕韦氏故地；顾在滨于黄河和沁水的郑州西北，今原阳、原武一带，属于有扈氏故地；昆吾在今新郑一带。[74] 三国均在夏王朝都邑二里头遗址的东面，可谓夏东疆一道坚固的防御屏障，正好切断了夏与商、商与夷之间的联系。汤要伐桀，剪除"三蘖"势在必行。

汤伐韦、顾和昆吾的过程，文献阙如，只有《史记·殷本纪》留下一句"汤自把钺以伐昆吾，遂伐桀"[75] 的记载，让我们感受到汤为一雪此前"昆吾伐商"之耻而亲自"把钺"杀敌的那种壮烈、豪迈之情。

还有一个简单到不能再简单的记载，就是《诗经·长发》借商人

之口吟诵的那句："如火烈烈，则莫我敢曷。苞有三蘖，莫遂莫达。九有有截，韦顾既伐，昆吾夏桀。"⁷⁶

从考古学上观察，新郑望京楼夏代城址很可能就是夏桀"三蘖"之一的昆吾都邑旧址。望京楼夏代城址规模宏大，总面积达168万平方米。城市规划严谨有序，内、外城布局分明。⁷⁷文化遗存丰富，规格等次较高，发现有二里头文化晚期铜爵和磨制精美的玉戈。⁷⁸城址军事防御色彩鲜明，既修筑有封闭式城垣和内护城河，还设置有外城垣及外护城河。显然，这是一座位于二里头中心聚落之下的次中心聚落。考虑到望京楼夏代城址和之后的早商城址前后衔接，且所处位置恰在古昆吾国疆域范围之内，当是昆吾国都邑无疑。商汤灭夏以后，昆吾余部逃亡到了许昌、淮阳一带，故《竹书纪年》曰："昆吾氏迁于许。"⁷⁹

位于郑州市西北部黄河和古济水交汇处的荥阳大师姑遗址应该是夏末顾国都邑旧址。大师姑遗址有两个重要的发现⁸⁰，一是发现了一座二里头文化时期的夏代城址，二是发现了早商文化叠压打破二里头文化晚段的地层堆积。大师姑夏代城址的军事防御色彩很浓，不仅有城墙，外面还有城壕，而且城垣经过多次的续建和修补，总面积约51万平方米。显然这是夏统治者为阻止商人西进而设置在东境的一座具有举足轻重作用的军事重镇。⁸¹

▲ 荥阳大师姑夏代城址南城墙、壕沟

汤重用贤能，广布恩泽，又步步为营，剪除了夏的几个死党方国，得到天下民众拥戴，于是就有了《孟子·滕文公下》所描述的那个让人热血沸腾的场景：

汤始征，自葛载，十一征而无敌于天下。东面而征西夷怨；南面而征北狄怨，曰："奚为后我？"民之望之，若大旱之望雨也。归市者弗止，芸者不变，诛其君，吊其民，如时雨降。民大悦。[82]

桀奔南巢

剪除"三蘖",意味着商师进军夏王朝政治、经济、文化中心所在的二里头盆地的道路已经打通。但就在商师统帅成汤携剪除"三蘖"余威,准备发出与夏决战号令的时候,头脑异常清醒的伊尹拦住了他。伊尹请求让他再前往夏都斟鄩侦察一下情况再做作决定。

伊尹潜入斟鄩,设法见到已被桀遗弃而心生怨恨的妺喜。妺喜对伊尹说:"天子梦见西方和东方都有日出,两日相斗,结果是西方日取得了胜利。"伊尹明白,桀曾对他自诩为日,桀谓两日相斗,西方日胜,意思是说,在西方夏同东方商两国的较量中,夏人会取得最后的胜利,说明桀并没有对天下局势有个清醒的判断,没有做好即将到来的大战准备,还处于高枕无忧之中。伊尹及时返回商,把这一情况上报给汤。彼时,商国正值大旱,汤没有顾忌这个情况,而是决定立刻发兵,同桀做最后的决战。[83]

也许是考虑到桀有"西方日胜"的心理准备,不排除桀在伊洛河平原东部地区有重兵部署,在这种情况下,商师从之前灭亡昆吾后占据的新郑地区集结,然后向西进入原来禹都所在的登封地区,最后再沿登封西北山间小路，出其不意地出现在巩县西南，让毫无心理准备的桀措手不及。[84]桀仓皇之中放弃斟䢴而向北逃往晋南安邑，即今夏县一带。汤不费吹灰之力就取得了"未接刃而桀走"[85]的胜利，顺利占领了斟䢴。

在被众多专家所认定为斟䢴的二里头遗址二至四期文化层中，迄今没有发现有战争焚燹或烧杀抢掠的"改朝换代"迹象，也在一定程度上说明了这种记载应该是出之有据。

前已述及，晋南是二里头文化东下冯类型所在地，是夏中晚期统治者的一块重要势力范围，有着广泛而雄厚的历史文化基础。山西本就是一个具有"表里山河"地形地貌的堡垒，而晋南又在灵霍大峡谷、太岳山、中条山与吕梁山铜墙铁壁似的围裹中，造成了一个大封闭区中的小封闭区。从战略高度考虑，这里是一个十分利于防守并休养生息、积蓄力量的战略要地。所以，桀"未接刃"而逃至安邑，目的是带着他的有生力量，避开商师的锋芒，在此先韬光养晦，然后"东山再起"。

东下冯夏代遗址[86]位于鸣条山以西、夏县埝掌镇东下冯村青龙河两岸台地上，面积30万平方米左右，时间大体同于偃师二里头遗址。东下冯夏代遗址晚期——相当于二里头文化三期时，经济文化尤为繁荣。聚落周围还修建有明显防御性质的回字形双层壕沟。壕沟内壁上修有窑洞式房屋和储藏室，沟底是经过修整的路面，能看到上面有长时间的踩踏痕迹。在沟壕围护的近1.8万平方米范围以内，分布着密集的窑洞式房屋居址、水井、陶窑和墓葬。另外，如前所述，这里还发现有不少乱葬墓，死者大多系非正常死亡，战争痕迹明显。

联系到《尚书》等文献所记"桀都安邑"，且鸣条"地在安邑之西"[87]，再考虑到二里头文化以后，这里还出现了一座商代城址，同时，在附近的垣曲盆地上还修建有垣曲商城[88]，不难判断，东下冯夏代遗址和"桀都安邑"有千丝万缕的联系。[89]

斟鄩即二里头遗址是桀的正都，"桀都安邑"可能反映安邑曾作为桀的"辅都"而存在，更确切一点说，安邑只是桀逃亡至此后的一个临时避难场所或驻跸之地。

▲ 东下冯遗址

但人算不如天算。商师绕道山西永济境内的古渡口蒲坂，穿陕山而过，进入运城盆地，沿涑水河及其支流青龙河沿线北上，像天将天兵一样，又一次出其不意地出现在位于青龙河上游的东下冯遗址西北方。东下冯东傍中条山，向东北约5公里就是绵延起伏的鸣条岗。东西向蜿蜒而流的青龙河以北至鸣条岗地势开阔，河南部呈东北高西南低的缓坡状，为遗址的核心区。

惊魂未定的桀部尚未来得及喘口气，又只得向东仓皇逃进鸣条岗中，意图凭借复杂的地形地貌负隅顽抗。[90]

汤可能是考虑到劳师远征，将士需要休整，统一思想，于是，在大战前夕，集结部队，做了一番慷慨激昂、鼓舞士气的演讲。他说，这次讨伐夏桀，不是犯上作乱，而是因为夏桀犯下了许多滔天罪行，以至于夏朝的老百姓都诅咒桀，宁愿与他同归于尽。上帝命令我成汤去诛灭它，所以战争是正义的。最后还告诫所有将士：奋勇杀敌、积极投身于"致天之罚"者，重赏；违抗誓言者，就要降为奴隶或处死，概不宽赦！[91]

乙卯日，汤在鸣条之野向将士们发出总攻号令。商师使用了多辆战车，布下雁行鸟阵，结果"桀未战而败绩"。[92] 桀对部将叹息："吾悔不遂杀汤于夏台，使至此！"[93]

汤站在战场高处，指挥部队追逐溃逃的夏兵，还亲手抓住了推哆和大戏两员夏将。[94] 桀则趁战场混乱之时逃走，汤令部下追击，后来在一个叫焦的地方，将桀一行人擒获，随后流放到附近的历山。桀伙同妹喜等妃子和属下500余人乘守兵不注意的时候再次逃亡，"自安邑东入山，出太行东南涉河"，在"汤缓追之不迫"的情况下，得以逃奔南巢，最后死在那里。[95]

关于南巢的具体位置，自古以来便众说纷纭，莫衷一是，影响比较大的主要是居巢、巢县和桐城三说，都集中在巢湖流域及其周围。[96] 考虑到桀及其部属为逃避商师追杀以及其他一些因素，桀必然会多方辗转，而且这三个地方都有相关记载和传说，所以它们都可能是桀的逃亡避难之地。

桀之所以逃奔南巢，是因为这一带是涂山国的势力范围。前已述及，当年大禹在这里娶了涂山氏女，并且举行了对夏立国有重要意义的"涂山会盟"。大禹即位后，又封东夷偃姓始祖皋陶于六安。皋陶后人在这一地区建立了六、英等国。终夏一朝，不仅淮河流域是它的势力范围，整个江淮地区都受到了夏文化的强烈影响，留下了众多的带有二里头文化鲜明特色的遗址。

皖西六安一带作为英、六古国所在地，有斗鸡台文化遗存，其中含有二里头文化早期因素，这同文献记载的英、六在夏代初年即受封于禹基本相符；巢湖一带是传说中巢父的故地，这里发现的二里头文化因素均属二里头三、四期，这同传说中巢在夏代晚期才为桀所封以及桀奔南巢等情况也大体一致。[97]

桀师溃败后，汤又率军向东对夏王朝残余势力三朡国进行了讨伐，征服了三朡国，并缴获了一批美玉等宝物。[98]三朡降服，意味着汤革夏命这场改朝换代的战争取得全面胜利。

彼时为公元前1600年。[99]

注　释

1. 李伯谦：《先商文化探索》，《庆祝苏秉琦考古五十五年论文集》，文物出版社1989年版。

2. 王国维撰，黄永年校点：《古本竹书纪年辑校 今本竹书纪疏证》，辽宁教育出版社1997年版。

3. （汉）宋衷注，（清）秦嘉谟等辑：《世本八种》，中华书局2008年版；王震中：《商族起源与先商社会变迁》（商代史·卷三／宋镇豪主编），中国社会科学出版社2010年版，第115页。

4. （汉）司马迁撰，（南朝宋）裴骃集解，（唐）司马贞索隐，（唐）张守节正义：《史记》，中华书局1982年版，第91页。

5. 王震中：《商族起源与先商社会变迁》（商代史·卷三／宋镇豪主编），中国社会科学出版社2010年版，第139—140页。

6.（汉）司马迁撰，（南朝宋）裴骃集解，（唐）司马贞索隐，（唐）张守节正义：《史记》，中华书局1982年版，第91页。

7.王震中：《商族起源与先商社会变迁》（商代史·卷三/宋镇豪主编），中国社会科学出版社2010年版，第146—147页。

8.李琳之：《前中国时代——公元前4000—前2300年华夏大地场景》，商务印书馆2021年版，第247—251页。

9.王震中：《商族起源与先商社会变迁》（商代史·卷三/宋镇豪主编），中国社会科学出版社2010年版，第154页。

10.河北省文化局文物工作队：《河北邯郸涧沟村古遗址发掘简报》，《考古》1961年第4期。

11.邹衡：《夏商周考古学论文集》（第二版），科学出版社2001年版，第238页。

12.王震中：《商族起源与先商社会变迁》（商代史·卷三/宋镇豪主编），中国社会科学出版社2010年版，第155页。

13.（汉）宋衷注，（清）秦嘉谟等辑：《世本八种》，中华书局2008年版；王震中：《商族起源与先商社会变迁》（商代史·卷三/宋镇豪主编），中国社会科学出版社2010年版，第115页。

14.（清）郝懿行著，李念孔点校：《竹书纪年校证》，齐鲁书社2010年版，第3835页。

15.田昌五先生考证后指出，《诗经·商颂·长发》"相土烈烈，海外有截"一句中的"海"，是指雷泽和巨野泽，因为古代以内陆湖为海。见田昌五《中华文化起源志》，上海人民出版社1998年版，第241—242页。

16.许维遹撰，梁运华整理：《吕氏春秋集释》，中华书局2009年版，第128页。

17.（汉）司马迁撰，（南朝宋）裴骃集解，（唐）司马贞索隐，（唐）张守节正义：《史记》，中华书局1982年版，第92页。

18.（清）郝懿行著，李念孔点校：《竹书纪年校证》，齐鲁书社2010年版，第3838页。

19.俞志慧：《〈国语〉韦昭注辨正》，中华书局2009年版，第52页；（清）郝懿行著，李念孔点校：《竹书纪年校证》，齐鲁书社2010年版，第3839页。

20. 俞志慧：《〈国语〉韦昭注辨正》，中华书局 2009 年版，第 54 页。

21.《帝王世纪　世本　逸周书　古本竹书纪年》，齐鲁书社 2010 年版，第 4 页；（汉）王逸章句，（宋）洪兴祖补注，夏剑钦、吴广平校点：《楚辞章句补注》，岳麓书社 2013 年版，第 104—105 页；（晋）郭璞传，（清）郝懿行笺疏，张鼎三、牟通点校，张鼎三通校：《山海经笺疏》，齐鲁书社 2010 年版，第 4977 页；陈民镇：《上甲微史迹传说钩沉——兼说清华简〈保训〉"微假中于河"》，《史学月刊》2013 年第 4 期。

22. 林庚：《天问论笺》，人民文学出版社 1983 年版，第 59 页。

23. 林庚：《天问论笺》，人民文学出版社 1983 年版，第 61 页。

24.《帝王世纪　世本　逸周书　古本竹书纪年》，齐鲁书社 2010 年版，第 71 页。

25. 饶宗颐：《饶宗颐二十世纪学术文集》，中国人民大学出版社 2009 年版，第 1012 页。

26. 王震中：《商族起源与先商社会变迁》（商代史·卷三／宋镇豪主编），中国社会科学出版社 2010 年版，第 154 页。

27.（清）郝懿行著，李念孔点校：《竹书纪年校证》，齐鲁书社 2010 年版，第 3851—3852 页。

28.（汉）司马迁撰，（南朝宋）裴骃集解，（唐）司马贞索隐，（唐）张守节正义：《史记》，中华书局 1982 年版，第 93 页。

29.《商代史》课题组著，宋镇豪主笔：《商代史论纲》（商代史·卷一／宋镇豪主编），中国社会科学出版社 2011 年版，第 40—41 页。

30. 许富宏：《吕氏春秋先秦史料考订编年》，凤凰出版社 2017 年版，第 56 页。

31.（汉）司马迁撰，（南朝宋）裴骃集解，（唐）司马贞索隐，（唐）张守节正义：《史记》，中华书局 1982 年版，第 93 页。

32. 张国硕：《岳石文化研究综述》，《郑州大学学报》1996 年第 1 期。

33. 宋豫秦：《夷夏商三种考古学文化交汇地域浅谈》，《中原文物》1992 年第 1 期。

34. 郑州大学文博学院、开封市文物工作队：《豫东杞县发掘报告》，科学出版社 2000 年版。

35.（汉）司马迁撰,（南朝宋）裴骃集解,（唐）司马贞索隐,（唐）张守节正义：《史记》,中华书局1982年版,第94页。

36.（南朝宋）范晔撰,（唐）李贤等注,中华书局编辑部点校：《后汉书》,中华书局1965年版,第3426页。

37.（清）焦循著,陈居渊主编：《孟子正义》,凤凰出版社2015年版,第1238—1241页。

38.（清）马骕撰,王利器整理：《绎史》,中华书局2002年版,第188页。

39.（汉）司马迁撰,（南朝宋）裴骃集解,（唐）司马贞索隐,（唐）张守节正义：《史记》,中华书局1982年版,第94页。

40.许维遹撰,梁运华整理：《吕氏春秋集释》,中华书局2009年版,第310页。

41.（清）焦循撰,沈文倬点校：《孟子正义》,中华书局1987年版,第653页。

42.（北魏）郦道元著,陈桥驿校证：《水经注校证》,中华书局2007年版,第375页。

43.许维遹撰,梁运华整理：《吕氏春秋集释》,中华书局2009年版,第310—321页。

44.（汉）司马迁撰,（南朝宋）裴骃集解,（唐）司马贞索隐,（唐）张守节正义：《史记》,中华书局1982年版,第94页。

45.许富宏：《吕氏春秋先秦史料考订编年》,凤凰出版社2017年版,第45页。

46.许富宏：《吕氏春秋先秦史料考订编年》,凤凰出版社2017年版,第45页。

47.吕方：《商汤灭夏的战略战术》,《文史天地》2021年第1期。

48.（清）郝懿行著,李念孔点校：《竹书纪年校证》,齐鲁书社2010年版,第3848页。

49.吕方：《商汤灭夏的战略战术》,《文史天地》2021年第1期。

50.李琳之：《元中国时代——公元前2300—前1800年华夏大地场景》,商务印书馆2020年版,第415—419页。

51.（清）郝懿行著,李念孔点校：《竹书纪年校证》,齐鲁书社2010年版,第3848页。

52.（清）郝懿行著,李念孔点校：《竹书纪年校证》,齐鲁书社2010年版,第3848页。

53. （清）郝懿行著，李念孔点校：《竹书纪年校证》，齐鲁书社2010年版，第3848页。

54. （清）王梓材、（清）冯云濠编撰，沈芝盈、梁运华点校：《宋元学案补遗》，中华书局2012年版，第459页。

55. （春秋）（旧题）左丘明撰，徐元诰集解，王树民、沈长云点校：《国语集解》，中华书局2002年版，第466页。

56. （清）郝懿行著，李念孔点校：《竹书纪年校证》，齐鲁书社2010年版，第3848页。

57. （清）马骕撰，王利器整理：《绎史》，中华书局2002年版，第180页。

58. 李琳之：《元中国时代——公元前2300—前1800年华夏大地场景》，商务印书馆2020年版，第436—440页。

59. （清）洪亮吉撰，李解民点校：《春秋左传诂》，中华书局1987年版，第694页。

60. （清）孙星衍撰，陈抗、盛冬铃点校：《尚书今古文注疏》，中华书局2004年版，第217页。

61. （清）郝懿行著，李念孔点校：《竹书纪年校证》，齐鲁书社2010年版，第3848页。

62. （汉）司马迁撰，（南朝宋）裴骃集解，（唐）司马贞索隐，（唐）张守节正义：《史记》，中华书局1982年版，第88页。

63. 田昌五、方辉：《"景亳之会"的考古学观察》，《殷都学刊》1997年第4期。

64. （汉）司马迁撰，（南朝宋）裴骃集解，（唐）司马贞索隐，（唐）张守节正义：《史记》，中华书局1982年版，第93页。

65. （清）王鸣盛著，陈文和主编：《尚书后案》，中华书局2010年版，第412页。

66. 邹衡：《试论夏文化》，《夏商周考古学论文集》，文物出版社1980年版，第129页。

67. 张立东：《先商文化浅议》，中国社会科学院考古研究所编《中国商文化国际学术讨论会论文集》，中国大百科全书出版社1998年版。

68. 徐昭峰等：《商汤灭夏战争的军事战略思想探析》，《辽宁师范大学学报》

2013年第4期。

69. 河南省文物考古研究所：《郑州商城北大街商代宫殿遗址的发掘与研究》，《文物》2002年第3期。

70. 河南省文物研究所：《郑州黄委会青年公寓考古发掘报告》，《郑州商城考古新发现与研究》，中州古籍出版社1993年版。

71. 河南省文物考古研究所：《河南郑州商城宫殿区夯土墙1998年的发掘》，《考古》2000年第2期。

72. 王迅：《从商文化的分布看商都与商城》，《中原文物》1991年第1期。

73. （清）王梓材、（清）冯云濠编撰，沈芝盈、梁运华点校：《宋元学案补遗》，中华书局2012年版，第459页。

74. 张国硕：《夏代晚期韦、顾、昆吾等方国地望研究》，《中国历史地理论丛》2015年第2期。

75. （汉）司马迁撰,（南朝宋）裴骃集解,（唐）司马贞索隐,（唐）张守节正义：《史记》，中华书局1982年版，第95页。

76. （清）方玉润撰，李先耕点校：《诗经原始》，中华书局1986年版，第649页。

77. 张松林、吴倩：《新郑望京楼发现二里头文化和二里岗文化城址》，《中国文物报》2011年1月28日。

78. 薛文灿：《河南新郑县望京楼出土的铜器和玉器》，《考古》1981年第6期，第556页。

79. （清）郝懿行著，李念孔点校：《竹书纪年校证》，齐鲁书社2010年版，第3843页。

80. 郑州市文物考古研究所：《郑州大师姑：2002—2003》，科学出版社2004年版。

81. 综合《左传》《史记》《水经注》《竹书纪年》等记载，夏末之顾国在今黄河南、郑州西北一带。时间、地点以及大师姑遗址的次中心地位与军事防御性质都表明，大师姑遗址应该是夏末顾国都邑旧址。见杨升南：《汤放桀之役中的几个地理问题》，胡原宣主编：《全国商史学术讨论会论文集》，《殷都学刊》增刊1985年；张国硕：《夏代晚期韦、顾、昆吾等方国地望研究》，《中国历史地理论丛》2015年第 2 期。

82. （清）焦循撰，沈文倬点校：《孟子正义》，中华书局 1987 年版，第 434 页。

83. 许维遹撰，梁运华整理：《吕氏春秋集释》，中华书局 2009 年版，第 355—356 页。

84. 吕方：《商汤灭夏的战略战术》，《文史天地》2021 年第 1 期。

85. 许维遹撰，梁运华整理：《吕氏春秋集释》，中华书局 2009 年版，第 356 页。

86. 中国社会科学院考古研究所等：《夏县东下冯》，文物出版社 1988 年版，第 49—51 页。

87. （清）王鸣盛著，陈文和主编：《尚书后案》，中华书局 2010 年版，第 1134 页。

88. 中国历史博物馆考古部等：《垣曲商城（一）——1985—1986 年度勘察报告》，科学出版社 1996 年版；中国国家博物馆田野考古研究中心等：《垣曲商城（二）——1987—2003 年度考古发掘报告》，科学出版社 2015 年版。

89. 张光直：《夏商周三代都制与三代文化异同》，《中国青铜时代》，生活·读书·新知三联书店 1999 年版。

90. （清）皮锡瑞撰，吴仰湘编：《今文尚书考证》，中华书局 2015 年版，第 663 页。

91. （清）孙星衍撰，陈抗、盛冬铃点校：《尚书今古文注疏》，中华书局 2004 年版，第 216—219 页。

92. （晋）皇甫谧撰，徐宗元辑：《帝王世纪辑存》，中华书局 1964 年版，第 58 页。

93. （汉）司马迁撰,（南朝宋）裴骃集解,（唐）司马贞索隐,（唐）张守节正义：《史记》，中华书局 1982 年版，第 88 页。

94. （清）孙诒让撰，孙启治点校：《墨子间诂》，中华书局 2001 年版，第 13 页。

95. （晋）皇甫谧撰，徐宗元辑：《帝王世纪辑存》，中华书局 1964 年版，第 58 页；（清）皮锡瑞撰，吴仰湘编：《今文尚书考证》，中华书局 2015 年版，第 128 页。

96. 杜金鹏：《关于夏桀奔南巢的考古学探索及其意义》,《华夏考古》1991 年第 2 期。

第三章　夏商鼎革

97. 王迅:《试论夏商时期东方地区的考古学文化》,《北京大学学报》1989年2期;杜金鹏:《关于夏桀奔南巢的考古学探索及其意义》,《华夏考古》1991年第2期。

98.(清)孙星衍撰,陈抗、盛冬铃点校:《尚书今古文注疏》,中华书局2004年版,第568页。

99. 岳南:《夏商周断代工程解密记》,海南出版社2007年版,第224页。

第四章
新朝气象

商代夏,意味着商朝成为新的"中国",其所接收的不仅是夏朝的地盘,还有夏朝统治"天下"的传统理念和安邦治国策略。这其中,最重要的一条就是,新王朝的都邑也必须居"天下之中",如此方能统治四方,控御天下,收获人心。

汤践天子位

经过 20 年的征伐，汤推翻了桀残暴的统治，赢得天下的尊重和拥戴。汤放逐夏桀以后班师亳都，不久即召集三千诸侯举行大会。汤先取来天子的玉玺，放到天子座位的右边，然后退下来，两拜行礼后坐在诸侯的位置上。汤指着天子的座位说："这是天子的位置，有道之人可以坐上！"顿了一下，他继续说，"天下，不是为一家所有，而是为有道者所有。所以，天下只有有道的人才能治理它，只有有道的人才能经营它，只有有道的人才能长久地占有它。"汤推让天子之位，没人敢坐上去。最后，在三千诸侯一致拥戴下，汤方"践天子位"[1]，定国号为商。

汤"践天子位"后，向各诸侯国君宣布了他的第一道旨令——后世称之为《汤诰》，要求各诸侯国君要为民众谋功立业，努力做好自己的事情。汤从正反两面列举了大禹、皋陶、后稷"三公咸有功于民，故后有立"和蚩尤与其大夫"作乱百姓"以致上帝不降福于他们的例子，谆谆告诫诸侯国君，要他们努力按照先王的教诲去做，否则就不允许他们回国："不道，毋之在国，女毋我怨。"[2]

随后，汤令咎单作《明居》，告诉民众应该遵守国家制定的法律法规。

全新的王朝必然会是全新的气象。汤废除了夏的政令，并修改了历法，把夏历的寅月为岁首改为丑月为岁首，又以白色为主流，改变了器物服饰的颜色，在白天举行朝会。³ 汤"变服殊号，一文一质，示不相沿，以建丑之日为正，易民之视"。⁴

汤大概曾想过把夏社从夏都斟鄩迁出去，以示新的王朝诞生就要和旧的世界有个了断。夏社是夏人敬神和供奉祖先的宗庙，神圣不可侵犯。或许是受伊尹等大臣劝阻，考虑到夏先人功高盖世，为了凝聚人心，不让夏遗民有被清算的惶恐，汤最终还是保留了夏社，并做了《夏社》、《疑至》和《臣扈》三篇昭文⁵，向天下宣告：新政权的执政理念是宽以待人、以德治国。

从现有考古资料看，二里头遗址一至四期早段是一个连续发展的过程⁶。一期时遗址的面积已经超过 100 万平方米，其中发掘出很多高规格的文物和可能已经开始铜制品冶铸实践的遗迹，说明在这一时期，二里头遗址已经成为区域中心聚落。

二期时遗址面积扩大到 300 万平方米，在中心区域出现了大型建筑基址区和道路系统，遗址南部出现了具有围垣的手工业作坊区，其中包括绿松石器作坊、铸铜作坊等技术含量较高的手工业。

二里头文化三期持续了二期以来的繁荣，总体布局没有什么太大的变化，道路网、宫殿区、围垣作坊区等重要遗迹的位置和规模一如前期。但具体区域有一些改变，如以新建大型建筑基址群为中心的封闭宫城开始出现。各种不同的骨器加工点和制骨作坊散布于遗址的不同区域。同时，在遗址的各个区域，还出现了 400 多座规格不同的成组墓葬。其中以宫殿区的北侧和东侧为多。虽然二里头文化二、三两期的建筑格局有些差异，但基本上保持着统一的建筑方向和建筑规划轴线[7]，说明其前后两期主人是具有共同信仰的同一个群体。

　　二里头遗址这种分布格局一直延续到二里头文化四期早段，在四期晚段时被彻底破坏。[8] 彼时，宫殿区内的大型建筑开始废弃，宫城城墙倒塌，作坊也逐渐废弃，作坊区围垣出现重修迹象，尤其是迄今所知规格最高、作为夏王朝王权社稷象征的1号宫殿也在同一时间被毁[9]，二里头遗址的都邑功能开始逐步消失。

▲　二里头1号宫殿复原图

　　但就总体而言，所有建于二里头文化三期的宫城宫室建筑、绿松石器作坊、铸铜作坊及其外围的围垣设施，以及四条垂直相交的大路都沿用至此期末段，均未见遭遇毁灭性破坏的迹象。此外，至少兴建了3座新建筑，围垣作坊区的北墙得到加固增筑，随葬青铜和玉礼器的贵族墓也频频出现。这一时期，二里头仍然集中有大量人口，存在贵族群体和服务于贵族的手工业。[10]

这一现象正是商汤推翻夏王朝统治后没有对夏遗民实施大规模屠杀，而是继续保留夏社以安抚这些夏遗民的历史反映。作为开国领袖，汤有着居安思危的深谋远略，不会对这些遗民听之任之，放任不管，让他们随意勾结而密谋复辟，所以，汤派官吏或商师进驻，一方面虽然继续保持了这些夏遗民的贵族身份和地位，但实施了一定程度的监管；另一方面又为商朝的经济复兴着想，在进行一些新的建筑项目时有意保护了原来冶铜等手工业作坊的持续运营，这才在二里头文化四期晚段遗址都邑功能逐渐消失的同时，一些手工业能继续保持兴旺发达，还新出现了一些新型的建筑基址。或许正是这种情况，才有了《吕氏春秋·慎大览·慎大》所谓"汤立为天子，夏民大悦，如得慈亲，朝不易位，农不去畴，商不变肆，亲郼如夏"[11]这样的描述。

考古还发现，在二里头文化四期偏晚阶段，二里头文化区域外属先商遗存的下七垣文化和属东夷遗存的岳石文化因素，在二里头文化区的北部和东部相继出现和增加，随后又逐渐推进至二里头遗址所在的洛阳盆地，由此导致二里头都邑相关遗存相继废弃，原有的聚落体系也在朝夕之间崩溃。之后，西距二里头遗址仅6公里的偃师商城小城和大城陆续出现，区域内新的三级聚落体系开始构建，偃师商城因而成为区域聚落中心和短暂的二里岗早商文化聚落中心。这一新旧聚落体系相代的过程就是二里岗早商文化介入并取代二里头夏文化的过程。[12]很显然，考古学这一发现，和我们前述汤率领商夷联军灭夏并建立商朝的过程、路线如出一辙。

夏末，汤率领商师连年伐夏，"汤始征，自葛载，十一征""凡二十七征"。[13]接二连三的大规模战争给整个社会带来毁灭性的灾难。

一项考古学区域系统调查结果表明,二里头遗址所在的洛阳盆地中东部,在二里头文化四期有96处大小聚落,而到了二里头文化四期晚段及其以后,即二里岗早商文化前段,聚落数量锐减为40处,减少了56处,减幅高达58.3%。[14]

进一步调查发现,二里岗早商文化早期聚落的遗存仅在偃师商城和二里头等少数遗址内有发现,其他聚落发现的遗存多为晚段。这从另一个侧面说明,在夏朝末年,大量的聚落毁于战争,而只有作为夏都斟鄩的二里头遗址及其周围聚落,由于夏桀"未战而游走",才免于战火的焚燹。

大量聚落消失,意味着大量人口的死亡,也意味着刚建立的商朝是赤地千里,百废待兴。汤作为这一切灾难的"制造者",大概感受到了一种"负罪"的煎熬,再加上天下人对夏桀暴政的痛恨,让他从骨子里由衷生发出要做一个贤明天子"赎罪"的思想理念。这从汤刚"践天子位"即对"三千诸侯"发出要"有功于民,勤力乃事"[15],以及着意保留"夏社"的举措中,可窥一斑。

《吕氏春秋》《书传》等记载,汤在推翻夏桀统治而建立商朝后,遭受了千年不遇的旱灾。连续五年,天上没有降下一滴雨水。《国语》甚至说:"昔伊洛竭而夏亡。"[16]

夏朝灭亡之年,也正是汤"践天子位"之年。掌管祭祀的史卜谏汤"应该用人牲献祭上天以作祈祷"。汤于是"剪发断爪,自以为牲,而祷于桑林之社"。汤对天祷告说:"我一人有罪,不要祸及百姓。百姓有罪,都在我一人身上。不能因为一人有罪而伤及无辜百姓。"话音刚落,倾盆大雨就从天而降,"民乃甚悦"。[17]

《吕氏春秋》还记载了一件汤对鸟兽施行仁义的事。汤出行,见有人从四面张网,意图把从天上坠落的、从四面飞临的、从地底拱出的飞禽走兽一网打尽,就对那人说:"你啊,太过分了!如果不是像桀那样狠毒,谁会这么做呢?"汤让张网者撤其三面,只留下一面,然后教训他说,"蜘蛛结网,是为循序。欲左者往左,欲右者往右,欲高者向高,欲下者向下。如果是我的话,我要捕获的就是不循道而行的自取灭亡者。"汉南一些小国家听说了这件事,情不自禁地感叹:"汤之德及禽兽矣!"于是,"四十国归之"[18]。这就是那个著名的成语"网开一面"的来源。

关于汤的这些记载,未必全是事实,但既然能众口一词,广为流传,并成为后世儒家德政思想的重要来源,也在一定程度上反映了汤治国理政以德为本并身体力行的传说并非完全是向壁虚造,应该有一定的历史根据,只是被过度美化了而已。或许正因如此,史籍才有了汤施行仁政感化天下的一幕:

  古者汤封于亳,绝长继短,方地百里,与其百姓兼相爱,交相利,侈则分,率其百姓,以上尊天事鬼,是以天鬼富之,诸侯与之,百姓亲之,贤士归之。[19]

营建新都

汤"践天子位"遇到了一个棘手的问题那就是：新都该定于何处？此前，根据伐夏的需要，汤将战略指挥中心从"先王居"的豫北濮阳、内黄一带的鄣亳，迁至豫西商丘谷熟的北亳，之后又在同夏师决战前匆匆迁至今郑州市区尚未成形的郑亳。商代夏，意味着商朝成为新的"中国"，所接收的不仅是夏朝的地盘，还有夏朝统治"天下"的传统理念和安邦治国策略。这其中，最重要的一条就是，新王朝的都邑也必须居"天下之中"，如此方能统治四方，控御天下，收获人心。

汤或许想过将夏都斟鄩改造为商新都，因为斟鄩作为"天下之中"已经深入人心，何况刚建立的商王朝，经过长年战争后，整个社会已满目疮痍，人烟稀少，又遇上了罕见的五年大旱。在这种情况下，再大肆修建新都，人力和财力都不允许。但是，把夏都改造为商都，代表夏人祖先的"夏社"和夏遗民该如何处置？作为商都，毕竟无法允许"商社"和"夏社"同时存在。然而，以大禹为代表的夏人曾经为元中国的延续和发展做出过突出贡献，商此前还是夏的臣国，如果轻易毁掉或迁走代表夏人祖先的"夏社",那么以继承夏人"天下"传统自命的商王朝,其建立和存在就失去了合法的理论根据。这使汤既不能改夏都斟鄩为商新都,又不得不设都于夏都附近,前者是为了接受"天命",承续夏禹之绩[20];后者则是为了继续占据"天下之中"。

汤和大臣们几经考察、商议,最终将新都址选在了夏都斟鄩即二里头遗址东北6公里处今偃师尸乡沟一带,这里正是董仲舒《春秋繁露》所谓"汤受命为王""作宫邑于下洛之阳"[21]的洛水下游向阳之地。[22]因该都邑位于前述商人郼亳、郑亳以及南北两亳西边,后人遂称之为西亳。[23]

偃师北依邙山,南临洛河,地势平坦,交通便利。有伊河、洛河等多条河流萦绕其间。尸乡沟区域地势高亢,既紧邻洛水,又不易遭受水患,且东西地面空旷,便于农耕和交通,同时所选都址东南角还有一条蜿蜒而过的小河,便于供水和排水。

鉴于商开国时由于天灾"人祸"所造成的困顿局面,汤就只做了面积为80多万平方米的都邑建设规划。要知道,相距咫尺之遥的夏都斟鄩总面积都达到了300万平方米,而且是楼台亭榭,一应俱全,奢靡至极。当时的具体情况,我们已不得而知,但从考古揭示出来的场景看,后世传诵的商汤"行大仁慈,以恤黔首,反桀之事,遂其贤良,顺民所喜,远近归之"[24]的行为,也不一定就是空穴来风。

偃师商城[25]是一处包括大城、小城和宫城三重城垣在内的二里岗文化早商时期遗址。小城位居大城内西南部,平面近似长方形,南北长约1100米,东西宽约740米,面积80多万平方米。宫城位居小城正中略偏南一点地势较高的地方,自北向南分为三个区域,分别为池苑区、祭祀遗存区和建筑基址区。最初，宫殿区的四周有一道围墙，围墙之南墙正中开有一座宽敞的大门。围墙内有十余座夯土建筑基址。整个宫城平面呈正方形，总面积约 4 万平方米。宫城内南面发现有偃师商城文化一至三期三个不同时段的 11 座宫殿宗庙建筑基址。该建筑群基址北面是祭祀区，主体部分由东向西绵延，分为三个区域，面积分别为 200、800 和 1200 平方米，其中后面两个区域在布局、形制和结构方面基本一致，平面为长方形，四周均有夯土围墙，南围墙中部设一门道。[26]

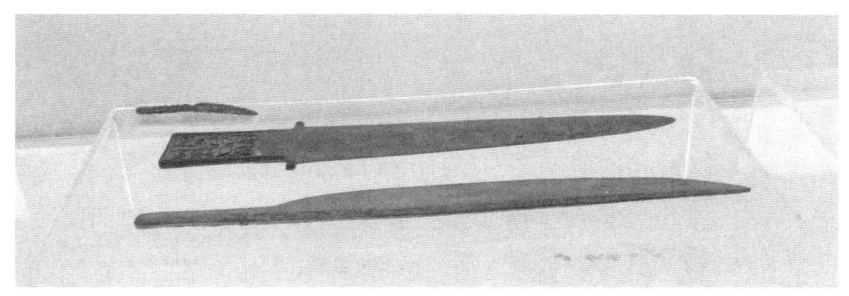

▲ 偃师商城出土的青铜刀

　　祭祀区的北面是王宫池渠遗址，由位于宫城北部池苑中央的水池和东西两头进水的水渠组成。水池平面为长方形，东西长约 130 米，南北宽约 20 米。水渠东西两端，各连有一条石砌渠道通往宫城外的护城河。[27] 2019 年在偃师商城西城墙南段位置发现了穿城而过的石砌水渠 1 条，同时还发现了引水入城的水源——偃师商城西城墙外 200 米处的南北向古河道。[28]

　　在小城西南隅，也是宫城外西南方向，发现有用围墙圈起来的被称为"府库"的 1 号建筑基址群。所谓"府库"就是国家用来储藏粮食、兵器等物资的库房重地。整个建筑群内分布有 6 排房基，每排约为16座，总数达96座之多。类似的建筑，在宫殿区的东北方、小城东墙外侧，以及宫城西侧、上述"府库"建筑群之北也有发现，只是面积略小。

在小城西北部半闭合区域内发现有23处夯土基址，其中在东北角和西北角选择3处进行清理后，发现基址形状为圆形。发掘者推测这些圆形建筑应该为二里岗文化时期的仓储设施——囷仓，该区域很可能是偃师商城的仓储区。始建年代在偃师商城二期早段至三期初。

另外，在宫城外南部也发现有两处大面积的夯土基址，但具体什么性质、何时建成，不得而知。

考古工作者将偃师商城遗存按时间先后分成了三期七段，其中第一、二期分为早晚两段，第三期分为早中晚三段。这三期时间分别相当于二里头夏文化第四期和二里岗早商文化下层、上层两个阶段。城址的发展和布局变化大体与此同步，分别为初建、兴盛和衰落三个时期。[29]

初建期大体在偃师商城文化的第一期早段，相当于二里头文化四期晚段。[30] 这个时期在一处规模较小的二里头夏文化聚落的基础之上，建造了宫殿区、小城、1号府库及相关建筑。其中4号宫殿始建于一期之初，可以看作是偃师商城最早的一座宫殿。[31]

依照夏商周断代工程所给出的年代框架，偃师商城一期约为公元前1600年至前1560年，刚刚进入商代纪年[32]，正是汤建商朝初期。彼时，经济凋敝，百废待兴，人力、物力相对短缺，但新都的建设又刻不容缓，只能仓促上马，所以总面积只有80多万平方米的小城，说都不像都，说邑又不是邑。城墙倒是挺宽，有6~7米，可那是因为城墙基槽太浅，只有0.5米左右。城墙的高度现在无法精确计算，但也不可能很高，因为0.5米的基槽不足以支撑起太高大的城墙。从残存的东、北城墙来看，高度大多为 0.5~0.7 米，南墙和西墙被包夹在后起的大城城墙之中，保存高度也只有 1.5 米左右。整个都邑形制上的设计，虽然体现了军事防御方面的考虑，如北墙和西墙的中段向内凹进，东墙的中段向外凸出，类似于后世不给敌人留有死角负隅顽抗的"马面"，但总体来说，缺乏规模和档次。[33] 或许这正是商汤致于王道、以民为本思想的集中体现。

偃师商城从二期开始，在小城的北面和东面进行扩建，把小城环抱在内，形成大城。小城的南城墙和西城墙自南向北约 2/3 分别成为大城南墙和西城墙的一部分。整个大城平面呈菜刀形，总面积达到了 190 万平方米。东西城墙各开两座城门，两两相对，中间有大道相通。城墙外还环以宽 20 米左右的护城河。墓葬主要安置在城墙内侧的环城道路上，冶铜、制陶等手工业作坊区和一般居住区则安置在城址内北部，与南面的宫城形成了古代所谓"面朝后市"[34]的格局。宫殿区有部分建筑基址和 1 号府库。二期早段，依小城东墙新建了 2 号府库和其他建筑。二期晚段，比邻宫城南墙东段北侧新建了 6 号基址。三期早段大体沿用之前形成的城市格局，但对宫殿区南部的建筑基址分别进行了改建。至三期中段时，宫城、小城和大城遭到破坏，城邑的功能消失。

总体而言，偃师商城一期晚段，整体布局为宫城和小城并存的双重城垣结构。二期早段，在小城基础上扩建出大城，但是小城北墙和东墙北段并未平毁，形成宫城、小城和大城并存的三重城垣结构。三期早段，沿用既有格局，局部有改建、扩建现象。三期中段，宫城、小城、大城均已毁弃。遗存最为丰富的阶段为一期晚段至三期早段，气势最为恢宏的阶段应该为二期早段至三期早段。[35]

▲ 偃师商城西城墙遗址

可以说，偃师商城建筑布局规范，各种建筑防御设施完备，宫城、府库、王室池苑和地下注水、排水系统一应俱全，是商代早期一座比较完整的城邑，一代典型王都。[36]

偃师商城作为早商成汤至太甲或沃丁时期的王都西亳，一尊独大，直至太庚在今郑州地区修建郑亳即郑州商城并投入使用后，也就是在偃师商城二期晚段开始，西亳才逐渐让位于郑亳，退居辅都的地位[37]，早商由此开始进入"两京制"时期。[38]

文献记载，成汤、外丙、中壬、太甲和沃丁在位时间分别为13年、2年、4年、12年和19年，太庚、小甲、雍己和太戊四王在位时间分别为25年、17年、12年和75年，总历179年。[39]如果按照夏商周断代工程，商代夏的时间是在公元前1600年的话，成汤至太戊，大体是在公元前1600年至前1421年。

根据碳十四测年和遗存情况，偃师商城商文化各期年代大致对应如下[40]：

第一期约为公元前 1600—前 1560 年。

第二期约为公元前 1560—前 1500 年。

第三期约为公元前 1500—前 1460 年。

这样一来，与上边的计算就有了 39 年的差距，考虑到文献记载、考古测年都有一定的误差，出现这样的差距也算正常，或者说在允许的误差范围以内。

太戊在位 75 年，应该经历了偃师商城二期至三期早段或中段。

伊尹放太甲

汤为先商君主16年，建商朝后称王在位13年，百岁而崩[41]，庙号太祖。百岁有夸张之嫌，可以当长寿理解。汤驾崩后，长子太丁未立而死，于是立太丁之弟外丙。外丙即位2年崩，立外丙之弟仲壬。仲壬即位4年，也因不明原因而崩，时为"顾命大臣"的伊尹遂立太丁长子太甲。[42]

太甲，也写作大甲，名至。太甲即位，继续由四朝元老伊尹担任类似后世宰相的卿士一职。[43]太甲即位当年十二月乙丑日，伊尹率领群臣侍奉太甲祭祀商先王及其他侯服、甸服等诸侯先祖。伊尹在祭祀大典上，发表了言辞恳切的演说，鼓励太甲做一个像太祖成汤那样的贤明君王。[44]

伊尹说："以前的夏代先君，当他们勉力施行德政的时候，就不会有天灾发生，山川鬼神也不会出来作祟，甚至连鸟兽鱼鳖等各种动物的生长都很顺遂。但是到了后来，那些夏代君王不遵循先人的德政，于是上天就降下灾祸，借助我先王成汤之手剪除他们。既然上天有命，要讨伐夏桀，我们就从亳都执行。我先王宣威明德，用宽和代替暴虐，所以天下兆民相信我先王、怀念我先王。现在，嗣王您行先王美德，那就要考虑慎始终行，立爱惟亲，立敬惟长，始于家邦，终于四海。

"先王讲究人伦纲纪，从谏如流，朝野上下因而能够居上者明察，居下者尽忠。与人不求全责备，与己时刻反省。我大商朝也因此得以万国拥戴，来之不易啊！除此以外，先王又寻贤求智，使他们今天还可以辅助您。先王还制订了《官刑》来警戒百官。《官刑》明言，在宫中舞蹈、在房中饮酒酣歌的，叫巫风；贪财、好色、游乐、田猎，叫淫风；无视圣人训导，拒绝忠直谏诫，疏远年老有德之人，亲近宵小愚顽的，叫乱风。此即谓三风十愆。卿士只要染上一种，身家必丧；国君染上一种，国家必亡。臣下不能匡正君主，就要受到墨刑（脸上刺字）的惩罚。这些法律准则对身居下位的普通百姓也要时常予以教导。

"希望嗣王您能以这些教诲警诫自身，念兹不忘。圣人治理天下的宏图大略就像玉雕乐器发出的声音一样，清越而流长。上帝不会经常去眷顾某一家，作善者，百福齐至；作恶者，百殃齐降。修德无小，则天下赖庆也；若行不善，无论大小，必失天下。"

伊尹这个演说，后人称之为《伊训》。随后，伊尹又给太甲上书《肆命》和《徂后》。《肆命》是教他怎样当政，《徂后》是述说商汤时期的法律制度。[45]

但太甲上位以后，并没有遵从成汤制定的法规，反倒贪图享乐，任意发号施令，暴虐百姓，朝政十分昏乱。伊尹于是给太甲上书说："先王成汤顾念天命，供奉上下神祇和宗庙社稷，恭敬肃穆。上天看到汤王行使善政，因此降大命于他以安抚天下。臣下辅助汤王安定人民，所以才有了嗣王您今天承受的基业。臣曾亲眼见到西夏的君主用忠信取得功业，辅相大臣也同样取得相应的成就。他们的后继王不能取得功业，辅相大臣也没有取得成就。嗣王，您要警诫啊，应当敬畏并遵守做君主的法则。做君主而不尽君道，就会羞辱自己的祖先。"

伊尹虽百般规劝，但太甲仍然固执己见，一意孤行。伊尹见此，无奈地对群臣说："嗣王这样我行我素，油盐不进，是不义啊！习行不义，将成其性，本相不能坐视不管。看来需要营造一座幽宫让他住进去亲近先王，聆听先王的教训，不能让他终身执迷不悟。"[46]

太甲即位第三年时，伊尹冒着被天下视为阴谋篡位奸佞的骂名，果断将太甲幽禁在桐宫之中面壁思过，自己摄政当国，在朝接见诸侯。[47]

偃师商城宫城内东部居中的4号宫殿建筑，有广庭、东西庑殿和后院等，结构简明，布局紧凑，为各宫殿之首，给人以庄严肃穆之感。该宫殿从偃师商城一期之始一直延续到三期废弃之时，是所有宫城中唯一没有再建的宫殿，很有可能是商王朝的宗庙，也就是"商社"之所在。5下号宫殿建于偃师商城文化二期之初，大体和太甲在位时间一致，但使用一段时间之后即被平毁，在上面建造了5上号大型宫殿。此宫殿位于宫城东南隅，北距4号宫殿约10米，建筑平面略呈方形，四面以庑室相围。中部庭院东西长约2.5米，南北宽约20米，中部还置有两口水井，显得颇为狭窄。其他宫殿都是北有正殿，南有门道，周边有廊房相围，坐北朝南，堂正大方，气势宏伟，而5下号宫殿偏居宫城一隅，向南靠近商王宗庙，四周房室相围，坐西朝东，阴暗潮湿，给人以压抑拘谨之感，像是王室的一座狱宫。

5下号宫殿极有可能就是伊尹幽禁太甲的桐宫。[48]伊尹有意让太甲紧邻"亳社"而居，在那种阴暗的环境里，面对祖先灵位，闭门思过，缅怀先王丰功伟绩，以成就诚信的美德。太甲在桐宫悔过自责三

年，大有迷途知返之意。伊尹见此，遂迎太甲回朝，还政于他。⁴⁹

伊尹告太甲说："百姓没有王，不能互相匡正而生活；王没有百姓，无法治理四方。上天顾念商，使嗣王能成就君德，实在是我大商万代无疆之福啊！"

太甲跪拜说："小子我不修德行，招致不善。多欲就败坏法度，放纵就败坏礼制，因此给自身招来了罪过。天作孽，犹可违；自作孽，不可逭。以前我违背师保您的教训，没有将过错克服于萌芽状态，尚望靠您匡救，有个好的结局。"

▲ 清·太甲"桐宫思训图"

伊尹回跪说："修养自身，用诚信的美德使群臣和谐，就是明君。先王成汤对百姓慈爱，所以百姓就听从他的教导，未有不悦者。甚至连邻国的百姓都说：等着我们的王来吧，王来了就没有祸患了。王上您要不断修身养德，效法列祖列宗，不可有顷刻的安逸懈怠。侍奉先人，当思孝顺；接待臣下，当思恭敬。视远惟明，听德惟聪。王行如此，臣下无忧矣。"⁵⁰

伊尹把政权归还给太甲后，要告老回到他的封地。临行前，又作《咸有一德》，告诫太甲：不是上天偏爱我们商国，而是上天佑助纯德之人；不是商国求请于民，而是人民归向纯德之人。德纯一，行动起来无不吉利；德不纯一，行动起来无不凶险。吉凶的出现看起来是因人而异，但实际上完全是由其德行所决定的。所以，任命官吏当用贤才，任用左右大臣当用忠良。大臣协助君上施行德政，指导属下治理民众。这样才能够长治久安，享受先王的福禄。[51]

伊尹告老还乡以后，太甲努力提高自身修养，对内施以德政，对外和平相处，国家蒸蒸日上，以至"诸侯咸归殷，百姓以宁"。伊尹看在眼里，喜在心上，于是再作《太甲训》三篇，褒奖太甲，称之为太宗。[52]

太甲在位期间，商人开始铸造有铭文的青铜剑，促进了青铜冶炼业的繁荣和发展。南朝梁陶弘景在《古今刀剑录》记载，太甲四年时，商人曾铸一剑，长二尺，古文篆书，铭曰定光。[53]

太戊中兴

太宗驾崩，子沃丁即位。沃丁，亦称羌丁，姓子，名绚。沃丁即位时，以咎单为相。沃丁八年时，伊尹去世。"沃丁葬以天子之礼，祀以大牢，亲自临丧三年，以报大德焉。"[54]古代帝王祭祀时，牛、羊、豕三牲全备为大（太）牢；诸侯祭祀只备羊、豕，称少牢。

伊尹在建立商朝和辅助商初几任商王方面，有不世之功，所以在晚商时期出土的甲骨卜辞中存有大量祭祀伊尹的词句，而且伊尹的政治地位在其中显示很高，可以配享先王[55]，《吕氏春秋》说伊尹"世世享商"[56]，可谓名副其实。

咎单也是商汤时老臣。咎单辅佐朝政，沿袭了伊尹节用宽民的政策，笃行汤法，还亲自书写了一篇类似于《太甲训》那样的咨文，名为《沃丁》，用以警醒沃丁，发扬祖制，以德治商。[57]

沃丁在位29年驾崩后，商又经历了太庚和小甲两代君王，两王在位时间虽然分别长达25年和17年，但均乏善可陈。至帝小甲时，商朝出现衰颓景象，有些诸侯国已经不来朝拜了。小甲驾崩以后，其弟雍已继位。雍已在位14年，驾崩，弟太戊即位。[58]

太戊，名密，太甲之孙，太庚之子，小甲和雍己的弟弟。太戊以伊尹后人伊陟和臣扈为卿士[59]，君臣励精图治，国家恢复生机，呈现出繁盛的景观，史称"太戊中兴"。[60]

"太戊中兴"来之不易。《史记·殷本纪》记载，帝太戊即位初，国都亳出现了怪异现象，有桑树和榖树合生在朝堂上，"一暮大拱"。太戊帝很害怕，就去问伊陟。伊陟说："我听说，妖异不能战胜有德行的人，会不会是您的政令有什么缺失啊？不过，您不用担心，只管修养德行就是！"太戊听从了伊陟的规谏，努力提升自身修为，善待臣下百姓，那株桑榖连体树不久就枯萎而死。

伊陟在巫咸面前赞颂了太戊。巫咸深有同感，就写了《咸艾》和《太戊》，记录下了太戊的政绩。太戊在太庙中称赞伊陟，说不能像对待其他臣下一样对待他。伊陟谦让，写下《原命》。就这样，殷朝的国势再度兴盛，诸侯又来归服。[61]

榖，是一种叫楮的落叶乔木，俗称构树，一年生长一次，枝叶茂密并开花结果，古人视为不祥之物，《小雅》就称之为"恶木"。[62]在植物生长过程中，两种不同的植物搭在一起共生是经常可见到的现象，桑榖共生不算稀奇。构树自古盛产于黄河流域，生命力顽强，只要有缝隙就可以钻出来成长，所以在3500年前地面硬化技术水平还不是很高的商代，出现在朝廷中也不是没有可能。"一暮大拱"，言其乃突发性，是速长现象，可能有所夸张，譬如有的文献就记载是生长了3日或7日，当然，也不能排除是伊陟等大臣或史官有意为之。但即便如此，似乎也不合乎植物生长规律，在巫史不分、迷信盛行的商代，自然被认为是一种妖异现象。

总之，这件事情成了激励太戊卧薪尝胆、中兴商朝的一个标志性事件，自此以后，太戊"严恭寅畏，天命自度，治民祗惧，不敢荒宁"[63]，修先王之政，明养老之礼，"三年之后，远方慕明德，重译而至者七十六国，商道复兴，庙为中宗"。[64]

  商王朝综合国力得以大幅度提升，作为国君的太戊首先想到的是扩建彼时的商都向天下宣威，毕竟80多万平方米的都城，别说同前朝300万平方米的夏都相比，就是同七八百年前280万平方米的尧都相比，也过于悬殊。前述偃师商城正是从太戊所处的二期开始，在小城的北面和东面进行了扩建，使得小城被环抱在内形成大城，面积由原来的80万平方米扩展至190万平方米。偃师商城作为早商西亳，其时才算勉强有了一点儿都城的样子。

▲ 偃师商城遗址一隅

  但事实上，190万平方米远远不是太戊心目中都城的规模。据考古探测，偃师商城东南部有一方圆1.5公里的湖泊；东北部城外有一条西北至东南向的河道，当时的洛河位于城址南2公里左右；城址的北部面向低矮的丘陵山区。显而易见，是特定的地理环境决定了偃师商城既有的规模。这一点在大城的规划修建中表现得也很突出。由于没有足够的空间可以利用，以至于将大城城墙的东、西墙南段及南墙同小城城墙合二为一。而大城的东北部也因河流横亘而不得不往回收缩，东南部则因面临湖泊而骤然内收。[65]

雄心勃勃的太戊当然不满足于此，大约在扩建偃师商城小城的同时，太戊还实施了一项更为宏大的工程建设，那就是在东面的郑州地区建立了一个他理想中的大都邑。3500年后的今天，我们自然无法得知他的想法，但根据文献记载和考古学所揭示的彼时中原场景观察，这一方面可能是因为商取代夏已经站稳了脚跟，商的正统地位得到了天下的认可，商需要东扩以控制更大的范围；另一方面是因为郑州东南紧邻豫东和鲁西，这一带主要为东夷族团所控制，不安定因素太多。

郑州地区是商汤联合东夷族团起兵伐夏的根据地，前述郑州商城内城东北部宫殿区内先商时期修建的几座宫殿基址，就是商汤战略指挥中心所在。商朝建立后，这里顺势变成了商设在东境的军事重镇。太戊在原来汤王使用过的几座宫殿基址上，进行了超乎常人想象的大规模扩建，经过几十年时间，最终建成了一座总面积超过1300万平方米的特大型都邑——郑州商城。

学界一般把商代考古学分为早晚或前后两期，早商时期大致对应于成汤建国至盘庚迁都之前这段时间，晚商时期大致对应于盘庚迁都之后至周武王灭商这段时间。[66] 早商文化就是以郑州商城遗存为代表的二里岗文化，因1950年首先发现于郑州老城东南一公里处的二里岗遗址而得名，前后分为四期：[67]

第一期：二里岗下层一期，郑州商城初创阶段。

第二期：二里岗下层二期，郑州商城进入初步繁荣时期。

第三期：二里岗上层一期，郑州商城人口较多，进一步繁荣时期。

第四期：二里岗上层二期，郑州商城衰落时期。

考古显示，在二里岗下层早商文化第一期末到第二期的时候，相当于偃师商城二期早段，也就是公元前1500年前后[68]，郑州商城遗址出现了周长约为7公里的城墙，从而形成了面积达300万平方米的内城。

现在人们看到的郑州商城遗址是由内城和外郭城所组成。内城建于早商时期，城墙上发现有大小不同的缺口11处，因为其中也包括了商城废弃后被人挖土损毁所造成的缺口，所以还难以确定具体哪些缺口属于城门遗址。内城墙外侧发现有城壕遗存。[69]内城布满大大小小几十个夯土基址，还有水井、池苑等遗迹，专家判断为宫殿区。[70]另在沿城墙的多个区域发现有小型房址。

根据现有的资料观察，内城东北部的基址属于先商时期所建，进入早商后，这一带作为军事重镇也住有贵族。当周长约为7公里长的内城墙修筑起来后，内城的中部和南部也出现了宫室之类的建筑。就总的情况而言，内城的东北部不仅有大型的宫殿建筑，到了二里岗上层第一期，也就是商代早期晚段，还出现了大型池苑，说明内城东北部主要是王室和宗庙所在地。[71]

从城墙的规模看，郑州商城的内城比偃师商城的大城大1/3还多；从宫殿区的规模看，郑州商城是偃师商城的8~9倍[72]，不过，郑州商城虽然筑起了崇宏雄伟的城墙，但宫殿周围的附属建筑大都是小型夯土台基，还难以构成都城所必需的大型宫殿建筑条件。[73]所以，此时的郑州商城应该还是作为军事重镇而被继续使用。

▲ 郑州商城遗址一隅

外郭城墙是在内城墙修筑之后不久建成的，大体上可视为同一时期。[74] 外郭城总面积达到了 1300 万平方米，平面近似圆形。东部和北部为湖泊。[75] 外城郭和内城之间的环形区域，分布着普通民居、墓葬和重要的手工业作坊遗迹。手工业作坊遗迹有铸铜、制陶、制骨等，其兴建和使用年代大致同小城城墙修筑年代同时或稍后，规模都不大。大约在宫殿区出现大型池苑的时候，这些手工业作坊也开始出现扩展和繁荣现象。[76] 除此之外，在这些区域还普遍发现有掷埋人骨和兽骨架的祭祀遗迹，时间大约为二里岗下层二期。如在商城北城墙外的制骨作坊遗址东南部同一时期的文化堆积层中，就发现有被掷埋的人、猪骨架各 5 具。[77]

可以说，从偃师商城建成外城和郑州商城建成内城时起，一直到偃师商城废弃时止，商王朝一直处于两都并存而以偃师商城为主的时期。作为商王的太戊应该是往返于偃师和郑州之间处理国事。

根据夏商周断代工程的研究成果，商代始年约为公元前 1600 年，二里岗下层一期商文化约为公元前1520—前1470年,二里岗下层二期商文化约为公元前1470—前1430年。[78]

最新碳十四年代测定,郑州商城是在二里岗文化一期开始建造的,当为公元前1500年左右,而偃师商城宫城和小城的修建年代是在偃师商城一期[79],年代为公元前1600年左右,比郑州商城早约100年。[80]

前述从成汤到太戊,9王在位时间总为179年,减去大戊在位的75年,是104年,考虑到测年和文献记载的误差因素,应该说这个数字同上述测年结果已经是"精准"吻合了。

注　释

1. 黄怀信:《逸周书校补注释》,三秦出版社2006年版,第382页。

2. (清)孙星衍撰,陈抗、盛冬铃点校:《尚书今古文注疏》,中华书局2004年版,第570页。

3. (汉)司马迁撰,(南朝宋)裴骃集解,(唐)司马贞索隐,(唐)张守节正义:《史记》,中华书局1982年版,第98页。

4. (清)郝懿行著,李念孔点校:《汲冢周书辑要》,齐鲁书社2010年版,第3980页。

5. (清)孙星衍撰,陈抗、盛冬铃点校:《尚书今古文注疏》,中华书局2004年版,第449页。

6. 陈国梁:《合与分:聚落考古视角下二里头都邑的兴衰解析》,《中原文物》2019年第4期。

7. 中国社会科学院考古研究所:《二里头:1999—2006》,文物出版社2014年版。

8. 赵海涛:《二里头遗址二里头文化四期晚段遗存探析》,《南方文物》2016年第4期。

9. 李久昌:《论偃师商城的都城性质及其变化》,《河南师范大学学报》2007年第3期。

10. 许宏：《关于二里头为早商都邑的假说》，《南方文物》2015年第3期。

11. 许维遹撰，梁运华整理：《吕氏春秋集释》，中华书局2009年版，第356页。

12. 陈国梁：《合与分：聚落考古视角下二里头都邑的兴衰解析》，《中原文物》2019年第4期。

13. （梁）萧绎撰，许逸民校笺：《金楼子校笺》，中华书局2011年版，第139页。

14. 中国社会科学院考古研究所、中澳美伊洛河流域联合考古队：《洛阳盆地中东部先秦时期遗址：1997—2007年区域系统调查报告》，科学出版社2019年版。

15. （清）孙星衍撰，陈抗、盛冬铃点校：《尚书今古文注疏》，中华书局2004年版，第570页。

16. （清）阮元校刻：《十三经注疏》（清嘉庆刊本），中华书局2009年版，第5123页。

17. （战国）吕不韦著，陈奇猷校释：《吕氏春秋新校释》，上海古籍出版社2002年版，第485页。

18. 许维遹撰，梁运华整理：《吕氏春秋集释》，中华书局2009年版，第235页。

19. （清）孙诒让：《墨子·间诂》，中华书局1986年版，第244页。

20. （清）邵晋涵撰，李嘉翼、祝鸿杰点校：《尔雅正义》，中华书局2017年版，第60页。

21. （清）陈立撰，刘尚慈点校：《公羊义疏》，中华书局2017年版，第30页。

22. （清）孙星衍撰，陈抗、盛冬铃点校：《尚书今古文注疏》，中华书局2004年版，第573页。

23. 赵芝荃：《夏社与桐宫》，《考古与文物》2001年第4期。

24. 许维遹撰，梁运华整理：《吕氏春秋集释》，中华书局2009年版，第184页。

25. 中国社会科学院考古研究所河南第二工作队：《河南偃师商城小城发掘报告》，《考古》1999年第2期；张良仁等：《河南偃师商城宫城北部"大灰沟"发掘报告》，《考古》2000年第7期；段鹏琦等：《偃师商城的初步勘探和发掘》，《考古》1984年第6期；谷飞、陈国梁：《社会考古视角下的偃师商城——以聚落形态和墓葬分析为中心》，《中原文物》2019年第5期；王震中：《商代都邑》（商代史·卷

五 / 宋镇豪主编），中国社会科学出版社 2010 年版，第 61—76 页。

26. 王学荣：《河南偃师商城商代早期王室祭祀遗址》，《考古》2002 年第 7 期。

27. 杜金鹏、张良仁：《偃师商城发现商早期帝王池苑》，《中国文物报》1999 年 6 月 9 日。

28. 陈国梁等：《河南偃师商城遗址新发现大型仓储区及囷仓类建筑基址》，《中国文物报》2020 年 8 月 7 日。

29. 李久昌：《论偃师商城的都城性质及其变化》，《河南师范大学学报》2007 年第 3 期。

30. 王学荣：《偃师商城布局的探索与思考》，《考古》1999 年第 2 期。

31. 赵芝荃：《偃师商城建筑概论——1983 年—1999 年建筑遗迹》，《华夏考古》2001 年第 2 期。

32. 谷飞、陈国梁：《社会考古视角下的偃师商城——以聚落形态和墓葬分析为中心》，《中原文物》2019 年第 5 期。

33. 中国社会科学院考古研究所河南第二工作队：《河南偃师商城小城发掘报告》，《考古》1999 年第 2 期。

34. （清）阮元校刻：《十三经注疏》（清嘉庆刊本），中华书局 2009 年版，第 363 页。

35. 谷飞、陈国梁：《社会考古视角下的偃师商城——以聚落形态和墓葬分析为中心》，《中原文物》2019 年第 5 期。

36. 赵芝荃：《夏社与桐官》，《考古与文物》2001 年第 4 期。

37. 李久昌：《论偃师商城的都城性质及其变化》，《河南师范大学学报》2007 年第 3 期。

38. 许顺湛：《中国最早的"两京制"——郑亳与西亳》，《中原文物》1996 年第 2 期。

39. 王震中：《商代都邑》（商代史·卷五 / 宋镇豪主编），中国社会科学出版社 2010 年版，第 35 页。

40. 李久昌：《论偃师商城的都城性质及其变化》，《河南师范大学学报》2007 年第 3 期。

41. （清）郝懿行著，李念孔点校：《竹书纪年校证》，齐鲁社 2010 年版，第

3854 页；（清）王先谦撰，吴格点校：《诗三家义集疏》，中华书局 1987 年版，第 1090 页。

42.（汉）司马迁撰，（南朝宋）裴骃集解，（唐）司马贞索隐，（唐）张守节正义：《史记》，中华书局 1982 年版，第 98 页。

43.（清）郝懿行著，李念孔点校：《竹书纪年校证》，齐鲁书社 2010 年版，第 3810 页。

44.（清）王鸣盛著，陈文和主编：《尚书后案》，中华书局 2010 年版，第 1303—1310 页。

45.（清）皮锡瑞撰，吴仰湘编：《今文尚书考证》，中华书局 2015 年版，第 667 页。

46.（清）孙家鼐等主编，钱伟彊、顾大朋点校：《书经图说》，浙江人民美术出版社 2019 年版，第 396—401 页。

47.（清）孙星衍撰，陈抗、盛冬铃点校：《尚书今古文注疏》，中华书局 2004 年版，第 573—574 页。

48. 赵芝荃：《夏社与桐宫》，《考古与文物》2001 年第 4 期。

49.（汉）司马迁撰，（南朝宋）裴骃集解，（唐）司马贞索隐，（唐）张守节正义：《史记》，中华书局 1982 年版，第 99 页。

50.（清）孙家鼐等主编，钱伟彊、顾大朋点校：《书经图说》，浙江人民美术出版社 2019 年版，第 404—411 页。

51.（清）王鸣盛著，陈文和主编：《尚书后案》，中华书局 2010 年版，第 1324—1331 页。

52.（清）孙星衍撰，陈抗、盛冬铃点校：《尚书今古文注疏》，中华书局 2004 年版，第 370 页。

53.（清）马骕撰，王利器整理：《绎史》，中华书局 2002 年版，第 198 页。

54.（清）马骕撰，王利器整理：《绎史》，中华书局 2002 年版，第 199 页。

55. 董刚：《古本〈竹书纪年〉所谓太甲杀伊尹与甲骨卜辞不协》，《青年文学家》2010 年第 1 期。

56. 许维遹撰，梁运华整理：《吕氏春秋集释》，中华书局 2009 年版，第 356 页。

57.（汉）司马迁撰，（南朝宋）裴骃集解，（唐）司马贞索隐，（唐）张守节正义：

《史记》，中华书局 1982 年版，第 99 页。

58.（清）马骕撰，王利器整理：《绎史》，中华书局 2002 年版，第 12—13 页。

59.（清）郝懿行著，李念孔点校：《竹书纪年校证》，齐鲁书社 2010 年版，第 3857 页。

60.（清）李晚芳著，刘正刚整理：《李菉猗女史全书》，齐鲁书社 2014 年版，第 86 页。

61.（汉）司马迁撰，（南朝宋）裴骃集解，（唐）司马贞索隐，（唐）张守节正义：《史记》，中华书局 1982 年版，第 100 页。

62.（清）王念孙著，张其昀点校：《广雅疏证》，中华书局 2019 年版，第 818 页。

63.（清）皮锡瑞撰，吴仰湘编：《尚书中候疏证》，中华书局 2015 年版，第 493 页。

64.（清）郝懿行著，李念孔点校：《竹书纪年校证》，齐鲁书社 2010 年版，第 3858 页。

65. 何毓灵、胡洪琼：《试论早商城址的性质及相互关系》，《殷都学刊》2002 年第 4 期。

66. 对把商代考古学分为早晚两期也有不同意见，如唐际根先生就在《中原文物》2002 年第 6 期刊发《商文化考古学编年的建立》一文，把商代考古学分为早、中、晚三期，其中早商文化一、二、三期，分别对应二里岗一、二、三期，中商文化一、二、三期分别对应二里岗四期、洹北商城早期和晚期，晚商文化四期分别对应殷墟一、二、三、四期。

67. 杨育斌、袁广阔：《20 世纪河南考古发现与研究》，中州古籍出版社 1997 年版，第 338—342 页。

68. 张雪莲等：《郑州商城和偃师商城的碳十四年代分析》，《中原文物》2005 年第 1 期。

69. 宋国定：《1985～1992 年郑州商城考古发现综述》，河南省文物研究所编《郑州商城考古新发现与研究》，中州古籍出版社 1993 年版；河南省文物考古研究所：《郑州商城——1953—1985 年考古发掘报告》，文物出版社 2001 年版，第 227 页。

70. 袁广阔、曾晓敏：《论郑州商城内城和外郭城的关系》，《考古》2004年第3期。

71. 王震中：《商代都邑》（商代史·卷五/宋镇豪主编），中国社会科学出版社2010年版，第138页。

72. 秦文生：《郑州商城与偃师商城之比较研究》，《黄河科技大学学报》2006年第1期。

73. 张文军等：《关于郑州商城的考古学年代及其若干问题》，河南省文物研究所编：《郑州商城考古新发现与研究》，中州古籍出版社1993年版。

74. 王震中：《商代都邑》（商代史·卷五/宋镇豪主编），中国社会科学出版社2010年版，第48页。

75. 袁广阔、曾晓敏：《论郑州商城内城和外郭城的关系》，《考古》2004年第3期。

76. 安金槐：《对于郑州商城修建与使用的再探讨》，《安金槐考古文集》，中州古籍出版社1999年版。

77. 河南省文物考古研究所：《郑州商城——1953~1985年考古发掘报告》，文物出版社2001年版，第483—493页。

78. 杨育彬：《C_{14}年代框架与三代考古学文化分期——夏商周断代工程课题研究札记》，《中原文物》2001年第1期。

79. 张雪莲等：《郑州商城和偃师商城的碳十四年代分析》，《中原文物》2005年第1期。

80. 杨育彬：《再论郑州商城的年代、性质及相关问题》，《华夏考古》2004年第3期。

第五章
开疆拓土

这一幅清晰的早商文化势力消长图景表明，到了商文化二里岗上层一期时，商人的扩张重心就已经转移到了豫北、冀中南和鲁西南地区，郑州商城和相关商文化呈现出空前的繁荣景观，而昔日作为商都繁盛一时的偃师商城已经满足不了商王朝向东向北扩张的需要，政治中心向东转移是必然趋势。

中丁迁隞

太戊驾崩,子中丁继位。中丁,亦作仲丁,子姓,名庄[1],商朝第十任君主。

中丁即位以后不久,遇到了一件棘手的事情,就是此前与商交好的某些东夷部族忽然不再向商朝贡,并且屡屡挑衅商的权威,滋生事端。《后汉书·东夷传》记载:"至于仲丁,蓝夷作寇。自是或服或畔,三百余年。"[2]蓝夷是古东夷族群的一个分支,春秋时为"滥邑",位于汉代东海郡昌虑县境,就是今山东滕州市东南一带。[3]

中丁在这种情况下被迫出手,征伐蓝夷。[4]从考古资料观察[5],商人在建国之初,就开始向北、西、南三方大举扩张,但对曾经为伐夏盟军的东夷人却手下留情,在东方没有什么大的军事动作,商东疆基本处于扩张停滞阶段。中丁之前,豫东地区不见有二里岗商文化的存在。但至二里岗上层二期之时,商文化开始向东方扩张,先是扩张到了豫东地区西部。在这一地区的诸多遗址中,如东山子、牛牧岗、李岗、鹿台岗、周龙岗、孟庄、栾台和三里堌堆等,均发现有这一时期的商文化。随后又扩张到今天的济南、滕州一线[6],泗水尹家城、济南大辛庄等遗址中都发现有二里岗上层商文化。但奇怪的是，同时期的豫东地区东部不见商代的前期文化，说明这种扩张是跳跃式的，乃典型的军事扩张表现。

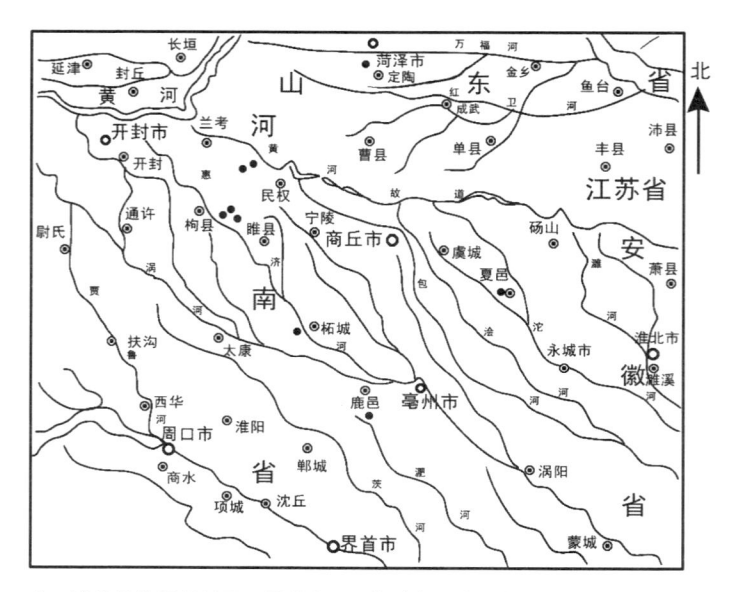

▲ 豫鲁苏皖相邻地区二里岗上层二期遗存分布示意图

济南大辛庄遗址在商代前期后段表现出了明显的军事防御功能，极有可能是商安置在东方的一个重要军事基地。[7]处于同一时期的郑州小双桥遗址，发现了具有战利品性质的岳石文化方形石器，或许也可以看作中丁征伐蓝夷的一个佐证。[8]

商丘柘城孟庄遗址可能是中丁和河亶甲两任商王东征的军事重镇或驻跸之地。[9]遗址位于河南柘城县西约7公里处，南临小洪河，北靠蒋河，蒋河再往北约2.4公里处就是被视为岳石文化和商文化分界线的惠济河。遗址南、东、北三面环水，具有重要的战略意义，而且西距商都郑州商城约 150 公里，正处于商王朝东征途中。由于商王东征战线过长，当时交通又不太便利，在商文化前沿阵地设立这么一个既有军需供给保障又有军事攻防转换功能的军事重镇，显然十分必要。

孟庄遗址作为中丁东征的军事重镇延续时间很短，仅限于二里岗上层二期，即早商末段几十年时间，之后的殷墟晚商时期就被完全废弃。在这短短几十年时间内，孟庄居民，可能包括各级官员、军队、后勤人员和大量民众，在此留下了很厚的文化堆积，如大型夯土基址、青铜器冶炼作坊以及相关的铜爵、铸范、内模、坩埚、铜渣、卜甲、原始瓷器等。除此以外，还在夯土基址、窖穴和文化层中多次发掘出了用于奠基或祭祀的人骨架，其中有不少能明显看出是被捆绑后活埋的。[10] 孟庄遗址还发现有商代前期较为罕见的文字，可以识别的有"五""配"两字。[11]

中丁即位时，商朝"两京"制已经存续了很长时间。中丁征伐蓝夷，在作为西亳的偃师商城亲自挂帅，由于距离遥远，已经很不方便，而且从防御东夷外患和进一步发展郑州地区的政治、经济和文化的角度考量，都城东迁势在必行。彼时夏王朝已经覆亡 100 多年，作为夏都斟鄩的二里头遗址也已废弃多时，商在伊洛河地区的统治已经非常稳固，后顾无忧，所以在此背景下，中丁开始把都邑从西亳迁到了郑亳，亦即从偃师商城迁至郑州商城，这就是所谓的"仲丁迁于隞"。[12]

隞，也称作敖、嚣，得名于彼时郑亳西北、黄河以南的隞山，亦即现在的邙山，包括东面的管国故地。[13] 也有说隞是因为颛顼曾经在此居住而得名，因为颛顼号大敖。[14]

▲ 今日邙山一隅

从现有考古资料看，二里岗上层商文化晚期，亦即偃师商城三期中段时，偃师商城已出现衰落的迹象，而等到三期晚段，就完全废弃，呈现出一片残垣断壁的荒凉景象。但在同一时期，郑州商城却跨越式地跃进到鼎盛时期。这一时期的郑州商城，遗迹、遗物最为丰富：四面城墙进行了维修，外城投入使用；宫殿区与商王室活动有关的大型宫殿基址继续使用。[15] 新出现多处大型水井、蓄水池、输水管道。原有的铸铜、制陶、制骨作坊继续运营，还新建了紫荆山北铸铜作坊等。另外，在祭祀的窖藏坑中，还发现成双成对的大型青铜方鼎和其他青铜礼器[16]，说明彼时的商王朝已经结束了郑亳和西亳的"两京制"运转，政治中心完全转移到了郑州商城。

放眼观察[17]，二里岗下层一期商文化主要集中分布于豫西、豫中、伊洛河至郑州一线以及晋南和关中东部地区。到二里岗下层二期时，商文化分布范围又进一步向东南和南方发展。河南省周口地区、安徽江淮地区西部和湖北东北地区都发现了这一时期的商代遗存。进入二里岗上层一期后,早商文化无论在数量上还是在分布范围上又都大大超过了前一阶段。首先是周口、江淮和鄂东北地区新增加了很多商人聚落点,而且从空间上有更向外扩大的趋势。其次是早商文化的扩张重点转向了北方。太行山东麓一带,甚至是太行山以北的壶流河流域,都发现了大量的早商文化聚落遗址。再次是豫东和鲁西地区也发现了一定数量的商人定居点。

彼时,偃师商城和郑州商城均处于繁荣时期,晋西南的东下冯商城、垣曲商城,鄂东北的盘龙城商城和冀中藁城台西等遗址,都已成为区域性控制中心,商王朝的发展达到鼎盛时期。

但当商人的脚步迈进二里岗上层二期时,商文化出现了重大转折。首先是最早建造的偃师商城由盛转衰,进而被废弃,作为商王朝边境控制中心的山西东下冯商城、垣曲商城和湖北盘龙城也同样相继衰落、废弃。而东边则与此相反,呈现出了另一番繁荣的景象,以济南大辛庄为据点的商文化迅速向东、北、南三面扩张,菏泽安邱堌堆、泗水尹家城、曹县莘家集等遗址都发现了这一时期的商文化遗存。

这一幅清晰的早商文化势力消长图景表明,到了商文化二里岗上层一期时,商人的扩张重心就已经转移到了豫北、冀中南和鲁西南地区,郑州商城和相关商文化呈现出空前的繁荣景观,而昔日作为商都繁盛一时的偃师商城已经满足不了商王朝向东、向北扩张的需要,政治中心向东转移是必然趋势。[18]

祖乙复兴

《竹书纪年》记载中丁在位 9 年,而《通鉴外纪》和《太平御览》记载是 11 年,可能是由于中丁即位 2 年之后,由亳迁隞,在隞都为 9 年,造成了两种不同的记载,实际应该是 11 年。[19]

中丁驾崩后,外壬继位,继续以隞为都。外壬名癸,是太戊之子、中丁之弟。或许因为中丁没有把王位传给儿子,中丁诸子和其弟外壬争夺王位引起了内讧,刚平静下来的东夷族群又蠢蠢欲动,侁、邳两族则乘机率先发动叛乱,商朝的统治再次陷入不安定之中。邳人是夏禹时期车正奚仲的后人,活动于今江苏省邳州市一带;"侁"亦写作"姺",是有莘氏的别称,乃前述成汤后妃"有莘氏女"之母族。[20]

从文献记载看,外壬在位期间,鲜有作为,但考古发现的郑州小双桥遗址可能是他在位期间所修。小双桥遗址是一处兼具度假和祭祀性质的离宫别馆[21],位于隞都即郑州商城东面 20 公里开外,地处邙山以南的平原地带,交通便利,水源充足,土壤肥沃,自然环境十分优越。周围古文化遗址分布众多,仅商周遗址就达十多处。小双桥遗址[22]是在二里岗上层二期晚段与郑州商城并存的一处商文化遗址,面积约

144万平方米，出土了拥有宫殿性质的大型夯土围墙、大型夯土建筑基址、大型青铜建筑饰件、大型冶铸青铜遗存以及大型祭祀遗存，如祭祀坑、丛葬坑、烧土坑等，还出土了大量的陶器、骨器、石器、原始瓷器、铜器、象牙和文字等。还首次发现了一件饰有兽面和龙虎等组合纹样应属商王专用的青铜饰件。

需要一提的是，小双桥遗址所用人牲，已发现的就超过了160人。其中一个丛葬坑中，竟横七竖八地埋有60具伤残的尸骨和头颅。

帝外壬在位15年驾崩，弟弟河亶甲继位。[23] 河亶甲，名整。他或许是由于争夺王位感受到沉重的压力，要逃脱一班遗老和其他王室贵族的质疑，在即位后不久就把都城由隞迁到了相，即殷。[24] 古殷城在河南省内黄县东南10里。[25] 附近的刘次范村东面还立有宋开宝七年商中宗的庙碑，上面记载了河亶甲的事迹，还发现有商代遗物。

黄河在商代是由南向北流经安阳和内黄二县而入海的，考虑到《通鉴地理通释》有"安阳县，本殷墟，所谓北蒙者。亶甲城在西北五里四十步，洹水南岸"[26]的记载，以及《吕氏春秋·音初》所谓"殷整甲徙宅西河"[27]的说法，河亶甲所迁之相也可能就在内黄与安阳之间或接壤地带，因而产生了内黄与安阳相邻的说法。另外，河亶甲之所以冠以"河"字，也或许同其所居相紧邻黄河有一定的关系。[28]

河亶甲三年时，商附属国彭伯攻克邳国。第二年，河亶甲又对时服时叛的蓝夷进行了征伐。[29]

河亶甲五年时，叛乱多时的侁人发兵侵占班方地盘，河亶甲命彭伯、韦伯进军班方予以援助，迫使侁人示好商王朝，派人到商都朝贡。[30]

彭伯乃彭祖的后裔，传说为颛顼之玄孙陆终氏的第三子，是史上赫赫有名的一代养生鼻祖，活动于今江苏徐州境内，也属于同商交好的东夷族。彭伯作为夏朝的一方诸侯，曾在夏启十五年武观于西河叛乱时，率兵前往讨伐，并取得胜利。[31]

河亶甲在位期间，又是迁都，又是连绵不断的骚乱和战争，致使商朝再次走向衰竭。[32]

河亶甲在位九年驾崩后，祖乙滕继位。《史记》载祖乙为河亶甲之子[33]，但根据祭祀先王的甲骨卜辞来看，祖乙应为中丁之子。滕称祖乙，似同"汤号天乙"有冲突之讳，《帝王世纪》为此做了解释："帝祖乙以乙日生，故谓之帝乙，孔子所谓五世之外，天之赐命疏，可同名者也，是以祖乙不为讳，盖殷礼也。"[34]

祖乙在相即位以后，即把"都城"往北迁至邢[35]，即今河北邢台。邢也是商先公曾经活动过的根据地，在商代时又是诸侯邢国所在地。[36]

20世纪90年代，邢台市区西葛家庄曾发掘西周墓葬230座，车马坑28个，其中包括5座大型墓和31座中型墓。这些大中型墓都设有用来陪葬的车马坑。大型墓多带有一条呈甲字形的墓道，其中一座则是带有两条呈中字形的墓道。尽管这些墓葬全部被盗一空，但从其规模、形制、三椁一棺的葬具、随葬车马的数量和出土的一些饰件以及铜器遗迹尺寸大小来看，这 5 座大墓当为王侯之墓。[37]

1978 年 3 月，河北省元氏县西张村也曾发现西周墓葬，并出土刻有铭文的铜器 1 件。铭文中的"谏"乃邢侯臣子。铭文的意思是说，戎人大举进兵軧地，邢侯奋勇抵抗，命臣谏率领……亚旅驻兵于此。邢侯出兵，在泜水流域同戎人进行了搏战。[38]"軧"与"泜"相通，因处泜水（今槐河）流域而得名。

另外，在北齐武平初年，邢台地区还曾出土过 5 件邢侯夫人姜氏鼎。[39]

祖乙迁邢时间在商朝中期。近年来在邢台地区的东先贤、葛家庄、曹演庄、贾村、南大郭和尹郭村等遗址，发现了丰富的商朝中期文化遗存。[40]如葛家庄遗址，其文化遗存从下至上可以分为四期，第一期是龙山文化晚期，第二期是漳河型先商文化中晚期，第三期就是商中期文化，年代大致在二里岗上层二期晚段至殷墟文化一期之前。第四期是殷墟文化一至四期。在葛家庄遗址四期文化中，又以第三期中期商文化遗存最为丰富，出土了数量可观的仿铜陶礼器、冶铜器皿、卜骨、卜甲等，发掘出同祭祀相关的兽祭坑、人祭坑和燎祭坑等。除此以外，在发掘区西部还发现有大面积的夯土遗迹。[41]

《竹书纪年》记载，祖乙在相待了仅一年，就迁都至耿，然后又因为耿被水淹，7 年后迁都至庇。[42]

耿在今山西河津市，即古代河东皮氏县耿乡一带。[43]庇有山东郓城县东北、山东费县西南和河南淇县北邶城镇一带三种说法。[44]

祖乙在位 19 年[45]，连续三次劳师动众，耗费大量人力财力物力迁都，让人觉得不可思议。何况，新都邑从规划、建设，到投入使用，还有一个漫长的过程，尤其在商代完全是靠人工劳作的情况下，19年三次迁都几乎没有可能。

今本《竹书纪年》记载，祖乙在位期间，任用巫贤为卿士平定东夷叛乱，之后将战略方向转向西方，封周部族首领高圉为邠侯。[46]试图用周人势力加强对西方的控制。彼时，周部族活动在今陕西咸阳旬邑县一带。

总之，商王朝在祖乙之世出现了"商道复兴"[47]景观，甚至于甲骨卜辞都独举祖乙而不提及中兴商朝的太戊，并尊之为中宗[48]，将他和大乙、太甲合称为"三示"，意为三位功勋卓著的祖先。

显然，祖乙从邢迁耿，再迁庇，不是如古人说的那样是都邑的迁移，而是祖乙在不同时期战略重心所在地的转移，邢、耿、庇都是他临时的驻跸之地。

商中宗陵位于河南省安阳市内黄县城西南15公里处，是我国目前唯一的一处商王陵。汉代建陵，唐代续修，宋太祖开宝七年复修，明、清多次修葺增建。这也从一个侧面说明，祖乙在位期间，很可能还是以河亶甲所居相为都。

不管是河亶甲所居相，还是祖乙所迁邢，都在先商族滥觞的豫北冀南地区。这一带土厚水深，既有太行山先天的防御屏障，还有古黄河、古济水，以及由太行山奔泻而下的漳河、洹河和淇河氤氲其间，自然地理环境非常优越，是古代人类生存发展的最佳场所之一。自6500年前以来，先后有蚩尤族群、共工族群活动于此。夏朝末年，成汤把商人活动的战略重心先后转移到豫东、鲁西和郑州地区，商朝建立后，商朝的政治经济重心又转移到伊洛河盆地，随后转移回郑州地区，这一时期的豫北冀南地区事实上已经成了相对落后和边缘化的地区。

从考古学角度观察[49]，在帝外壬时期，也就是二里岗商文化上层二期晚段以前，以郑州商城为代表的二里岗文化成为商文化的主流，但在洹河流域仅发现了寥寥几处二里岗文化聚落，如安阳殷都西郊乡、西蒋村和小屯东北地等。洹河流域北邻的漳河流域也罕见二里岗文化遗存，但在邯郸境内出土有特征接近二里岗商文化二期晚段的铜爵。越过漳河流域，在更北的藁城台西发现有二里岗上层一期和二期晚段遗存。二里岗上层一期以来商文化遗存在豫北冀南地区零星的发现，说明以郑州商城为代表的二里岗商文化与豫北冀南地区有辐射式的直接联系，但似乎并不是很紧密。

事实上，在先商时期，漳洹河流域是下七垣先商文化的腹心地带，据不完全统计，邯郸境内就分布有90余处下七垣文化遗址[50]，洹河流域有30余处下七垣文化遗址。[51]漳洹流域及其以北下七垣文化聚落分布密集而广泛，而典型二里岗商文化聚落仅发现个别案例的现象，表明下七垣先商文化在南下中原地区建立商朝以后，原来的故地大部分被弃，变成了空心地带。

或许就是在这种情况下，河亶甲在感觉到隞都宫廷政治斗争的压力后，意识到了商族故地后方的空虚，才果断把都邑迁移到相，以此巩固并加大后方根据地的建设。后继的祖乙很好地延续了前任加强后方根据地建设的思想，进一步把战略重心向北推进到邢，事实上为后来的盘庚迁殷奠定了牢固的群众基础。

祖乙后来又将战略重心从邢迁至耿，情况大同小异。如前所述，晋西南地区早在夏末商初就建有垣曲商城、夏县东下冯两处东下冯文化环壕聚落，东下冯文化与二里头文化的交流特别密切，东下冯文化应当直接受控于二里头都邑。[52]偃师商城主导中原腹地的二里岗商文化早期，在商人的直接控制下，晋西南地区重新营建了垣曲商城和东下冯商城。但是晋西南地区的基层聚落罕见二里岗商文化早期风格遗物，基本上限于城圈之内。[53]

按一般常识，一个大型聚落的存在，必定是以周围小型聚落呈星斗式分布为前提的。晋西南地区这种反常现象可能意味着，二里岗早期商文化对晋西南地区基层聚落的直接影响不大。换言之，商王朝对晋西南地区的基层社会并没有直接控制，而主要是通过东下冯商城和垣曲商城等区域性中心城邑来间接施行控制。[54]这暗示，晋西南地区可能也是商王朝统治的一个薄弱环节。更重要的是，这一地区此前是二里头文化东下冯类型覆盖区域，换言之，是另一部分夏遗民根据地。或许，正是这种忧患意识促使祖乙在把豫北冀南一带根基巩固后，立即将战略重心转移到了耿。

▲ 河津龙门村"古耿龙门"城楼

耿在河津，垣曲商城在垣曲，东下冯在夏县，三城互为犄角。垣曲商城到东下冯和东下冯到耿，距离都是百十公里。即便是从东边的垣曲商城直接跨越到耿，也不足 200 公里。由此可见，祖乙将战略重心从邢迁至耿，战略意义非同一般。

至于祖乙此后又将战略重心从耿迁至庇，不管庇是在山东郓城县东北，或是在山东费县西南，还是在河南淇县北邺城镇一带，都是东夷族活动的重要地区。从帝中丁以来，东夷族就时叛时降，成为商王朝的心腹之患。祖乙在耿经营一段时间，消除了晋西南的后顾之忧，再把战略重心由耿转移至庇，显然是震慑东夷诸部所需。

比九世乱

综合《史记·殷本纪》和《今本竹书纪年疏证》记载[55]，祖乙及之后的几位商王情况如下：

祖乙在位19年去世，子祖辛继位。祖辛，名旦，居庇。

祖辛在位14年，去世后弟弟沃甲继位。沃甲，也作开甲，名踰，居庇。沃甲在位5年，也有说是20年或者25年。

沃甲去世后，子祖丁继位。祖丁，名新，居庇。祖丁在位9年，也有说是32年。

祖丁去世后，沃甲之子、祖丁堂弟南庚继位。南庚，名更，是商朝第17任君主。南庚在庇居住三年后，迁奄。奄在今山东曲阜一带。[56]从考古方面观察，山东曲阜、兖州一带发现有早商文化遗址，并且有些器物还属于和南庚同时的早商晚期时段，但这些遗址都不大。[57]还有一说认为，奄就是卜辞中的鄘地，即今河南新乡市西南16公里处的古鄘城。[58]新乡市凤泉区潞王坟、马小营村、台头村等地也都发现有商早中期文化遗存。[59]不过，未发现与商都邑所应该匹配的相关特征。

南庚在位6年，也有说是29年。南庚死后，由前任商王祖丁之子、南庚堂弟阳甲继位。阳甲，名和。阳甲在位时，曾西征丹山戎。但战争的结局如何，史无记载，不过战争可能给商朝带来负面影响，商朝再度出现衰落局面。

就是在这种情况下，祖丁之子、阳甲之弟盘庚在南庚死后继位，走上了历史的前台。

商朝的继位制度是"长子继承"和"兄终弟及"两种制度的结合，但"兄终弟及"制最后也还要循环到原来君王长子的头上，就是说，某一代君王死后，由君王的大弟继位；大弟之后，由二弟继位；二弟之后，由三弟继位……直到最小的一个弟弟继位去世后，这个王位就由原来君王的长子来继承。长子出现死亡或其他变故，就由次子来继承，如此后推。商代开国君王成汤驾崩时，由于太子太丁意外早逝，太丁之子年龄尚小，因此就由太丁之弟外丙继承了王位，开了"兄终弟及"的先河。"兄终弟及"虽然是"长子继承"制的辅助形式，但在中丁以前基本上形成了一种制度，大家都能够自觉地贯彻执行。譬如，太丁"大弟"外丙继承了成汤的王位，外丙去世后就由"二弟"中壬继承，中壬去世后，商朝王位就击鼓传花似的传到了成汤的长孙、太丁的长子太甲手里。但是，这种制度在中丁时疑似遭到了破坏。

按照甲骨卜辞的周祭祀谱，商王太庚三子的继位次序是小甲、雍己和太戊，根据"长子继承"和"兄终弟及"王位继承制度，太戊死后，应该把王位传给小甲之子，但是最后继任君主之位的却是太戊的儿子中丁。显然，中丁即位是采取了暗箱操作的不正常手段，或许是一场血流长河的宫廷政变也未可知。后面的事实是，中丁即位当年就将都邑由西亳偃师商城迁到了隞亦即嚣的郑州商城。这一迁都之举，如前所述，一方面是由当时商朝抗夷的形势所决定，另一方面也不能不说和中丁有意避开可能由他制造的血腥政变有关。

中丁非正常即位的情况，在祖丁去世后又重新上演了相似的一幕。按照商世系表，阳甲是祖丁长子、祖辛的"嫡长孙"，但阳甲并未能继承祖丁的王位，而是由沃甲之子南庚继承了祖丁的王位。南庚继位不合乎祖传规矩，显然是通过非正常手段夺到手的。如果按照中丁死后传子的先例，南庚死后应该由他的儿子继位，但却是祖丁之子阳甲继承了他的王位。这意味着，阳甲也很可能是通过非正常手段重新夺回了属于自己的王位。[60]

可以说，从中丁开始，中间历经外壬、河亶甲、祖乙、祖辛、沃甲、祖丁、南庚，直至阳甲，一连九世，都是在"废嫡而更立诸弟子，弟子或争相代立"的非正常状态下获取王位的，其间的骨肉相残、血雨腥风，史籍虽然没有具体详细的记载，但我们也不难想象。商王朝连续九世都处在混乱不堪的状态中，甚至连各方诸侯都不来朝拜，史称"比九世乱"。[61]

"比九世乱"的一个显著特征是都邑屡迁，"不常厥土"。[62]史籍记载，"殷人屡迁，前八后五"。[63]"前八"，是指在先商时期，自商始祖契至成汤建立商朝前，共有八次大的族居地迁徙行为。"后五"是指终商一朝，共有五次迁都行为。其中四次都发生在"比九世乱"期间，分别是上述中丁迁都于隞，河亶甲迁都于相，祖乙迁都于邢，南庚迁都于奄。还有一次迁都，是后面要叙述到的盘庚之迁，虽然这一次迁都不是发生在"比九世乱"期间，但也是紧接着"比九世乱"后进行的，和"比九世乱"密切相关。

从中丁到阳甲，九世共历 100 多年的时间，就迁都四次，可想而知，会对大商朝的国力造成怎样的破坏！都城是需要讲究排场和气势的，之前作为隞都的郑州商城，总面积就达到了 1300 万平方米，之后的殷墟则更是达到了前无古人的 3600 万平方米，即便是作为离宫别馆存在的郑州小双桥遗址也达到了 144 万平方米。

有学者曾对郑州商城庞大的城墙工作量进行过计算[64]，如果挖土的劳动者按 3000 人

▲ 清·"殷人屡迁"荡析离居图

计算，用铜锸的 1000 人，用石斧的 2000 人，那么平均每天可挖原土 500 立方米。一年之内还会遇到雨雪不能进行工作的时候，那么每年按 330 个工作日计算的话，一年可挖原土方 164000 立方米。如果一人挖，一人运，运土的劳力也需要 3000 人。再从城墙夯打的坚固情况看，如果有 3000 人运土的话，至少需要有 4000 个劳力进行平整和夯打。如果平均按用 1000 个劳力常年进行劳作，建造这样大的城墙，需要约 18 年的时间才能完成；如果用 2000 个劳力长年进行劳作，也需要用 9 年的时间才能建成。这还只是外围的一项工作量，倘若把城内数十座豪华宫殿、祭祀建筑、储藏建筑，以及玉石、陶器、冶铜等手工业作坊都算进去的话，工作量估计还得再加上两三倍不止。

第五章 开疆拓土

即便后来的河亶甲之都相、祖乙之都邢和南庚之都奄,规模、面积都远小于郑州商城,但考虑到路途遥远等各方面因素,三者加起来所耗费的人力和物力也是一个庞大的数字。

还不仅于此。"比九世乱"期间,商王朝还要不断地远征去平息东夷人的叛乱,这又是一笔不菲的开支。何况,商王朝由于长期处在王位争夺的斗争中,王族大臣各怀鬼胎,人心涣散,王朝制定政策和各级官僚执行的能力也会大打折扣,并且由于大量农民被长期征集服兵役和做营都建设的苦力,没有更多人手去从事农业活动,大量田地被撂荒应该是一种常态。

国库被耗干,只能不断加重百姓头上的苛捐杂税,由此导致的恶性循环必然对以农业为主的商王朝经济产生破坏性影响,并波及政治、文化领域,最终导致国势衰颓。

"殷人屡迁""不常厥土",原因众多[65],譬如说,有水患的因素,清人马骕在《绎史》中就讲:"祖乙圮耿,至阳甲……邑居垫隘,水泉泻卤,不可以行政化"[66],故徙都于殷。商人迁都,大多是选择靠近黄河的地方,像偃师商城、郑州商城、小双桥遗址等都离黄河不远。自中丁以来的四次迁都也都遵循了这个原则。虽然这四次迁都大多是在商人的根据地豫北冀南一带,但如前所述,当时的黄河是经内黄与安阳流向河北平原,再转道汇入渤海的。黄河容易发生涝灾,从颛顼、共工时期,到尧舜禹时期,再到几千年后的民国时期,一直没有太大的改变。所以,历代商王为了交通和用水的方便,选择了把都邑建在黄河边上,在享受便利的同时,也不可避免地要遭受洪涝灾害的威胁。

"殷人屡迁""不常厥土"应该还有商人游牧、游农习俗的孑遗影响。我在《前中国时代》一书中已述及[67],先商契族是由山东龙山文化北上同来自北方游牧民族有娀氏的一支——简狄氏，在今河北南部碰撞、交融后的产物，所以商人身上先天性地就带有游牧民族的特性。从这个意义上说，"殷人屡迁""不常厥土"，大概还有改换牧场和耕地的经济方面因素。[68] "屡迁"是游牧民族"行国"的一个特点，就是逐水草而居，没有固定的住处。

除此以外，还有一个不可忽视的因素，就是镇抚东夷的需要，如上述中丁从亳迁隞，祖乙迁庇，都同商朝东进讨伐夷人有很大关系。

不过，上述因素只是商人多次迁都的一些外在因素，应该主要还是由于商王室内部因为王位继承问题发生了内讧，这些商王不得不离开是非之地，抛弃一些"心怀鬼胎"的旧臣，起用新人，试图重新开始一段新的航程。

经略"有夏之居"

伊洛河盆地是夏代后期和商代早期的腹心地区，根据调查，在早商早段，属于二里头夏文化晚期的遗址有 5 处，确认属于早商的遗址有 40 处。[69]这一数字相比二里头文化四期，减少 55% 还多。即使将难以细分时段的二里岗早商文化遗址统计在内，仍有 20% 以上的减少。如果将整个早商时期的遗址考虑在内的话，伊洛河南岸的干沟河、坞罗河等流域遗址的数量增加相对明显，而其他区域则基本处于滞缓状态。需要说明的是，早期的遗址中还有 26 处同时含有二里头文化四期的遗存，这意味着超过 57% 的遗址是由原来二里头夏文化聚落发展而来，说明区域内考古学文化更替过程中居民存在着相当程度的延续性，另外新增加的 30% 遗址则是在保持延续性的前提下，区域内外人口整合的结果。[70]

这个时期，最重要的是作为中心聚落偃师商城的出现。偃师商城小城面积超过 80 万平方米，大城面积达 190 万平方米。而像二里头、稍柴、景阳冈等次一级中心聚落的面积则在 20 万～40 万平方米之间，其余 90 处遗址的面积大多小于 12 万平方米，区域内具有以偃师商城为中心的三级聚落体系。[71] 如果放大眼光，将此时已经扩建为 300 万平方米的郑州商城以及整个郑州地区放进版图的话，则商王朝核心地区无疑已是一个呈金字塔形的四级聚落体系的布局结构，而偃师商城就是那个高高在上的王者。

至早商晚段，也就是盘庚迁殷前，二里岗文化遗址数量猛增，仅伊洛河盆地中东部就发现二里岗商文化遗址 121 处。彼时，中心聚落已由偃师商城转移到郑州商城。商王朝在原"有夏之居"的四级聚落结构体系不仅全部完成，而且顺天而治的思想观念也已经深入民心。

晋南地区也是"有夏之居"的一个重要组成部分。如前所述，东下冯遗址很可能作为"桀都"而存在，而且原在夏都二里头遗址及其附近的一些夏遗民也在夏灭亡前后逃亡至此。[72] 商王朝虽然已经建立，但不甘心失败的夏残余势力并不会就此罢休，所以从成汤建立商王朝起，晋南就一直是商王朝统治者的心腹大患，因而也就成为前后数代商王重点布防的地区之一。从现有考古资料看，商朝建立之初，商人就在晋南地区先后设立了东下冯、垣曲和粮宿三个军事重镇进行镇抚和统辖。

东下冯商城[73]是在原来二里头夏文化聚落基础上建立起来的一座城墙外有城壕的城址，城垣形状、面积尚不得而知。东城墙南段残长 52 米，西城墙南段残长 140 米，南城墙总长 440 米。城墙平地起建，由夯筑墙体和两侧的护坡组成。城墙底宽 8 米左右。城内西南角发现一圆形建筑基址群，至少分为 7 排，每排分布 6 座或 7 座，总数有 40～50 座。根据每座基址上均有"十"字形沟槽，中心有一个直径约为 1.2 米的柱坑，基址周边还分布着比较密集的柱洞这一情况，推测这些建筑可能是粮仓、盐仓或其他仓储设施，当与军事储备有关。

第五章　开疆拓土

垣曲商城[74]位于山西垣曲古城镇南关一带，平面略呈梯形，南窄北宽，面积约13万平方米。城内发现有宫殿区和少量道路、居住区、墓葬区、作坊区等。宫殿区位于中东部，由南北两座大型宫殿基址组成，自南向北分为两进院落。垣曲商城军事防御性质表现明显。西、南城垣外都发现有宽6~10米的护城壕，可看作第一道防御；城内外还设有两道城垣，构成了第二重防御系统。垣曲商城始建于二里岗商文化一期，至四期早段废弃。

粮宿商城[75]位于山西平陆粮宿村东部，城址北高南低。遗址东、西、北三面都发现有残留的城墙遗迹，面积在6万平方米以上。城墙为夯土版筑而成。城内具体布局不甚明了。距粮宿商城咫尺之遥的前庄遗址还曾出土一批疑似商王室祭祀时所用重器，其中包括饕餮乳钉纹大方鼎和饕餮纹大圆鼎各一件。

商初统治者在晋南设置三个重镇，目的很明确，一是为了防御西北地区敌人的入侵或镇抚夏遗民，这一点在垣曲商城表现得最为明显。垣曲商城坐落在台地边缘，南临黄河，北滨亳清河，东部是河流冲积扇，三面断崖，仅西部面向宽阔、平坦的黄土塬。把城址建设在这样的制高点上，四面一览无余，易守难攻。同时，在西墙南段与南墙西段还建有双道夹墙，具有瓮中捉鳖的瓮城功能。[76]

▲ 前庄遗址出土的饕餮乳钉纹大方鼎

二是为了控制中条山地区丰富的铜矿资源和盐业资源。《元中国时代》中已述及[77]，中条山绛县、闻喜、垣曲一带是铜矿资源密集分布的地区，矿区南北约 20 公里，东西约 10 公里。考古工作者在这一带的山前台地和河谷阶地已经寻找到了含有冶铜遗迹的先秦遗址近 30 处。其中绛县西吴壁是夏商时期较大的一处冶铜遗址，面积约 40 万平方米，系中原地区时代最早、规模最大的冶铜遗址之一，具有较高的专业化生产水平。而地处晋南中部、中条山之北的运城盐池是中国最大的天然盐场之一，总面积达 132 平方公里，是自古以来的产盐圣地。

三是统辖下面基层聚落，行使政府管理职能。如前所述，晋南地区的基层聚落罕见二里岗早商文化风格遗物，基本上限于三个城圈之内。暗示这三个重镇都应该是商王朝直接统辖下的派驻机构，其主要负责人都是商王的心腹，而不是选拔当地的夏遗民贵族来管理。

晋南地区三城并存的情况，一直持续到二里岗商文化四期。彼时，夏遗民也已经经历了好几代，商人在原"有夏之居"的统治已经非常稳固，晋南地区也不再是商王的心腹之患，商人的政治中心开始转向豫北冀南地区，偏于一隅的垣曲商城、东下冯商城和粮宿商城，相应地失去了其作为军事重镇的功能，几乎同时遭到废弃。

与晋南地区大致相似，河南焦作地区也是这种情况。在商朝建立前后，商人就在这一地区建立了辉县孟庄、焦作府城、沁阳商城、博爱西金城和温县徐堡五个城址。这五个城址距离较近，呈半环形摆开，应该是出于在战争等危机状况下可以进行相互支援的考虑而提前规划好的。[78]

孟庄城址[79]是一座龙山文化晚期和夏商时代的三叠城址，位于河南省辉县孟庄镇东面一椭圆形台地上，东南面是古黄河。城址形状为梯形，面积约 16 万平方米。虽然该城址未发现初商时期的城墙，但是在城址内发现有较多的二里岗时期遗迹，所以可以肯定，孟庄城址在初商时期也在使用。

府城遗址[80]位于焦作府城村西北一带，平面略呈方形，四周有城墙，面积大约 9 万平方米。城内北部共发现四处疑似宫殿建筑的夯土基址。城内东部为一般居住区和墓葬区。该城始建于二里岗一期，至四期晚段废弃。

府城商城地处沁河以北，而沁河一般被认为是先商文化与二里头文化的分界线。[81]早期府城商城作为先商的桥头堡，处在夏商交恶时期的最前沿地带。其西为晋南，南为豫西，均系夏王朝核心统治区域。它既可防止夏人乘先商主力南下侵入先商之大后方，同时又可以紧密配合先商主力攻占夏王朝核心地域，能守能攻，有一箭双雕之功能。[82]

由于府城商城本处于商人的势力范围以内，但又直接面对原"有夏之居"，随着商王朝的建立，它的作用可能就由战争时的前沿阵地变成了监视、阻击夏遗民叛乱或叛逃的哨堡。等到商人统治已经固如磐石时，府城商城事实上也就失去了存在的意义。府城商城废弃的年代大体属二里岗上层偏早阶段，同偃师商城废弃时间相差不大，稍早于垣曲商城、东下冯商城和粮宿商城。[83]

类似的情况，在郑州地区还有新郑望京楼和荥阳大师姑两座商城。望京楼商城[84]位于新郑望京楼水库东面，在二里头文化城墙内侧发现有二里岗商文化时期的城墙，平面略呈正方形，面积约 37 万平方米，城外有护城河且与自然河道相连。城内中南部发现有大型回廊式建筑基址。城内也发现有该时期的小型房基、灰坑等遗迹。这里曾出土玉钺、玉戈，还发现一件造型精美、铸造精良、迄今所见夏商时期最大的青铜钺。

大师姑城址[85]位于荥阳广武镇大师姑村和杨寨村南地的索河二级台地上。北距黄河、西南距荥阳市区均为13公里,是在原二里头文化城邑上兴建起来的早商城址。在城内发现有大量的二里岗时期遗存。发掘者推断该城邑从二里岗文化早期一直使用至二里岗文化晚期。

新郑望京楼和荥阳大师姑两座商城分踞郑州商城南北,显然是出于拱卫郑州商城的目的而建,所以当盘庚迁殷,郑州商城开始废弃时,这两座商城也就遭遇了同样的命运。

概而言之,夏灭亡后,商人逐步确立了对"有夏之居"的绝对控制。这种控制是通过在夏人聚集区的东、西、南、北、中建立一系列一、二级或三级中心聚落,形成一个上下连贯的四级网络系统和防御体系,以点控面,最后达到稳定统治的目的。

拓展四土

早商统治者在加强对核心地区统治的同时,也没有停下开疆拓土的步伐,他们或是通过战争,或是通过安抚,不断扩大商朝的领土疆域。

北方[86]是商人的滥觞之地,早在商初就建起了辉县孟庄、焦作府城、沁阳商城、博爱西金城和温县徐堡等区域中心城邑;在西北晋南则建立了东下冯、垣曲和粮宿三座商城。商人不但通过这些城邑控制了这些地区,而且对商都形成拱卫之势。在此基础上,商人又步步为营,向更远的北方拓展。在早商二里岗一二期时,商人的脚步就踏进了河北南部的邯郸地区。在今河北武安洺河边的赵窑、邯郸涧沟、龟台等遗址都发现了这一时期的商文化遗存。[87]

早商晚期,在整个豫北冀南地区,商文化遗址开始呈密集状态分布,像豫北安阳、辉县,冀南磁县、邯郸、武安、邢台、隆尧、临城,乃至在石家庄地区的藁城、灵寿等,都有相关遗存发现。可以说,早商晚期的商文化遗址已经遍布太行山南麓,甚至连远在太行山以北张家口地区的蔚县庄窠和四十里坡也发现了这一时期的商文化遗存。虽然不能排除张家口地区的相关遗存是个别孤军插入的可能,但北易水以南确凿无疑是早商文化的势力范围。[88]

这些遗址以石家庄藁城台西遗址最为典型。该遗址属于早商晚期的商文化遗址,面积在 10 万平方米以上,毁于殷墟文化早期。遗址北接幽燕,南邻卫郑,西连秦晋,东通齐鲁,位居南北之枢纽中心位置,是四方文化荟萃之地。[89]商人在这里建造这样一座北方重镇,其战略意义不言而喻。

在东方[90],由于成汤曾在灭夏战争中同东夷部族结成军事联盟,商建立初期,商的几任统治者并未对东夷地区实施武力扩张,而是采取招纳和结盟的策略,将东夷活动区域纳入自己的统辖范围。从考古学方面观察,在商建立之初,早商文化就到达了周口地区,并在地处东西南北交通要冲的鹿邑设立了军事据点。随后,又经周口地区进入江淮地区西部。但整体而言,彼时的商文化尚处于收敛的状态,不过这一局势在中丁即位后不久,由于"蓝夷作寇",中丁果断出手"征于蓝夷"而有了改观。在二里岗三期时,商文化以不可阻挡的迅猛之势进军豫东,将这一地区轻松收于囊中。随后,又从豫东经鲁西南长驱直入东夷腹地,在济南建立了商人在山东地区的第一个军事重镇——大辛庄遗址。大辛庄遗址面积超过 30 万平方米,是一个以商文化为主体的大型聚落[91],大约从中丁时期一直延续到商末。

商人进军鲁西南,在菏泽地区留下了安邱堌堆遗址,时间从早商一直延续到商末。商人所过之处,夷人纷纷退出。可以说,商王朝在对东方地区的全面开拓中,鲁西南地区起了桥梁和支点作用,其意义不容忽视。[92]

商人在攻占济南地区之后，移师鲁中南地区，随后沿着泰沂山北侧，自西向东，在山地北沿一线留下了阳谷、东阿、仕平南陈庄、长清前平村、齐河殷屯和曹庙、禹城蒋芦和周尹以及章丘马彭北等遗址、遗存。[93]

之后，商人又继续进占鲁南地区，在这里留下了前掌大一类遗址。前掌大遗址地处滕州市官桥镇前掌大村西北约 50 米的河畔高地，是一处包括龙山、岳石、早商和晚商的大型遗址。其商文化期还保留了某些土著文化传统，可能和商初成汤时左相仲虺有一定关系。《左传·定公元年》记载[94]，汤左相仲虺曾居住于薛地，可能是薛国人。薛就在今山东滕县南 20 公里一带。[95] 不排除其主人是商人占领该地后由商王任命的仲虺后裔。

总体观察，在商初稳定豫东局势的基础上，中丁时，商王朝发动了第一波进击东夷的高潮，进入夷人腹地。在随后商王朝处于弱势时，也没有从东方撤军，而是持续地从西向东、由南向北推进，这种状况一直持续到商代后期。虽然商王朝大多情况下是通过武力对叛乱的夷人进行征服，但对其他处于观望状态的夷人而言，更多的是采取了怀柔手段，这从很多商文化遗址中保留有相当多的岳石文化遗存可见一斑。

在西方[96]，商王朝建立以后，商人就占领并接管了夏原来的统治区域，如关中东部和丹江上游的商洛北部地区，随后又推进至汧水东岸，范围扩大到关中平原的大部分和商洛南部部分地区。[97]

西安老牛坡是一处从商初延续到商末的遗址，位于灞河北岸。出土有居住基址、制陶窑址群、青铜作业区、宗族墓地等。从文化特征观察，这支商人团队活动范围很广，不仅占领了渭河下游地区，而且向南穿越秦岭，同陕南城固、洋县地区也有来往。[98]

还有一支商人是在商初，从商地辗转迁徙到地处西安以北、渭北高原北部边缘的耀县（今铜川市耀州区）北村一带，在与当地土著共处交融，吸纳了当地一部分习俗后，形成了北村文化遗址。该聚落从早商初年一直延续至晚商早段，大约在武丁前后被废弃。此外，关中地区的早商文化遗址还有华县南沙村、蓝天怀真坊、礼泉朱马嘴等。可以说，在东起华山，西到岐山，南起蓝天，北至铜川这一广大范围内，都是早期商人活动的范围，而其生活据点则主要集中在西安、耀县以东。至晚商早期，亦即殷墟文化一、二期的时候，商人才逐渐向西进至扶风、岐山一带。但在晚商晚期，亦即殷墟二期以后，随着周人崛起后占领该地区，商人在这一区域销声匿迹。[99]

在南方[100]，商初统治者在占领豫东以后，通过周口直达江淮地区，在这里留下众多的早商文化遗址，其中以巢湖以东的含山大城墩遗址为代表。该遗址的商文化从二里岗文化三、四期一直延续到商王朝覆亡为止。

商人在向江淮地区进军的同时，还从大本营郑洛地区派出一支人马，南下南阳地区，经随枣走廊，沿涢水、颍水、澴水直达长江岸边[101]，并在武汉地区攻陷了原夏王朝设在南疆的军事重镇盘龙城。盘龙城被改造后，成为商人统治南疆的政治、经济和文化中心，同时商人又延续了盘龙城作为军事重镇的性质，重点在于垄断武汉东南大冶、阳新、瑞昌一带的铜矿资源开采权。

▲ 盘龙城国家考古遗址公园一隅

　　盘龙城商城遗址[102]位于武汉市黄陂区长江支流府河北岸一个深入盘龙湖的半岛之上，东、南、西三面环水。南北长 290 米左右，东西宽 260 米左右。整个遗址由夯土城址以及环绕在其周围的若干小型遗址组成。城址平面略呈方形，地势略有起伏。城内东北部高地上是密密麻麻、规模宏大的宫殿建筑群，建筑理念采用的是"前朝后寝"的格局。城外南、西、北三面都发现有大量商文化堆积，应该是居住区和手工业作坊区。城西、城北、城东还发现有贵族和平民墓葬。贵族墓地出土了大量让人眼花缭乱的青铜武器，包括戈、矛、刀、镞等，尤其是还发现了一件象征军权的大型铜钺，暗示盘龙城地位很高且有重兵把守。盘龙城修建时间大约在二里岗商文化一期偏晚，在二里岗商文化四期偏晚，也就是在盘庚迁都前后废弃。

　　盘龙城成为商人向南方进一步开拓的中转站。商人由此兵分两路，一路沿长江下行，抵达九江。商人在这一路上都留下了痕迹，如赣北九江龙王岭早期商代遗址、瑞昌铜岭铜矿和檀树咀早商晚期晚段遗址、九江神墩遗址、湖口下石钟山遗址、德安陈家墩遗址和石灰山遗址、新余习家山遗址等，这其中以江西清江吴城遗址规模最大、规格最高、延续时间最长，内涵也最为丰富。[103]

吴城遗址[104]西南濒清江，北邻萧江，出土了青铜器、石范、陶器等500余件，还发现了一批与殷墟甲骨文同属一个系统的陶文。年代大致在商代中、晚期。以吴城遗址为代表的吴城文化主要分布在赣江流域。推测吴城文化可能是商王朝派遣贵族奴隶主在此带领他们的族众作邑、垦田，同当地土著发生越来越多的联系后形成的一个新的商文化类型。

还有一路是，商人在盘龙城北侧溯江而上，直达江陵地区。商人在此留下了荆南寺遗址。该遗址的核心文化因素是由当地土著文化、商文化及其他外来文化组成，其中土著文化因素占比达50%，商文化占比达25%。显然，荆南寺遗址形成情况同吴城遗址大致类似。荆南寺类型形成时间大约在二里岗商文化二期到盘庚、小辛、小乙早晚商交错时期。其分布范围东达湖南岳阳铜鼓山，西迫近三峡，北至汉水两岸，南抵湖南澧县一带。[105]

铜鼓山遗址地处武汉之南的岳阳地区，彼时湘江在今岳阳市北区的陆城附近注入长江，铜鼓山遗址正扼湘江汇入长江之口，地理位置十分险要。顺江而下，可抵达东北方向的盘龙城；溯江而上，可直通西面的荆南寺；往南渡过洞庭湖可直面当地土著。铜鼓山遗址的存在可以很好地保证江汉平原西部的荆南寺与东面盘龙城之间的畅通联系。实际上，形成于商王朝向四方扩张之时的铜鼓山遗址商代遗存，同荆南寺、盘龙城有着极其相似的一面，属于同一区域的商文化系统。[106]

铜鼓山遗址的作用可能还不仅于此。就洞庭湖地区来说，湘江下游受商文化影响最为强烈，而这种强烈并非长时间潜移默化，商文化像由天而降似的突然插入，因此铜鼓山遗址的主人应该是从商王朝向四方扩张之时来到此地的商人同当地土著融合而成的一个新的人群。这一人群又由湘江转道资江，然后进入广西境内的西江，再由此兵分两路，一路南下，经南宁武鸣抵达湛江徐闻、北海合浦和现在的越南；另一路继续沿西江东行，最后抵达珠江口以及临近诸岛屿。近些年，在岭南、珠江口诸岛和越南等地都出土了不少具有明显商文化特征的青铜礼器、玉礼器等。[107]

注　释

1. （清）郝懿行著，李念孔点校：《竹书纪年校证》，齐鲁书社2010年版，第3858页。

2. （南朝宋）范晔撰，（唐）李贤等注，中华书局编辑部点校：《后汉书》，中华书局1965年版，第2808页。

3. 丁山：《商周史料考证》，中华书局1988年版。

4. （南朝宋）范晔撰，（唐）李贤等注，中华书局编辑部点校：《后汉书》，中华书局1965年版，第2808页。

5. 赵俊杰：《仲丁迁隞地望新探》，《南方文物》2020年第2期。

6. 张国硕：《从商文化的东渐看商族起源"东方说"的不合理性》，《中原文物》1997年第4期。

7. 周书灿：《济南大辛庄商代遗址的性质问题》，《中原文物》2011年第1期。

8. 任相宏：《郑州小双桥出土的岳石文化石器与仲丁征蓝夷》，《中原文物》1997年第3期；张国硕：《商王伐东夷之考古学佐证》，《中国文物报》1998年2月4日。

9. 王叔岷撰：《史记斠证》，中华书局2007年版，第91页；赵俊杰：《河南柘城孟庄遗址性质分析》，《中原文物》2014年第2期。

10. 中国社会科学院考古研究所河南一队、商丘地区文物管理委员会:《河南柘城孟庄商代遗址》,《考古学报》1982年第1期。

11. 赵俊杰:《仲丁迁隞地望新探》,《南方文物》2020年第2期。

12. (清)皮锡瑞撰,吴仰湘编:《尚书中候疏证》,中华书局2015年版,第675页。

13. (北魏)郦道元著,陈桥驿校证:《水经注校证》,中华书局2007年版,第191页;李锋:《郑州商城隞都说合理性辑补》,《郑州大学学报》2004年第4期。

14. 何光岳:《商源流史》,江西教育出版社1994年版,第61页。

15. 河南省文物考古研究所:《郑州商城——1953—1985年考古发掘报告》,第1025页,文物出版社2001年版;张国硕:《试论郑州商都的年代》,《平顶山学院学报》2004年第4期。

16. 李久昌:《论偃师商城的都城性质及其变化》,《河南师范大学学报》2007年第3期。

17. 王立新:《早商文化研究》,高等教育出版社1998年版;李锋:《郑州商城隞都说合理性辑补》,《郑州大学学报》2004年第4期。

18. 李锋:《郑州商城隞都说合理性辑补》,《郑州大学学报》2004年第4期。

19. 何光岳:《商源流史》,江西教育出版社1994年版,第61页。

20. (汉)司马迁撰,(南朝宋)裴骃集解,(唐)司马贞索隐,(唐)张守节正义:《史记》,中华书局1982年版,第100—101页;(清)郝懿行著,李念孔点校:《竹书纪年校证》,齐鲁书社2010年版,第3859页。

21. 张国硕:《小双桥商代遗址的性质》,《殷都学刊》1992年第4期;王震中:《商代都邑》(商代史·卷五/宋镇豪主编),中国社会科学出版社2010年版,第246—264页。

22. 河南省文物研究所:《郑州小双桥遗址的调查与试掘》,河南省文物研究所编:《郑州商城考古新发现与研究》,中州古籍出版社1993年版;宋国定、李素婷:《郑州小双桥遗址又有新发现》,《中国文物报》2000年11月1日;河南省文物考古研究所等:《1995年郑州小双桥遗址的发掘》,《华夏考古》1996年第3期。

23. (汉)司马迁撰,(南朝宋)裴骃集解,(唐)司马贞索隐,(唐)张守节正义:《史记》,中华书局1982年版,第101页。

24. 许维遹撰，梁运华整理：《吕氏春秋集释》，中华书局2009年版，第141页。

25. （唐）李吉甫撰，贺次君点校：《元和郡县图志》，中华书局1983年版，第454页。

26. （宋）王应麟著，傅林祥点校：《通鉴地理通释》，中华书局2013年版，第81页。

27. 许维遹撰，梁运华整理：《吕氏春秋集释》，中华书局2009年版，第141页。

28. 王震中：《商代都邑》（商代史·卷五/宋镇豪主编），中国社会科学出版社2010年版，第206—208页。

29. 王叔岷撰：《史记斠证》，中华书局2007年版，第91页。

30. （清）郝懿行著，李念孔点校：《竹书纪年校证》，齐鲁社2010年版，第3859页。

31. （清）郝懿行著，李念孔点校：《竹书纪年校证》，齐鲁社2010年版，第3833页。

32. 王叔岷撰：《史记斠证》，中华书局2007年版，第92页。

33. （汉）司马迁撰，（南朝宋）裴骃集解，（唐）司马贞索隐，（唐）张守节正义：《史记》，中华书局1982年版，第101页。

34. （晋）皇甫谧撰，徐宗元辑：《帝王世纪辑存》，中华书局1964年版，第71页。

35. （汉）司马迁撰，（南朝宋）裴骃集解，（唐）司马贞索隐，（唐）张守节正义：《史记》，中华书局1982年版，第100页。

36. 王震中：《商代都邑》（商代史·卷五/宋镇豪主编），中国社会科学出版社2010年版，第212—213页。

37. 任亚珊等：《1993—1997年邢台葛家庄先商遗址、两周贵族墓地考古工作的主要收获》，《三代文明研究（一）——1998年河北邢台中国商周文明国际学术研讨会论文集》，科学出版社1999年版。

38. 河北省文物管理处：《河北省元氏县西张村的西周遗址和墓葬》，《考古》1979年第1期。

39. 李学勤、唐云明：《元氏铜器与西周的邢国》，《考古》1979年第1期。

40. 段宏振等：《河北邢台市东先贤遗址1998年的发掘》，《考古》2003年第

11 期；河北省文物研究所等：《河北邢台市葛家庄遗址 1999 年发掘简报》，《考古》2005 年第 2 期。

41. 王震中：《商代都邑》（商代史·卷五/宋镇豪主编），中国社会科学出版社 2010 年版，第 213—214 页。

42.（清）郝懿行著，李念孔点校：《竹书纪年校证》，齐鲁书社 2010 年版，第 3860 页。

43.（晋）皇甫谧撰，徐宗元辑：《帝王世纪辑存》，中华书局 1964 年版，第 71 页。

44. 何光岳：《商源流史》，江西教育出版社 1994 年版，第 66 页。

45.（清）郝懿行著，李念孔点校：《竹书纪年校证》，齐鲁书社 2010 年版，第 3860 页。

46.（清）郝懿行著，李念孔点校：《竹书纪年校证》，齐鲁书社 2010 年版，第 3860 页。

47.（清）郝懿行著，李念孔点校：《竹书纪年校证》，齐鲁书社 2010 年版，第 3860 页。

48. 何光岳：《商源流史》，江西教育出版社 1994 年版，第 66 页。

49. 侯卫东：《试析洹北商城的形成背景》，《华夏考古》2019 年第 4 期。

50. 乔登云、张沅：《邯郸境内的先商文化及其相关问题》，《三代文明研究（一）——1998 年河北邢台中国商周文明国际学术研讨会论文集》，科学出版社 1999 年版。

51. 中国社会科学院考古研究所等：《洹河流域区域考古研究初步报告》，《考古》1998 年第 10 期；唐际根、荆志淳：《安阳的"商邑"与"大邑商"》，《考古》2009 年第 9 期。

52. 刘莉、陈星灿：《城：夏商时期对自然资源的控制问题》，《东南文化》2000 年第 3 期。

53. 中国历史博物馆考古部等：《垣曲商城（一）——1985—1986 年度勘察报告》，科学出版社 1996 年版；中国国家博物馆田野考古研究中心等：《垣曲商城（二）——1987—2003 年度考古发掘报告》，科学出版社 2015 年版；中国社会科学院考古研究所：《夏县东下冯》，文物出版社 1988 年版。

54. 侯卫东:《论二里头文化四期中原腹地的社会变迁》,《中原文物》2020年第3期。

55. (清)郝懿行著,李念孔点校:《竹书纪年校证》,齐鲁书社2010年版;司马迁撰,(南朝宋)裴骃集解,(唐)司马贞索隐,(唐)张守节正义:《史记》,中华书局1982年版。

56. (宋)王钦若等编纂,周勋初等校订:《册府元龟》,凤凰出版社2006年版,第8606页。

57. 邹衡:《夏商周考古学论文集》(第二版),科学出版社2001年版,第193页。

58. 郑杰祥:《商代地理概论》,中州古籍出版社1994年版,第3、27页。

59. 杨育斌:《河南古代遗址、城址、窑址、墓葬统计表》,《河南考古》,中州古籍出版社1985年版。

60. 王震中:《商代都邑》(商代史·卷五/宋镇豪主编),中国社会科学出版社2010年版,第225页。

61. (汉)司马迁撰,(南朝宋)裴骃集解,(唐)司马贞索隐,(唐)张守节正义:《史记》,中华书局1982年版,第101页。

62. (汉)司马迁撰,(南朝宋)裴骃集解,(唐)司马贞索隐,(唐)张守节正义:《史记》,中华书局1982年版,第110页。

63. (元)马端临撰,上海师范大学古籍研究所、华东师范大学古籍研究所点校:《文献通考》,中华书局2011年版,第2841页。

64. 姜建设、陈隆文:《郑州大师姑城址性质与夏商鼎革的再认识》,《史学月刊》2013年第11期。

65. 王震中:《商代都邑》(商代史·卷五/宋镇豪主编),中国社会科学出版社2010年版,第224—227页。

66. (清)马骕撰,王利器整理:《绎史》,中华书局2002年版,第206页。

67. 李琳之:《前中国时代——公元前4000—前2300年华夏大地场景》,商务印书馆2021年版,第508—516页。

68. 傅筑夫:《中国经济史论丛》,生活·读书·新知三联书店1980年版,第47页。

69. 河南省文化局文物工作队：《郑州二里冈》，科学出版社 1959 年版。

70. 谷飞、陈国梁：《社会考古视角下的偃师商城——以聚落形态和墓葬分析为中心》，《中原文物》2019 年第 5 期。

71. 中国社会科学院考古研究所、中澳美伊洛河流域联合考古队：《洛阳盆地中东部先秦时期遗址——1997 至 2007 年区域系统调查报告》，科学出版社 2019 年版。

72. 张国硕：《从夏族北上晋南看夏族的起源》，《郑州大学学报》1998 年第 6 期。

73. 周要港：《中原地区早商时期城防体系的考古学观察》，河南省文物建筑保护研究院编《文物建筑》（第 13 辑），科学出版社 2020 年版；何毓灵：《东下冯商城》，王巍总主编《中国考古学大辞典》，上海辞书出版社 2014 年版。

74. 中国历史博物馆考古部等：《垣曲商城（一）——1985—1986 年度勘察报告》，科学出版社 1996 年版；中国国家博物馆田野考古中心等：《垣曲商城（二）——1987—2003 年度考古发掘报告》，科学出版社 2015 年版。

75. 卫斯：《商"先王"昭明之都"砥石"初探》，《中国古都研究》（第二十辑），山西人民出版社 2005 年版。

76. 王睿：《垣曲商城的年代及其相关问题》，《考古》1998 年第 8 期。

77. 李琳之：《元中国时代——公元前 2300—前 1800 年华夏大地场景》，商务印书馆 2020 年版，第 371—372 页。

78. 周要港：《中原地区早商时期城防体系的考古学观察》，河南省文物建筑保护研究院编：《文物建筑》（第 13 辑），科学出版社 2020 年版。

79. 河南省文物考古研究所：《辉县孟庄》，中州古籍出版社 2003 年版。

80. 杨贵金、张立东：《焦作市府城古城遗址调查报告》，《华夏考古》1994 年第 1 期；袁广阔、秦小丽：《河南焦作府城遗址发掘报告》，《考古学报》2000 年第 4 期。

81. 北京大学考古专业商周组等：《晋豫鄂三省考古调查简报》，《文物》1982 年第 7 期；刘绪：《论卫怀地区的夏商文化》，北京大学考古系编《纪念北京大学考古专业三十周年论文集》，文物出版社 1999 年版。

82. 何毓灵、胡洪琼：《试论早商城址的性质及相互关系》，《殷都学刊》2002 年第 4 期。

83. 何毓灵、胡洪琼：《试论早商城址的性质及相互关系》，《殷都学刊》2002

年第 4 期。

84. 吴倩等:《望京楼二里岗文化城址初步勘探和发掘简报》,《中国国家博物馆馆刊》2011 年第 10 期。

85. 郑州市文物考古研究所:《郑州大师姑:2002—2003》,科学出版社 2004 年版。

86. 罗琨:《商代战争与军制》(商代史·卷九/宋镇豪主编),中国社会科学出版社 2010 年版,第 94—95 页。

87. 河北省文物研究所等:《武安赵窑遗址发掘报告》,《考古学报》1992 年第 3 期。

88. 杨锡璋等:《豫北冀南地区的中商遗存与盘庚以前的商都迁徙》,《三代文明研究》编辑委员会编《三代文明研究》(一),科学出版社 1999 年版;罗琨:《商代战争与军制》(商代史·卷九/宋镇豪主编),中国社会科学出版社 2010 年版,第 94 页。

89. 苏秉琦、邹衡:《藁城台西商代遗址·序》,河北省文物研究所编《藁城台西商代遗址》,文物出版社 1985 年版。

90. 罗琨:《商代战争与军制》(商代史·卷九/宋镇豪主编),中国社会科学出版社 2010 年版,第 95—98 页。

91. 山东大学历史系考古专业等:《1984 年秋济南大辛庄遗址试掘述要》,《文物》1995 年第 6 期。

92. 宋豫秦:《论鲁西南地区的商文化》,《华夏考古》1988 年第 1 期。

93. 佟佩华:《山东考古的世纪回顾与展望》,《考古》2000 年第 10 期;中国社会科学院考古研究所编著:《中国考古学·夏商卷》,中国社会科学出版社 2003 年版。

94. (清)洪亮吉撰,李解民点校:《春秋左传诂》,中华书局 1987 年版,第 806 页。

95. 罗琨:《商代战争与军制》(商代史·卷九/宋镇豪主编),中国社会科学出版社 2010 年版,第 98 页。

96. 罗琨:《商代战争与军制》(商代史·卷九/宋镇豪主编),中国社会科学出版社 2010 年版,第 98—100 页。

97. 国家文物局:《中国文物地图集·陕西分册》,西安地图出版社1998年版,第101—102页。

98. 刘士莪:《老牛坡:西北大学考古专业田野发掘报告》,陕西人民出版社2002年版,第23—24、329—336页。

99. 徐天进:《试论关中地区的商文化》,北京大学考古系编:《纪念北京大学考古专业三十周年论文集》,文物出版社1990年版;北京大学考古系商周组、陕西省考古研究所:《陕西耀县北村遗址1984年发掘报告》,北京大学考古系编:《考古学研究》(二),北京大学出版社1994年版。

100. 罗琨:《商代战争与军制》(商代史·卷九/宋镇豪主编),中国社会科学出版社2010年版,第100—107页。

101. 罗琨:《二里头文化南渐与伐三苗史迹索隐》,中国先秦史学会、洛阳第二文物工作队编:《夏文化研究论集》,中华书局1996年版。

102. 湖北文物考古研究所:《盘龙城——1963—1994年考古发掘报告》,文物出版社2001年版;陈朝云:《盘龙城与早商政权在长江流域的势力扩张》,《史学月刊》2003年第11期;何毓灵:《盘龙城商城》,王巍总主编《中国考古学大辞典》,上海辞书出版社2014年版。

103. 何介钧:《商文化在南方的传播》,田昌五主编《华夏文明》(第三集),北京大学出版社1992年版。

104. 罗琨:《商代战争与军制》(商代史·卷九/宋镇豪主编),中国社会科学出版社2010年版,第106页。

105. 何驽:《荆南寺遗址夏商时期遗存分析》,北京大学考古系编《考古学研究》(二),北京大学出版社1994年版。

106. 河南省考古文物研究所、岳阳文物工作队:《岳阳市郊铜鼓山商代遗址与东周墓发掘报告》,《湖南考古辑刊》第五集,1989年。

107. 何介钧:《试论湖南出土的商代青铜器及商文化向南传播的几个问题》,李伯谦编《商文化论集》,文物出版社2003年版。

第六章
厎绥四方

他三年不言,其实是在等待机会。虽然早在他被父王下放历练时就发现了以傅说为代表的那批贤能之士,但在商王朝严格的等级制度桎梏下,他贸然起用傅说这样奴隶身份的下等之人必定会遇到极大阻力,进而影响他全面治国理政的计划。现在,大臣们已经在他三年的沉默中,感到了惊悸和不安……

盘庚迁殷

阳甲在位 4 年，也有说是 17 年，他去世后，盘庚即位。盘庚名旬，系商王祖丁之子、阳甲之弟，是商朝第 19 任君主。[1]

盘庚即位时，正值九世之乱末期，商王朝一方面政治腐败，党派纷争；另一方面，贵族不思进取，奢靡成风，外加频繁的水灾人祸，朝野沉疴宿疾，积弊丛生。盘庚意识到，要想改变这种万马齐喑的沉闷局面，蜕故孳新，就必须抱有壮士扼腕的决心，再次迁都，远离派系纷争的政治旋涡，抛弃陈腐的政治利益集团，任用新人，在一个新的地方开创新的局面。

经过再三斟酌，盘庚把新都址选在了商族发祥的故地殷，就是现在安阳殷墟边上的洹北商城。契至汤 14 任商公，都活动在今豫北冀南一带，其中商侯冥活动中心就在包括殷在内的古黄河流域，而王亥所迁之"殷"也在安阳一带。[2]

所谓殷，原意是指人侧身执木棒转身击鼓，声势浩大，声"殷殷"，是原始傩舞的一种形式，后来变成商王大会内外臣工时所举行的大型祭祀礼仪[3]，再后来商人就用殷做族号和都邑名称，其中寄托着商人希望有商一族能够永远声威势大的美好祝愿。所以商也称殷，或殷商。

但盘庚迁都的意愿遭到了既得利益贵族集团的强烈反对，他们贪图安逸舒适的生活，认为自中丁开始迁都，短短几十年时间，国家已经劳民伤财迁都多次，现在新王上任，又要长途跋涉，跨越黄河，费尽周折地把都城迁往遥远的殷地，实在是不能答应。他们不但内外勾连，结成一股反对盘庚迁殷的强大势力，还拉拢、煽动平民聚集闹事。

盘庚对此洞若观火。他把所有大臣和反对者召集到王庭，当面予以训诫。

盘庚说："我要把大家带去新都，是以百姓为重，不至于被人为的灾难伤害。如果我们大家不能互相救助，即使占卜结果有利，在此生存下去，又有什么好处？先王定下规制，要我们后人虔诚地遵从天命，不是一定非要长久地居住在一地。正因为如此，连这次迁徙算在内，我们已经有了五次迁都的经历。如果我们不继承祖先的传统，不明白上天的意旨，哪里还谈得上什么继承先王的伟业！树木砍倒在地，树根仍会重新萌发新枝。上天是要我们在新邑永葆民族生命，复兴伟业，安定四方！"

盘庚说到这里，话锋一转，直指那些反对迁都的王公贵族："我郑重地告诫你们、教导你们，是为了去除你们的私心，不要傲慢无礼，贪图安逸。过去，先王们总是考虑任用世家旧臣，同他们一起治理国家。先王向他们发布命令，他们都没有隐瞒不发，先王因此对他们十分重视。他们不讲不负责任的话，百姓的生活和社会秩序因此有了较大的变化。现在你们大吵大闹，编造阴险、似是而非的谣言，我不明白你们究竟要做什么！我并没有丧失道德，只不过是你们埋没了我的好意，不向下传达。对于你们的情况我心知肚明，但我并没有对你们采取严厉的措施，没想到你们就放肆起来了。

"把网眼连接在网纲上，整个网才会有条不紊；农夫只有努力耕种田地，到秋天才会有收获。这种道理，你们该懂。如果你们去掉私心，把迁都的好处传达给你们的亲友和民众，你们就可以大胆宣称：你们是积有善德的！你们没有考虑到你们不负责任的话会毒害远近的百姓，就如同那些懒惰的农夫，不努力耕作，不整治田地，将来怎能有好的收成？

"你们不向百姓传达我迁都的好意，是在犯罪！你们所做的坏事已经败露，如果这样下去会自招灾祸的。你们既然要引导百姓作恶，那么就要遭到惩罚，承受痛苦，届时悔之晚矣。看看那些老百姓，他们还顾及我的善言，还恐怕说错话。可你们又是怎样做的呢？何况我还掌握着你们的生杀大权！你们为何不据实告诉我，却以流言惑众？流言的蔓延就像大火燎原，难以靠近，怎能扑灭？人心的浮动完全是因为你们妖言惑众所致，不是我的过错！"

盘庚略微缓和了一下语气，继续说："迟任讲过，'人惟求旧，器非求旧，只有求新，才能立于不败之地'。过去，先王和你们的先辈一起同辛劳、共安乐，我岂敢违背祖宗法规来惩罚你们？倘若你们能够继承你们祖先世代勤劳的传统，我也不会埋没你们的德行。现在我要祭祀先王，你们的祖辈也会陪着接受祭祀。善有福报，恶有祸报，祖宗自会做出决定，我也不敢违反成规随意赏罚。

"我告诉你们，做好事很难，就像射箭必须要射中目标一样，不会是轻而易举的。你们不可欺侮年老的人，也不可轻视年幼弱小者，要各居其所，勤奋努力，不要有所保留。听我安排，令行禁止！"

盘庚最后告诫大家："所有的人，无论亲疏，犯了罪就要严惩，做了善事就要奖赏。国家兴盛，要靠大家共同努力；国家遭遇祸乱，我一人承担。你们要把我的话转告所有遇到的人。从此以后，你们要努力做好各自的事情，恪尽职守，认真负责，管住你们的嘴，不要胡说八道，否则，惩罚就会落到你们身上！"

盘庚做了这番训示之后，情况有所好转，但还是不尽如人意，那些顽固守旧分子还在不断地散布流言，搬弄是非。于是，盘庚在迁都前，再次把那些不服从的臣民召集到王庭前给予训诫。

他说，现在的情势就好比大家都坐在同一条船上，若不诚心合作想方设法渡过去，那结果就只能是一起沉下去。不能协同一致，只是自己怨怨，对大家都没有什么好处。所以我们要做长远打算，多想想可能降临的灾害后果，要防患于未然。

盘庚最后对那些心怀鬼胎的异己分子发出严正警告："现在我告诉你们：不要轻举妄动！要永远警惕大的灾难，不要互相疏远！你们应当恭顺于我，各人心里都要有个是非标准。假如有人包藏祸心，不走正道，违法不恭，欺诈奸邪，为非作歹，我就要把他们全家杀绝，不给他们留下后代，不让他们这些坏人在新都延续种族！"

盘庚采用软硬兼施的手段，最终顺利完成了迁都计划。然而，政治斗争并没有结束，众人迁徙到一个新的地方，由于各种生活设施配套都不齐全，好多方面都不能一下适应，不免又心生怨言。那些和盘庚暗中作对的政治势力趁机捣乱，煽动大家要求迁回老家去。

盘庚明察秋毫，知道这些遗老已经不能对新都的建设造成麻烦，但顾念他们和他们的祖先曾经为商王朝的建立和发展做过贡献，便手下留情，没有大开杀戒，而是再次进行了安抚。

盘庚命人把众大臣和诸侯召集到一起,苦口婆心地对大家说:"现在我们的臣民由于洪水动荡奔腾而流离失所,没有固定的住处,你们反而问我为什么要惊动众人迁徙。你们要明白,这是上帝要复兴我们高祖的美德,光大我们的国家!我遵从上帝的旨意,奉命率领你们迁徙。居住在新都,是为了大家能够长久安康。我不是不听从你们的意见,而是要遵行上帝的旨令;不是敢于违背占卜的兆示,而是要发扬光大祖先传下来的美德。"

▲ 清·盘庚迁殷图

盘庚谆谆告诫大家:"诸侯、官长以及全体官员,你们都要掂量一下。我会认真而严格地考察你们是否尊重民众以及治理的情况。我不会任用贪财的人,只任用注重经营民生的官员。我只敬重那些能够养育民众并且能够给他们谋求安居的人。现在我已经把心里话告诉你们了,请大家恭顺执行。不要聚敛财宝,要经营民生,建立功勋!要把恩惠施给民众,永远与民众同心!"[4]

盘庚迁殷虽然艰难,但成功避开了水患和宗族内部斗争的混乱局面,并在一定程度上遏制了奢靡之风,稳固了商王朝的统治,为后来的武丁中兴奠定了坚实的基础。

第六章　底绥四方

盘庚所迁殷就是1999年才发现的位于河南省安阳市洹河北岸，与殷墟宫殿宗庙区隔河相望的洹北商城。[5] 该商城地处太行山东麓山前平原，南滨洹河，北临漳河，东望黄河（古道），西南紧邻后来的殷墟，二者略有重叠。

洹北商城在选址上充分体现了盘庚对生态环境、自然资源、地理位置等因素的全盘考虑。在修建时，又有意识地进行了功能区的划分，利用自然资源和城墙，有针对性地设置了防御设施，形成了有效的防御体系，但在布局上尚未出现成熟的中轴线系统。[6]

洹北商城由外城、宫城、西南角小城以及城内的大型夯土建筑群组成。外城平面略呈方形。城墙南北长约2200米，东西宽约2150米，面积约470万平方米。宫城位于外城南部略偏东，平面呈长方形，方向与外城一致，城墙南北长795米，东西宽超过515米，面积达40余万平方米。宫城内已探明有30多座大型夯土建筑基址。城址北部、宫殿区以北近200万平方米的范围内，分布有密集的居民点。房址、墓葬、灰坑、水井等密布其间。城外西南部侯家庄西北冈和武官村一带是王陵区，因其部分墓葬时间可早至洹北商城时代，所以，不排除在这个时期，这一带已开始作为王陵区使用了。[7]

洹北商城遗址的年代略晚于洛阳偃师商城及郑州商城的早商文化，早于传统意义上的殷墟晚商文化[8]，与盘庚及其之后的小辛、小乙属于同一个时代。换言之，洹北商城作为盘庚所迁殷亳，先后经历了盘庚、小辛、小乙三个时期。[9]

由于盘庚迁殷时间是在盘庚十四年时，而殷都的营建时间是在盘庚迁殷之后第二年[10]，所以从营建程序来说，必然是先营建宫殿、宫城，及其外围居住点，最后才是外城。也就是先要建筑盘庚及其王族所要居住和办公的王室、宫廷，再建造一般贵族和平民居住的房屋，最后才考虑外围城墙的建设。事实上，从现有的考古资料看，洹北商城的营建确实是这么一个顺序。[11]

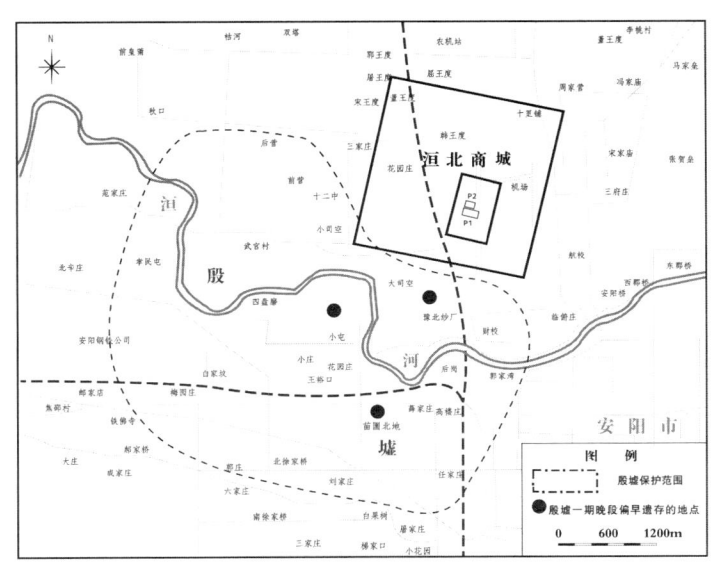

▲ 洹北商城与殷墟位置示意图

或许正如盘庚告诫众官员时所说，由于水患问题不得不迁都，所以，盘庚把洹北商城定为新都时，首先考虑的问题就是防止水灾。安阳洹滨一带，地势北高南低，洹北商城恰恰处于地势较高的洹水北岸花园庄一带，这让我们隐隐约约地看到了盘庚那种"一朝被蛇咬，十年怕井绳"的心理阴影。但是这种远离水源的城建虽然成功避免了水灾，但却疏忽了防火的基本要求，以至若干年后，这座承载着累累文化基因的大都邑，竟被一把火烧成了一片废墟。[12]

《尚书·盘庚》记载，盘庚迁殷后，在建设新都时做的第一件事就是奠居正位，即用人、兽作为牺牲奠基并测定建筑物方位。[13]洹北商城西城墙基槽中就发现有集中放置的完整的狗骨架、猪头骨和卜骨等。[14]

考古工作者通过对洹北商城一、二号夯土基址布局的复原以及对所发现的大量祭祀遗存的分析，并结合对武丁卜辞的考证，推断面积达 1.6 万平方米的一号宫殿基址是盘庚为成汤至祖丁等九王所建的宗庙，面积 5992 平方米的二号宫殿基址则是武丁为阳甲、盘庚、小辛和小乙四王所建的宗庙。[15]

武丁中兴

盘庚在位28年后驾崩,由弟弟小辛继位。小辛,名颂,在位3年。小辛在位时没有什么建树,商朝再次走向衰落。[16]

小辛去世后,弟弟小乙继位。小乙,名敛,在位10年。小乙在位期间,从政绩上看,也基本上是无所作为。不过,小乙做了一件对之后商王朝复兴有重要意义的事情,那就是对儿子武丁的历练。小乙在位第6年时,曾把武丁下放到黄河边上今河南三门峡和山西平陆之间虞坂古道一带,让他混迹于奴隶和犯罪劳改分子之间,同他们一起筑路修房做苦役。武丁由此了解了民间的疾苦,知道了百姓稼穑的艰难。他还结识了以傅说为代表的一批贤能之士,这对后来武丁中兴商王朝起了至关重要的作用。[17]同时,小乙还给武丁选择了一位名师——甘盘,使武丁不仅从小就能接受良好的教育,而且在武丁继位之后还得到了辅佐他的第一卿士。[18]

武丁,名昭,是继小乙之后的商朝第22任君主,夏商周断代工程将武丁在位时间厘定为公元前1250—前1192年。[19]武丁即位后,想有一番作为,但没有得力的大臣辅佐,遂将治理国家的大事托付给卿士冢宰等人，自己四处访察，了解国情民意，默思复兴殷商之道，连续三年对国事一言不发。[20]

大臣们对武丁的行为疑惑不解，就上谏说："我王要下旨令呀，如果老不言语，我等何以遵令行事？"武丁于是写了一封信，大意是，王要以自己的言行为天下做楷模，但自己德行不配，故不言。[21]

武丁心里其实如明镜似的，凭着眼前这帮朝臣，要想让商王朝复兴，那根本就是没影的事儿。他三年不言，其实是在等待机会。虽然早在他被父王下放历练时就发现了以傅说为代表的那批贤能之士，但在商王朝严格的等级制度桎梏下，他贸然起用傅说这样奴隶身份的下等之人必定会遇到极大阻力，进而影响到他全面治国理政的计划。现在，大臣们已经在他三年的沉默中，感到了惊悸和不安。他觉得时机已经成熟，于是找了一个机会，对群臣说，他做了一梦，梦见一个具有经天纬地之才的圣人，名字叫说，但遍视群臣百吏，皆非他所梦见之人。

有商一朝，朝野上下十分迷信，尤其是梦这一人人都会遇到但人人都不能理解的现象，更具有"神异"的力量。据统计，迄今已发现的殷墟中关于梦的卜辞，就有170多条，绝大多数属于武丁时期，其中，关于"王梦"的卜辞就多达70余条。[22]

群臣百吏中既然没有名叫"说"的人，那就只有发动乡野群众按图索骥了。结果当然在武丁计划之中——派下去的人最后在山西平陆虞坂古道一带找见了正在做"版筑"苦役的"说"。彼时，"说"的身份还是胥靡，即服劳役的奴隶或刑徒。武丁把"说"招入宫中见面后，对群臣说："就是他了，与我所梦圣人一般无二。"武丁同"说"进行深入交谈后，掩饰不住内心的兴奋之情，对群臣称"说""果圣人"也。事情至此一切水到渠成，于是，武丁"举（说）以为相"。因"说"版筑之处在那时被称作傅险[23]或傅岩[24],故"遂以傅险姓之,号曰傅说"。[25]

《墨子·尚贤》记载,武丁得傅说"而举之,立为三公,使之接天下之政,治天下之民"[26]。

武丁立傅说为相以后,对他说:"你早晚都要向我进谏,帮我修德。我如果磨铁器,你就作磨石;我如果渡大河,你就作船桨;我如果抗旱,你就作甘霖。敞开你的心泉来灌溉我的心。药物不猛烈,疾病就无法祛除;赤脚前行而不看路,脚就会因此受伤。希望你和你的同僚,一起来匡正我这个君主,使我能够仿效先王,追随成汤,安定天下百姓。"

傅说倒也不客气,侃侃而谈:"古代明王顺从天道,建立邦国,设置都城,树立侯王君公,又以大夫众长来辅佐,这不是为了逸乐,而是用来治理人民。上天聪慧公正,圣主效法,臣下恭行,百姓就顺从治理了。号令轻出会引起羞辱,甲胄轻启会引起战争……治和乱在于众官。官职不可授予亲近之人,当授予那些能者;爵位不可赐给坏人,当赐给那些贤人。考虑妥善后要在适合的时机行动。夸自己美好,就会失去美好;夸自己能干,就会走向失败。做事情要有准备,有准备才没有后患。不要开宠幸的门径而自取其辱,不要以改过为耻而形成大错。只有这样思考,政事才不会杂乱。轻慢对待祭祀是不敬,但祭祀烦琐就会乱套,这样侍奉鬼神就难了。"

武丁称赞道:"好呀!你的话应当实行。你如果不尽职进言,我就不能勉力做事了。"

傅说跪拜回道:"知而不难,难在实行。王知难而进,诚心实行,那就真合乎先王的盛德了。臣当恪尽职守,言所当言,如果知而不言,就有罪过了。"[27]

第六章　底绥四方

《史记·殷本纪》记载[28]，有一次武丁祭祀成汤，第二天就有一只野鸡飞来落在鼎耳上鸣叫，武丁为此惊惧不安。大臣祖己说："大王不必担忧，先办好政事。上天监察下民是着眼于他们的道义。上天赐给人的寿运有长有短，并不是上天有意使人的寿运夭折，中途断送他的性命。有的人不遵奉道德，不承认罪恶，等到警告出现，才说我该怎么办？唉，王，您继承王位，努力办好民众的事，没有什么不符合天意的，还要继续按常规祭祀，不要走邪门歪道举行各种过时的礼仪！"

武丁听了祖己的劝谏，努力修行德政，励精图治，不久就出现了"天下咸欢、殷道复兴"[29]的盛世局面。

事实上，武丁率领朝野上下实现"殷道复兴"颇为不易。从文献记载看，武丁时期由衰到盛，历经多次讨伐战争，这其中以对南方荆楚和西北鬼方、土方等方国的讨伐为最多，如《诗·商颂·殷武》"挞彼殷武，奋伐荆楚。深入其阻，裒荆之旅"[30]；如《易》"震用伐鬼方，三年有赏于大国"[31]。《今本竹书纪年》的记载更详细一些："三十二年，伐鬼方。次于荆。三十四年，王师克鬼方。氐、羌来宾。四十三年，王师灭大彭。五十年，征豕韦，克之。"[32]《易》因此说：

> 殷道中衰，王道陵迟。至于高宗，内理其国，以得民心，扶救衰微，伐征远方，三年而恶消灭，王道成。殷人高而宗之……[33]

从殷墟出土的甲骨卜辞来看，武丁时期对商王朝东西南北四个方向都有用兵。有学者统计，武丁在位59年，见于卜辞中的战争就达52次，其中早期35次、中期12次、晚期5次。[34]商代见于文献记载和甲骨卜辞中的方国约157个[35]，而与商发生战争的方国就近40个。[36]

这些战争中,能称得上大规模的主要有三场,分别是武丁针对呂方[37]、土方和方方的战争。呂方,大致在今陕北和邻近的河套地区,[38] 方方在今山西蒲县北,土方在山西石楼县。[39]

这里以对呂方的战争为例,了解一下武丁时期具体作战的情况。[40] 由于呂方距殷地不远,两国经常发生互相征伐的情况。甲骨文中记载与呂方相关的卜辞就有500多条,大多属于武丁晚期。常见辞例是"呂方戋我"——呂方直接侵扰商王朝,"呂方戋戈"——呂方侵略商诸侯,或者就是目标不明的"呂方出",商于是"伐呂""戋呂方""正呂方"[41]等。

▲ 湖南宁乡出土的晚商四羊青铜方尊

商王朝参加伐呂战争的军队主要有三部分组成,一部分是商王直属军队,一部分是诸侯军队,还有一部分是各氏族军队。在一例卜辞中,显示征召氏族兵达到了5000人。[42] 征用族兵如此之多,意味着战争规模较大,伤亡人员数量也较多。这场战争持续了足足有三年半的时间,商人才取得最后的胜利。

尽管战争进行得很艰难,但从甲骨卜辞中还可以明显看出,至迟到武丁晚期,商王朝在河东地区的军事霸权已相当坚固。

武丁时期,曾一次性发动了对夷、巴、龙等6个方国的战争,时间延续了一年多。虽然期间还有土方来犯,暗示商朝边境还不安定,但也可见当时的国力已经十分强大。一般认为,龙方在商王朝西面,近陕甘地域;巴方位居商王朝西南,在今四川东北一带。[43]

武丁时期，商王朝的对外战争，对北主要采取的策略是守，对南是攻，这也基本上是夏商周以来中原地区对外的战略指导思想。至于具体原因，主要是因为北方气候寒冷，不适合农业种植；南方气候湿润，有利于农业发展。

攻的目的是开疆拓土，其讨伐对象除了上述方国，还有归、敦佣、雩方、虎方等方国。归大体在四川和湖北交界一带，敦佣无考，不过应距归地不远。武丁讨伐巴方、归和敦佣，应当同力图掌控鄂西南一带交通要冲有关。[44]

武丁拓疆南土的主要目标是鄂北地区，这在甲骨卜辞里表现为对虎方的征伐。不但如此，卜辞中还有"立史于南"[45]一类辞例。所谓"史"，则为商王朝派往或派驻外方的带有视察、监督、协助地方事务、传递各国信息给商王等职能的官员。这些官员甚至还掌有兵权。这或许意味着商王朝讨伐虎方以后还向南土派驻了中央直属官吏。

雩方具体方位不详，由于所见都是甲骨残片残辞，讨伐结果也不明确。

前已述及，在商早期，商文化就已经跨越长江，占据了湖北境内汉水以东及汉水下游地区，并且在湘江、澧水下游和赣江下游的通道地带建立了若干据点。到洹北商城时期，也就是盘庚、小辛、小乙时期，商文化开始由长江以南向北收缩。到了殷墟一期，即武丁早期，长江流域已基本被地方原住民势力收回。[46]

由于在早商晚段，长江干流以南的湖南岳阳铜鼓山等军事哨堡已经为当地原住民势力所控制，商王朝只能向势力相对薄弱的鄂西地区用兵，意图在南疆建立新的据点，既为了巩固已取得的成果，也为了可以继续南下开拓新的殖民地。

妇好挂帅

妇好不见于古文献记载,但在甲骨卜辞中频频出现,大约有220条之多,内容涉及参与祭祀、征召兵力、奉命征伐、祈求生子、卜问疾病和灾祸等。[47]

妇好是商王武丁的第二任王后,排在元妃妣戊即妇姘[48]之后,死后庙号为辛。在周祭卜辞中,被称为妣辛;武丁之子帝祖庚和祖甲称其为母辛。[49]

甲骨文的记载显示了商王武丁对妇好的关心和妇好在诸"妇"当中的重要地位。武丁不仅占卜妇好是否怀孕、婴儿性别如何、预产期何时,还有为妇好祈福,请求先祖为妇好祛除灾祸、保佑妇好腹中小生命健康的卜辞。另外,像做梦、鼻疾和腹疾等也是经常可见的武丁为妇好占卜的内容。在妇好去世后,武丁还为她举行各种祭祀,先后三次将妇好许配给上帝或祖先做"冥妇",以期妇好能够得到祖先的福佑。[50]

武丁甚至在离开都城出游或行军打仗时,都不忘派人去接妇好前来相会,如"癸酉卜,亘,贞,生十三月妇好来",再如"贞,生十三月妇好不其来"[51]等,由此可见妇好在武丁心目中有着很重要的地位。

1976年妇好墓的发现让我们对妇好有了更进一步的认识。[52]

妇好墓位于安阳殷墟宫殿宗庙区丙组基址的西南面,是座长方形的竖穴墓,墓口南北长5.6米,东西宽4米,深达7.5米。墓口东西两壁中部各附筑有一个长条形壁龛,两龛内都发现有殉人现象。壁龛墙壁上还筑有二层土台,其中,南壁二层台上发现有用来组成椁盖的几根原木,最下面是已经被水浸过的椁室。墓底中部偏南还有一个长约1.2米、宽0.8米、深1米用来放置殉人和殉狗的腰坑。

妇好墓内共发现殉人16具。其中椁顶上层有4具,壁龛内3具,腰坑内1具。另外8具分别是从椁内棺外的南端和西端的泥浆中捞出来的,具体位置不甚明朗。16具殉人中有4具是成年男性,还有各2具分别是成年女性和儿童,其余尸骨由于过度腐朽,已无法分辨性别和年龄。墓内除殉人外,还发现有6只殉狗,其中1只在墓底腰坑,其余5只在椁顶上层。

妇好墓出土的随葬品数量众多,共计1928件,其中铜器就达468件,这还不包括数量上千的小铜泡;玉器有755件,其余是石器、骨器、宝石制品和象牙器皿等。尤其需要提及的是,随葬品中还发现有货贝6820余枚。

妇好墓出土的青铜器以礼器和武器为主,包括小铜泡,总重量达到了1.6吨。青铜武器中有2件大铜钺,均带有"妇好"字样。

妇好墓出土的器物中有190件带有铭文。铭文除了"妇好"以外,还有"司母辛"等8种,但以"妇好"铭文为最多,共计111件。这些带有"妇好"或"好"字铭文的铜器基本陈放于椁内棺外的北面和东、西两面最显眼的位置。

▲ "妇好"和"司母辛"铭文拓迹

妇好墓的形制和数量庞大的随葬品及其较高的质量档次，体现了妇好作为王后才能享有的至尊地位和殊荣。

根据墓葬层位关系分析，发掘者认为此墓的年代属于殷墟文化第二期，即武丁晚期。

殷墟出土的甲骨卜辞中，带有"妇"字的人名有121位[53]，多见于武丁时期，是武丁及其后任商王、诸多兄弟的配偶，以及诸侯、方伯一类的贵妇。[54]

与此相关的是，在甲骨卜辞中，经常会看到商王卜问娶女为后之事，或者是问能不能娶某女做王妻或王妃一类，或者是问子辈或某族成员娶妻，以及为朝廷重臣卜问迎娶异族女子的情况。[55] 从表面看，这似乎就是商王关心自己和王公大臣后辈小子婚配的小事，其实不然，其背后实际反映的是商王朝和诸方国通过"和亲"，改善"外交"关系的国家大事。换言之，"殷商王朝与各地族氏方国的通婚，已成为其羁縻和实施其国统治的重要政治手段。"[56]

从卜辞内容看，这些带"妇"字的贵妇，像妇好一样，有参与祭祀、征召兵力、奉命征伐、管理稼穑以及向商王朝纳贡等义务和权利，意味着这些"妇"人从其娘家所属的氏族、方国嫁给商王室各种身份的人以后，原氏族、方国也随之成为商王朝统辖下的一个附属国，既要履行向商王朝纳贡的义务，也同时享有受商王朝保护的权利。

妇好和妇妌是这些"妇"人中的杰出代表，作为王后，她们最主要的职责是陪王主祭。妇妌在卜辞中先后出现了150多次，仅次于妇好。妇妌除了主管农业稼穑之事，也同样有参与祭祀、祈求生子、受王呼命、奉命征伐的相关记录。

妇好和妇妌还是拥有封地的郡主。甲骨卜辞中有武丁占卜妇好是否回安阳、什么时间回的记录，还有令妇好回到安阳后觐见的记载。此外，还有武丁令妇好和其他妃嫔相聚的记载。妇好还曾一次进贡甲龟50个。[57]

卜辞中也有"贞，妇妌受黍年"[58]的记载，"年"即谷物丰稔的意思，"受年"是指取得好年成。妇妌是武丁妃子，卜辞屡问其田禾是否茂盛，是否这一年取得好收成，说明妇妌有封地食邑，此即所谓的"诸妇之封"。[59]

妇好陪王主祭在卜辞中有大量体现。妇好不仅以王室成员的身份参加祭祀大典，而且还亲自主持祭祀仪式。妇好主持过侑祭、伐祭、宾祭等多种祭祀大礼，也曾主持过商王朝最重要的祭祀先王、王后及嫔妃的仪式。每次祭祀仪式都特别隆重，或者是屠杀俘虏作为人牲，或者是屠宰牛用作牺牲等。甲骨文记载妇好曾亲自为占卜整治过5个龟甲，暗示妇好不仅当过重要的卜官，还是一位显赫的贵族。[60]

妇好还是统兵征战一方的大帅。甲骨卜辞记载妇好曾为武丁征集兵员，并带兵北上征伐土方，南下征伐巴方，东进征伐夷方，西进征伐羌方，并在对羌人的战斗中统率1.3万人作战，显示了极强的统兵作战能力。[61]

在商王朝诸"妇"中，妇好是最杰出的一位领兵上阵作战的女性统帅，也是有史以来的中国第一位女将军。但妇好作为王后率兵作战，背后也有不得已的苦衷。[62]

商王朝实行统治的基本形式是内外服制。[63] 内服就是以王室宗亲为主的诸侯，外服是以归服方国首领为主的诸侯。从甲骨卜辞记载来看，这两大势力的生活方式和所得到的待遇完全不同。譬如卜辞中出现众多的王室宗亲就有多次享受白麂一类白色牺牲的记录，而作为白色牺牲的野兽飞禽是非常珍贵的，一般很难捕获到。[64] 另外，王室宗亲还有一次祭祀就用上百头牛的卜辞。[65] 可以说他们在祭品的使用上已经到了非常奢侈的地步。

甲骨卜辞中几乎看不到外服诸侯能享受上述同类待遇的记载，反倒是他们对中央王朝负有田猎、战争、进贡财富、戍守边疆、开发经济、囤积粮食、拓疆前哨等多种义务[66]，而其中最重要的，就是接受商王征召，披挂上阵打击敌人。

▲ 妇好墓

享受不到与内服诸侯相同的待遇,却承担着更多、更危险的义务,必然会导致外服诸侯的不满。外服诸侯手握重兵,如果不满积累到一定程度,就会起而反抗,这是商王朝最不愿看到的结果。甲骨卜辞中就有武丁派人攻打望和沚两个方国的记载。[67]可以说终商一朝,时叛时服就是外服诸侯的常态。所以历任商王都采取的是胡萝卜加大棒的政策。武丁之前没有发现甲骨一类的文献存在,很难判断之前的商王朝是不是为了震抚外服诸侯的不满,也实施了"和亲"的政策,但在之后的中国历代王朝中,"和亲"基本上是作为中央政府和"外服诸侯"之间的一项"外交"策略而贯穿始终的。

武丁面临的危机还不仅于此,"比九世乱"造成的政治斗争余波也直接冲击了他。他的继位就可能遭到了阳甲、盘庚、小辛诸子和其他系统势力的质疑,最直观的证据就是武丁时期贞人直呼商先王阳甲其名这一怪异现象。[68]

在这种情况下,想要平息外服诸侯的不满,同时削弱内服诸侯的势力,最有效的办法就是选择一名能够同时代表王室和内服诸侯利益的特殊人物,承担相应的义务和责任。作为王后和外服诸侯势力代表的妇好显然就是最合适的人选。从卜辞看,妇好和内服诸侯的关系也非常密切,譬如以"子"为代表的内服诸侯,就经常给妇好上贡玉鸟、乐器、乐女、带刺绣的服饰一类的礼物。[69]

可以说,妇好没有辜负武丁的期望,出色地完成了这项任务,这也使得妇好不仅是作为一个王后存在,更是作为商王可以依赖的一个股肱大臣而存在。某种意义上说,妇好安则国家安,妇好危则国家危,所以在妇好出征时,武丁表现出异乎寻常的关心是可以理解的。如商王朝在南下征伐巴方时,武丁派出了以妇好为首的三个将军出征,武丁安排另外两位将军负责正面攻打，却安排妇好在陷阱旁埋伏，把妇好可能面临的危险降到最低。即便如此，武丁还不放心，又不断通过占筮卜问妇好的凶吉，关切之情溢于言表。[70]

甲骨卜辞记载，妇好有过多次生育的经历，还有多次身体不适的记录，如"妇好弗疾齿"[71]"贞妇好……出疾"[72]"母庚御妇好齿"[73]"贞惟父乙咎妇好"[74]等，暗示沉重的国事压力、高危的军事出征和伤害身体的多次生育，最后压垮了这位戎马一生的传奇女将军，使她早早就被病魔夺走了生命。[75]

殷墟的秘密

殷墟[76]位于安阳市西北郊,脚跨洹河两岸,东北部有一小部分与洹北商城略为重叠,因《史记·殷本纪》等古籍称该地为"殷"而得名。广义上的殷墟包括洹北商城在内,是盘庚至帝辛8代12王所在都城。狭义上的殷墟不包括洹北商城,是指武丁至帝辛7代9王所在都城,"夏商周断代工程"推定时间为公元前1250—前1046年。[77]

殷墟遗址总面积大约3600万平方米,比郑州商城大了将近2倍,是成汤西亳偃师商城一期面积的42倍,相当于5042个105米×68米的国际标准足球场。宫殿宗庙区设置在遗址中部靠北小屯一带,南北长1100米,东西宽650米,面积约70万平方米。[78]宫殿区迄今已经发现大大小小的基址100多处、道路遗迹6处、苑池遗迹2处,其中一处苑池遗迹面积达到了5万平方米。[79]还发现有复杂多样的祭祀遗存、大型活动场所、防御性环壕、青铜器等各类手工业作坊区、倾倒生活垃圾的灰土堆积区,以及数量众多的灰坑、窖穴、水井、半地穴式房基和中小型墓葬等。王陵区位于洹河北岸西北冈上,周围分布着一些贵族墓葬和祭祀坑。

殷墟作为晚商大都邑，同此前作为早商都邑的偃师商城和郑州商城有着明显不同的特点。一是迄今没有发现城墙，但却在宫殿区周围和遗址其他地方发现有壕沟环绕的遗迹，说明商人在殷墟时期可能已经不再建筑城墙而利用壕沟作防护了。[80] 这样一方面可以省时省力，另一方面可能也同当时的商王朝取得绝对统治地位变得强大自信有关。二是除了宫殿区稍微特殊以外，整个遗址没有明确划分功能区，似乎是由几十个功能小而全的居民社区组成，每个社区均具备房屋、窖穴、水井、道路、排储水系统等。另外，像制造青铜器、陶器、玉石器和骨器的作坊也都遍布于整个遗址的各个小区。[81]

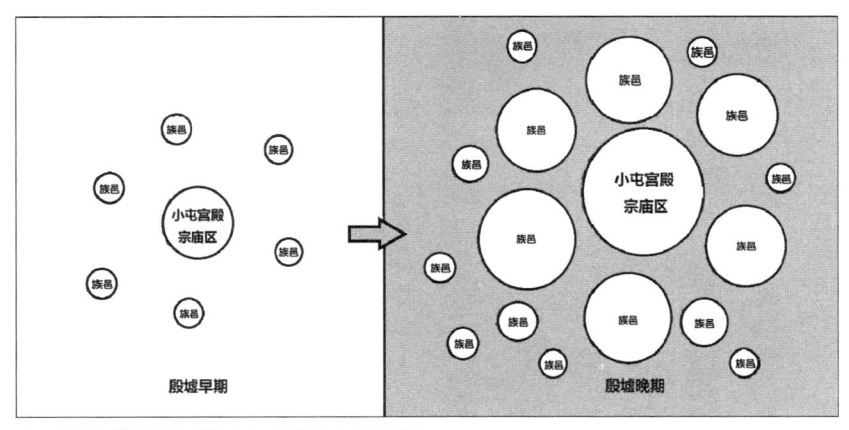

▲ 殷墟"族邑模式"早、晚期布局示意图

这种布局是一种大邑聚落的形态，也就是说，殷墟是通过星罗棋布的小族邑环拱着王族宫殿区而构成的一个都邑系统。王族宫殿区是殷墟大邑的核心，是都城的心脏。在王族宫殿区周围近 3000 万平方米的王畿范围内向心式地层层分布着各族族邑，这层层族邑互相沟通联结，形成了一道道看似没有但实际存在的聚落人墙，从而起到了城墙才能起到的屏障防御作用。殷墟城内的各个族邑，都是相对独立的聚落单元，每个族邑都有一定的势力范围——在近年来的殷墟勘探和发掘中，发现不少沟状遗迹，不排除这些沟状遗迹兼具各族邑聚落的空间划分和防御功能。包括王族城邑在内的各个族邑都是居住区、生产区和墓地的综合体，换言之，这些分别属于不同族群的人生前聚族而居，死后也同样合而葬于其所属邑区。目前所见，唯一例外的是殷墟西北冈的王陵区，这是一处专门埋葬商王、贵族以及用来举行祭祀礼仪的场所。[82]

1967—1977年，在殷墟西区近30万平方米的范围内，曾陆续发掘939座小型墓葬，其中分布在8个不同墓区的900座墓，都随葬有数量不等的物品。各个墓区之间界限分明，其葬俗、随葬器物特征和铭文都各不相同。出土的数百件青铜器中，有43件刻有铭文，大多为图形文字，有一些和商代的族名相同，因此基本可以判定，这些图形文字就是所在区域的各族族徽。[83] 譬如，距离殷墟10公里左右的辛店村墓地，除了发掘出居址以外，还出土了铸铜作坊。墓葬铜器"族徽"显示，这里很可能是一个与"天""戈"相关的族邑所在地。[84] 这些墓葬绝大多数有棺，除了随葬有青铜器，还有陶瓿、陶爵等礼器以及兵器、工具等。少数还有1~2个殉人，说明其主人可能是中小奴隶主，也是这一族邑的首领。他们有权代表本族参与商王朝重大的政治、宗教活动。[85]

殷墟除发现大量的青铜器、玉石器、象牙器和骨器，最重要的是发现了甲骨卜辞和青铜铭文所揭示的完备的文字系统，这在中国历史上是第一次，表明中国已经进入了有文字记载的历史时期。[86] 甲骨卜辞的出土印证了古代文献关于商王朝世系的记载，也给我们展示了晚商时期丰富多彩的社会图景。

从殷墟发掘的墓葬情况观察，晚商社会是个高度分层的社会。墓葬类型表明，在殷墟至少存在 6 个不同的社会阶层。前述位于宫殿宗庙区的妇好墓就发现有 1928 件随葬品，包括青铜器、玉石器、陶器、蚌器和象牙器等。另一座位于王陵东区之南编号为 M260 的墓，虽然已被盗掘，但这座墓内所剩随葬品种类和部分器类数量，仍然大大超过了保存完好的妇好墓。M260 墓内余有 7 种骨雕器物，妇好墓仅有 5 种；M260 墓有 251 颗骨质箭头，而以军事才能闻名的妇好才有 29 颗；M260 墓有 38 个人牲殉葬，而妇好墓只有 16 人；M260 墓中随葬的司母戊大方鼎从体积大小和铸造技术上说，也是妇好墓中的司母辛方鼎所难以比肩的。总体而言，M260 墓的墓葬形制、容积、墓道在规模和档次上都超过了妇好墓。[87]因司母戊大方鼎内壁有"司母戊"三个字，学界一般认为墓主人是武丁另一个妻子妣戊，即妇妌。[88] "司"同"祀"，是祭祀的意思。因司母戊大方鼎是武丁之子祖庚或祖甲即位以后为祭祀其母所铸，所以这座墓也应当是祖庚或祖甲为其母妇妌所建。[89] 从这个意义上讲，妇妌墓的规格超过妇好墓也在情理之中。毕竟，"王后"和"亲母太后"的分量还是不太一样的。

另外，像发现在花园庄的 M56 号墓葬，主人是一军事首领，其随葬品也达到了 1600 件之多，主要是高等级的青铜器、玉器一类礼器。[90] 而

▲ 司母戊大方鼎及其铭文

第六章　底绥四方

殷墟平民墓大多是以氏族或家族的形式在族邑内成片分布，墓葬等级差别明显。青铜器这一类礼器大部分出土于大中型贵族墓葬，少量出自祭祀坑，除了司母戊鼎和司母辛方鼎外，著名的还有牛方鼎、鹿方鼎、妇好三联甗、戍嗣子鼎等。[91]

从已有材料看，殷墟主要的居住方式为半地穴式建筑和较小型的地面夯土建筑，只有贵族才能居住于大型地面"四合院"式住宅或高等级宫殿之中。[92]

以殷墟遗址为代表的晚商文化层系长时间堆积而成，大致可以分为四期。[93]

第一期，约为盘庚至武丁早期，其中早段为盘庚、小辛、小乙时期，晚段为武丁早期。

第二期，约为武丁晚期至祖庚、祖甲时期，其中早段上限到武丁晚期，晚段为祖庚、祖甲时期。

第三期，约为廪辛、康丁、武乙、文丁时期。

第四期，约为最后两任商王帝乙、帝辛时期。

在殷墟第一期早段末，也就是小乙和武丁交接前后时，洹北商城宫殿区出现了失火现象。或许是商城距离洹河较远，没有更多的水源可以用来及时扑灭大火，致使这场大火越烧越旺。我们无法想象当时在这场火灾中有多少生命被烧成了灰烬，即使3250年后的考古场景也还让我们有些不寒而栗：洹北商城宫殿区夯土基址上至今还普遍存在着大面积的红烧土，而且洹北商城在城墙及其他功能区还未建成时就被弃置不用，重新把宫殿区规划在了洹河以南小屯一带。

小屯在洹北商城时期，属于殷都的外围地区，仅是个包括居住区、小型墓地和手工业作坊在内的普通居民点。殷墟一期晚段，也就是商王武丁前期，都城重心才由洹北商城迁到了这里，属于宫殿区的大量基址开始出现。[94]

把殷墟和洹北商城做对比，我们会发现，二者选址的理念和建筑的构思还是有些不同的。二者均选择地势较高的区域作为宫殿区，对水患有明确的预防意识，不同的是，洹北商城的选址虽然考虑到了水患的影响，但似乎并没有对防火采取足够的措施，而殷墟宫殿区内不但有建筑考究、纵横交错的给排水系统，而且是临河而建。显然，洹北商城失火给了武丁铭心刻骨的教训。

另外，从殷墟遗址的分布图可以看出，在殷墟的东北部和洹北商城交界地方，殷墟遗址明显是向内收缩，似乎在有意避开原来洹北商城，二者虽有重叠，但面积极小。[95] 商人颇迷信，或许他们认为洹北商城被大火焚烧，是个不吉利的地方，故此要极力避开。

殷墟经历了规模由小到大，人口由少到多这样一个过程。第一期时，面积只有 400 万平方米，小屯是宫殿区所在的都邑中心。各族邑在这一时期分布较为稀疏，族邑聚落间出现了很大的空白地带。第二期遗址面积扩大，宫殿区西北侯家庄王陵区开始启用，同时新增了许多居民点，苗圃北地和孝民屯的铸铜作坊以及大司空村的制骨作坊也都陆续出现。由于居民点和手工业作坊的增多，各个"点"逐渐连成"面"，形成了整个都邑平面的基本布局。第三、四期时，宫殿王陵区仍然是整个遗址的中心，王陵区出现了多座大墓，铸铜作坊的规模也明显扩大，还出现了新的制骨作坊和玉石器制作场。居民点数量和遗址面积进一步增加，整个殷墟面积扩展到 3600 万平方米以上。遗址内复杂的道路将宫殿区、众多的族邑和手工业作坊勾连起来，形成了一个庞大的城市网络系统。[96]

注 释

1. （清）郝懿行著，李念孔点校：《竹书纪年校证》，齐鲁书社 2010 年版，第 3861—3862 页。

2. 王震中：《商族起源与先商社会变迁》，中国社会科学出版社 2010 年版，第 115 页。

3. 何光岳：《商源流史》，江西教育出版社 1994 年版，第 88 页。

4. 金兆梓：《尚书诠释》，中华书局 2010 年版，第 8—58 页。

5. 张国硕：《盘庚迁殷来龙去脉之推断》，《郑州大学学报》2004 年第 6 期；孟宪武、谢世平：《安阳洹北商城考古学文化年代辨析》，《中原文物》2009 年第 4 期。

6. 张华贞：《安阳洹北商城城市建设的考古学观察》，《殷都学刊》2019 年第 4 期。

7. 李一丕：《殷墟一期殷都布局变迁研究》，《华夏考古》2009 年第 4 期。

8. 中国社会科学院考古研究所安阳工作队：《河南安阳市洹北商城的勘察与试掘》，《考古》2003 年第 5 期；中国社会科学院考古研究所安阳工作队、中加洹河流域区域考古调查课题组：《河南安阳市洹北商城遗址 2005—2007 年勘察简报》，《考古》2010 年第 1 期；中国社会科学院考古研究所安阳工作队：《河南安阳市洹北商城宫殿区二号基址发掘简报》，《考古》2010 年第 1 期。

9. 王震中：《商代都邑》（商代史·卷五／宋镇豪主编），中国社会科学出版社 2010 年版，第 265—272 页。

10. 王国维撰，黄永年校点：《古本竹书纪年辑校 今本竹书纪疏证》，辽宁教育出版社 1997 年版。

11. 侯卫东：《试析洹北商城的形成背景》，《华夏考古》2019 年第 4 期。

12. 郑振香：《安阳殷墟布局及其相关问题》，中国社会科学院考古研究所编著《21 世纪中国考古学与世界考古学——纪念中国社会科学院考古研究所成立 50 周年大会暨 21 世纪中国考古学与世界考古学国际学术研讨会论文集》，中国社会科学出版社 2002 年版。

13. （清）孙星衍撰，陈抗、盛冬铃点校：《尚书今古文注疏》，中华书局 2004 年版，第 238 页。

14. 王震中：《商代都邑》（商代史·卷五／宋镇豪主编），中国社会科学出版社 2010 年版，第 277 页。

15. 王恩田：《武丁卜辞与洹北商城一号、二号宗庙基址复原》，《中国国家博物馆馆刊》2015 年第 1 期。

16. （清）郝懿行著，李念孔点校：《竹书纪年校证》，齐鲁书社 2010 年版，第 3863 页。

17. （清）郝懿行著，李念孔点校：《竹书纪年校证》，齐鲁书社 2010 年版，第 3863 页；杜泽逊撰：《尚书注疏校议》，中华书局 2018 年版，第 210 页；孟世凯：《商朝》（文明的历程丛书／李学勤主编），上海科学技术文献出版社 2020 年版，第 148—151 页。

18. （清）郝懿行著，李念孔点校：《竹书纪年校证》，齐鲁书社 2010 年版，第 3864 页；（清）王鸣盛著，陈文和主编：《尚书后案》，中华书局 2010 年版，第 875 页。

19. 岳南：《考古中国——夏商周断代工程解密记》，海南出版社 2007 年版，第 225 页。

20. （汉）司马迁撰，（南朝宋）裴骃集解，（唐）司马贞索隐，（唐）张守节正义：《史记》，中华书局 1982 年版，第 102 页。

21. （春秋）（旧题）左丘明撰，徐元诰集解，王树民、沈长云点校：《国语集解》，中华书局 2002 年版，第 503 页。

22. 孟世凯：《商朝》（文明的历程丛书／李学勤主编），上海科学技术文献出版社 2020 年版，第 149 页。

23. （唐）李泰等著，贺次君辑校：《括地志辑校》，中华书局 1980 年版，第 114 页。

24. （清）王鸣盛著，陈文和主编：《尚书后案》，中华书局 2010 年版，第 1332 页。

25. （清）孙星衍撰，陈抗、盛冬铃点校：《尚书今古文注疏》，中华书局 2004 年版，第 579 页。

26. （清）孙诒让撰，孙启治点校：《墨子间诂》，中华书局 2001 年版，第 68 页。

27.（清）王鸣盛著，陈文和主编：《尚书后案》，中华书局2010年版，第1334—1343页。

28.（汉）司马迁撰,（南朝宋）裴骃集解,（唐）司马贞索隐,（唐）张守节正义：《史记》，中华书局1982年版，第103页。

29.（清）皮锡瑞撰，陈抗、盛冬铃点校：《今文尚书考证》，中华书局1989年版，第216页。

30.（汉）毛亨传,（汉）郑玄笺,（唐）陆德明音义，孔祥军点校：《毛诗传笺》，中华书局2018年版，第499页。

31.李镜池著，李铭建整理：《周易探源》，中华书局2019年版，第38页。

32.（清）郝懿行著，李念孔点校：《竹书纪年校证》，齐鲁书社2010年版，第3864页。

33.郭沂校注：《孔子集语校注》，中华书局2017年版，第78页。

34.林小安：《殷武丁臣属征伐与行祭考》，胡厚宣主编：《甲骨文与殷商史》（第二辑），上海古籍出版社1986年版。

35.见第七章"四土方国"一节。

36.陈梦家：《殷墟卜辞综述》，中华书局1988年版。

37.吕旧释为邛或舌，见王恩田：《甲骨文吕方、馘方与廬方考》，《中原文物》2017年第1期。本书使用这一地名或引用相关文献，一律以吕方为准，下面遇到同样情况，不再特意说明。

38.[日]岛邦男撰，温天河等译：《殷墟卜辞研究》，鼎文书局1975年版，第384页。

39.何光岳：《商源流史》，江西教育出版社1994年版，第81、82页。

40.胥润东：《谈"武丁中兴"》，《文史杂志》2019年第4期。

41.胥润东：《谈"武丁中兴"》，《文史杂志》2019年第4期。

42.《合集》6167。《合集》即《甲骨文合集》，是中国现代甲骨学方面的集成性资料汇编。郭沫若主编，胡厚宣总编辑，中国社会科学院历史研究所《甲骨文合集》编辑工作组集体编辑。1978—1982年由中华书局出版，珂版影印13册，选录80年来已著录和未著录的殷墟出土的甲骨拓本、照片和摹本，共41956片。下文注释中，按学界通例以"《合集》n"的形式标注，不再特意说明。

43. 罗琨：《商代战争与军制》（商代史·卷九 / 宋镇豪主编），中国社会科学出版社 2010 年版，第 172—176 页。

44. 罗琨：《商代战争与军制》（商代史·卷九 / 宋镇豪主编），中国社会科学出版社 2010 年版，第 192—203 页。

45.《合集》5504。

46. 中国社会科学院考古研究所：《中国考古学·夏商卷》，中国社会科学出版社 2003 年版，第 250、266、294 页。

47. 孟世凯：《商朝》（文明的历程丛书 / 李学勤主编），上海科学技术文献出版社 2020 年版，第 259 页。

48. 详见下节"殷墟的秘密"。

49. 孟世凯：《商朝》（文明的历程丛书 / 李学勤主编），上海科学技术文献出版社 2020 年版，第 163 页；翟跃群：《试析妇好带兵征战的原因》，《南方文物》2016 年第 1 期。

50. 翟少冬：《妇好墓玉器的发现与研究》，《博物院》2018 年第 5 期。

51. 王宇信等：《试论殷墟五号墓的"妇好"》，《考古学报》1977 年第 2 期。

52. 中国社会科学院考古研究所：《殷墟妇好墓》，文物出版社 1980 年版。

53. 宋镇豪：《夏商社会生活史》，中国社会科学出版社 1994 年版，第 148—151 页。

54. 孟世凯：《商朝》（文明的历程丛书 / 李学勤主编），上海科学技术文献出版社 2020 年版，第 259 页。

55. 宋镇豪：《夏商社会生活史》，中国社会科学出版社 1994 年版，第 238 页。

56. 宋镇豪：《夏商社会生活史》，中国社会科学出版社 1994 年版，第 237 页。

57. 翟少冬：《妇好墓玉器的发现与研究》，《博物院》2018 年第 5 期。

58. 王宇信、徐义华：《商代国家与社会》（商代史·卷四 / 宋镇豪主编），中国社会科学出版社 2011 年版，第 143 页。

59. 胡厚宣：《甲骨学商史论丛初集》，河北教育出版社 2002 年版，第 23 页。

60. 翟少冬：《妇好墓玉器的发现与研究》，《博物院》2018 年第 5 期。

61. 王宇信、徐义华：《商代国家与社会》（商代史·卷四 / 宋镇豪主编），中国社会科学出版社 2011 年版，第 137 页。

62. 翟跃群：《试析妇好带兵征战的原因》，《南方文物》2016年第1期。

63. 王宇信、徐义华：《商代国家与社会》（商代史·卷四／宋镇豪主编），中国社会科学出版社2011年版，第311页。

64. 常玉芝：《商代宗教祭祀》（商代史·卷八／宋镇豪主编），中国社会科学出版社2010年版，第253页。

65. 翟跃群：《试析妇好带兵征战的原因》，《南方文物》2016年第1期。

66. 王宇信、徐义华：《商代国家与社会》（商代史·卷四／宋镇豪主编），中国社会科学出版社2011年，第321页。

67. 韩江苏、江林昌：《〈殷本纪〉订补与商史人物徵》（商代史·卷二／宋镇豪主编），中国社会科学出版社2010年版，第258—280页。

68. 蔡哲茂：《武丁王位继承之谜》，宋镇豪主编《甲骨文与殷商史》（新四辑），上海古籍出版社2014年版。

69. 曹定云：《三论殷墟花东H3卜辞中占卜主体"子"》，《殷都学刊》2009年第1期。

70. 翟跃群：《试析妇好带兵征战的原因》，《南方文物》2016年第1期。

71.《合集》773。

72.《合集》13633。

73.《合集》2618正。

74.《合集》6032。

75. 翟跃群：《试析妇好带兵征战的原因》，《南方文物》2016年第1期。

76. 唐际根：《殷墟》，王巍总主编《中国考古学大辞典》，上海辞书出版社2014年版；孟宪武：《安阳殷墟边缘区考古概述》，《安阳殷墟考古研究》，中州古籍出版社2003年版；岳洪彬、何毓灵：《新世纪殷墟考古的新进展》，《中国文物报》2004年10月15日。

77. 岳南：《考古中国——夏商周断代工程解密记》，海南出版社2007年版，第224页。

78. 中国社会科学院考古研究所：《殷墟的发现与研究》，科学出版社1994年版，第44页。

79. 岳洪彬等：《殷墟都邑布局研究中的几个问题》，中国社会科学院考古研究所、夏商周考古研究室编《三代考古》(四)，科学出版社 2011 年版。

80. 岳洪彬等：《殷墟都邑布局研究中的几个问题》，中国社会科学院考古研究所、夏商周考古研究室编《三代考古》(四)，科学出版社 2011 年版。

81. 刘莉、陈星灿：《中国考古学：旧石器时代晚期到早期青铜时代》，生活·读书·新知三联书店 2017 年版，第 373—374 页。

82. 郑若葵：《殷墟"大邑商"族邑布局初探》，《中原文物》1995 年第 3 期；岳洪彬等：《殷墟都邑布局研究中的几个问题》，中国社会科学院考古研究所夏商周考古研究室编《三代考古》(四)，科学出版社 2011 年版。

83. 何光岳：《商源流史》，江西教育出版社 1994 年版，第 94—95 页。

84. 安阳市文物考古研究所：《河南省安阳市辛店商代铸铜遗址发掘及学术意义》，中国社会科学院考古研究所夏商周考古研究室编《三代考古》(七)，科学出版社 2017 年版，第 52—62 页。

85. 何光岳：《商源流史》，江西教育出版社 1994 年版，第 94—95 页。

86. 中国社会科学院考古研究所：《殷墟的发现与研究》，科学出版社 1994 年版。

87. [美] 王迎：《安阳墓地制度与命妇关系的个例研究》，王宇信等主编：《2004 年安阳殷商文明国际学术研讨会论文集》，社会科学文献出版社 2004 年版。

88. 胡渊：《殷墟二期殷都布局变迁研究》，《中原文物》2015 年第 4 期。

89. 胡厚宣、胡振宇：《殷商史》，上海人民出版社 2019 年版，第 602—603 页。

90. 中国社会科学院考古研究所：《安阳殷墟花园庄东地商代墓葬》，科学出版社 2007 年版。

91. 唐际根：《殷墟》，王巍总主编《中国考古学大辞典》，上海辞书出版社 2014 年版。

92. 孟宪武、李贵昌：《殷墟四合院式建筑基址考察》，《中原文物》2004 年第 5 期；何毓灵：《试论安阳殷墟孝民屯遗址半地穴式建筑群的性质及相关问题》，《华夏考古》2009 年第 2 期。

93. 中国社会科学院考古研究所：《殷墟的发现与研究》，科学出版社 1994 年版。

94. 杨锡璋等：《盘庚迁殷地点蠡测》，《中原文物》2000 年第 1 期；岳洪彬、何毓灵：《洹北商城花园庄东地商代遗存的认识》，王宇信等主编《2004 年安阳殷商文明国际学术研讨会论文集》，社会科学文献出版社 2004 年版。

95. 岳洪彬等:《殷墟都邑布局研究中的几个问题》,中国社会科学院考古研究所夏商周考古研究室编《三代考古》(四),科学出版社出版2011年版。

96. 唐际根:《殷墟》,王巍总主编《中国考古学大辞典》,上海辞书出版社2014年版;岳洪彬等:《殷墟都邑布局研究中的几个问题》,中国社会科学院考古研究所夏商周考古研究室编《三代考古》(四),科学出版社出版2011年版。

第七章
盛世景观

纵观武丁在位 59 年的时间里，虽然东西南北四土是刀光剑影、战火纷飞，但在王畿范围以内却是风和日丽、莺歌燕舞，难怪武丁之后 800 年，孟子还对他不吝词句地赞不绝口……

四土方国

商王朝政治疆域的地理框架从内到外依次表现为王畿、四土与四至三个层次。王畿一般是指商都及其周围由商王直接统辖的区域；四土是紧紧围绕在王畿周围，与商王朝关系密切，经济文化交流频繁，商王可以通过诸侯和方国首领间接控制的区域；四至是指商文化可以影响到的东、西、南、北四方更遥远的区域。

具体表现在考古学上，就是商文化可以相应地分为三个不同层次的文化圈[1]：一是内圈，包括以黄河中游地区的偃师商城、郑州商城、洹北商城和殷墟四个不同时期的商都为中心及其附近地区。该区域文化发展水平较高，文化面貌基本相同，是商文化核心分布区，亦即商朝的王畿区。二是中圈，分布着许多同商文化有渊源关系的文化遗存，是商文化向外传播、接受更外围文化影响的交流通道和中间环节，即所谓四土，是商朝的政治疆域。三是外圈，文化面貌和特征既明显区别于商文化，又在许多方面表现出相同或类似的一面，也就是明显受到商文化影响的区域，就是所谓的四至，一般是指商周边民族地区。[2]

王畿和四土在商代统治形式上被称为内服和外服。《尚书·酒诰》

记载，从成汤到帝乙，商王朝就一直采取的是内服和外服两种统治形式。内服任命的官员依次是百僚、庶尹、惟亚、惟服、宗工等；外服采取分封制，分别是侯、甸、男、卫、邦、伯。[3]

商王朝这种国家政权结构和统治形式除了在古文献中有记载，在数以千计的甲骨卜辞、考古发掘资料，尤其是在聚落遗址、墓葬和青铜器中都有着鲜明而具体的体现。[4]

从外服制度观察，外服方国明显地体现出分封和同盟两个层次。商王朝分封的诸侯国，在文化特征、社会习俗等方面同商王畿地区保持着较大的一致性，主体是商文化系统。而商王朝的同盟国或附属国则坚守自己的文化发展谱系和特色，表现出浓厚的地方特色，但同时因接受商王朝领导，其文化又与中央王朝存在着一定的相似特征。

商王朝分封的同姓和异姓诸侯国，是商王朝的臣属方国，多分布在王畿周边，首领大多在商王朝担任一定的官职。商王朝的同盟国或附属国一般处于更外围的边远地区，对商王朝时叛时服，所谓盛而臣之，衰而侮之。这种划分只是个笼统的说法，事实上，诸侯国和附属国并没有绝对明显的界线，在许多地方这两类方国都是交叉分布的。不过，在一些对商王朝统治有更重要意义的边境地区，一般是与商王朝有更为密切关系的诸侯分封领地，如商代前期位居南方的湖北黄陂盘龙城、后期位居东方的山东益都苏埠屯，以及同一时期位居西北的山西灵石旌介等，均为商王朝分封的诸侯国，起着屏卫商朝四土的重要作用。

前已述及，商王朝在早商时期有一个势力大扩张阶段，其外服地区和影响力向北可达今北京附近的潮白河流域，向西可抵渭河中游的陕西扶风一带，向东已至山东曲阜的泗河流域、淄河附近的青州及豫东的永城地区，向南甚至控制了湖北长江北岸的黄陂和江西赣水流域的清江、新干地区。⁵ 分析这些地区的青铜文化遗存，可以确定为商代诸侯国和臣属方国的主要有：河南辉县琉璃阁、河北藁城台西、湖北黄陂盘龙城、山西垣曲商城和东下冯等。⁶

晚商时期，商王朝外服制中诸侯国和同盟国或附属国两个层次体现得更为明显。其中比较典型的有河南罗山蟒张、山东益都苏埠屯等。河南罗山蟒张商代墓地出土的青铜器种类齐全。从器类和器形风格看，与殷墟铜器在器形上存在许多相似之处，但同时也保持着较为浓厚的地方特色。

罗山蟒张商代墓地出土的青铜器及其体现出的礼器特色明显是受晚商殷墟青铜文化影响，因此，它是一个地方性特征较为鲜明的晚商文化遗址⁷，因其中10座墓葬出土的27件青铜器上铸有"息"字铭文，暗示该遗址很可能是"息"族的家族墓地。⁸ 也就是说，"息"氏一族或"息"方国是商王朝的同盟部族或同盟国，虽然依附于商王朝，但仍保留着自己部族独特的社会习俗和生活习惯。

山东青州苏埠屯共发现12座商墓和一座车马坑，墓地规格较高，其中一座大墓带四条墓道，还有两座大墓带一条墓道，其余为竖穴土坑墓，这些墓随葬的青铜器规格较高，大多刻有"亚醜"字样。⁹ 从苏埠屯商墓出土青铜器的器形、纹饰、组合等特征看，与殷墟同时期的青铜器类几乎完全一致。另外，像酒器、食器共存，酒器为主，爵、觚相配等习俗，都是殷墟文化的典型特征。但个别地方也出现了一些不同于殷墟的地方特色，如夔形扁足方鼎、圆筒形卣等随葬器类就不见于殷墟，说明该地区虽与商王朝有很密切的关系，但仍保持着自己的独立性，应该是商王朝分封在东方的重要诸侯国。《汉书·地理志》

说青州在"少昊之世有爽鸠氏，虞、夏时有季萴，汤时有逄公柏陵，殷末有薄姑氏，皆为诸侯，国此地"，又说，"至周成王时，薄姑氏与四国共作乱，成王灭之，以封师尚父"[10]。据此推测，这一地域有可能是薄姑氏的旧封地。

▲ 苏埠屯商墓出土的带有"亚醜"字样的青铜钺

除了河南罗山蟒张、山东青州苏埠屯外，这一类臣属方国还出现在山西灵石旌介村，山东平阴朱家桥、滕县前掌大，以及西安老牛坡等地。这些诸侯带有较浓的地方特色，是臣服于商王室但又有相对独立性的方国。他们有自己的族源和独特的发展体系，与商文化并不同源。

另一类方国或诸侯国与殷商青铜文化保持了高度一致，多是由商中央文化衍生出来的分属支系，其统治者或是商王朝的王族、子族，或是与商王室有血缘关系和姻亲关系的重要贵族，均处于商王室用血亲和姻亲关系编织出的各级网络交接点上，是商王朝政治、军事统治的支柱。[11]

此外，在长江以南广大地区，如湖南、湖北、江西、四川，以及北方草原等地，也都发现了不少商代青铜器，但这些青铜器都带有浓郁的地方特色，是对中原地区青铜器进行改造的产物，同殷商青铜文化有质的不同。这些地区远离商王廷，是受到商王朝一定影响但明显有自己族源和发展体系的地方性政治统治中心，不属于商王朝的外服范围。[12]

"方国"一词源于甲骨文中的"方",广义的"方国"泛指所有的国,与商王朝对称;狭义的"方国"仅指甲骨文中那些称"方"的国。商王朝与臣服方国之间是统属与被统属的关系。方国有义务为商王朝打仗、戍边、祭祀、占卜、举行礼乐仪式等提供相应用品,甚至还得为商王提供美女、贞人、巫人、刍奴、士兵等。商王朝则负有保护方国不受侵犯的义务,而且还要经常到方国去巡视、派人助耕等等。不过,方国也有很强的独立性,所谓统属与被统属,只是一种较为松散的关系。方国的力量一旦强大,就可能反叛商王朝。[13]

甲骨文所见商代方国,至少有 157 个[14],其中西方方国有 60 个,包括吕方、鬲方、沚方、羌方、北羌、𡇈字、戱方、绊方、羞方、召方、巴方、龙方、商方、鬼方、马方、亘方、基方、井方、祭方、湔方、戈方、易方、周方、彭、耳、吕、丙、先、耆、豊、镐、崇等,这些方国都散布在晋陕高原,其余如盂方,居地在河南沁阳西北;丹,居地在河南沁阳;亚方,居地在河南济源;可,居地在河南修武;鹿方,居地在河南嵩山;密须,居地在甘肃灵台;如此等等。

北方方国有 8 个,包括土方、㠱竹、宋、下危等。土方,大致在吕方以东;㠱,在北京、河北东北至辽西一带;竹在河北东北到长城内外的辽西、内蒙古东南一隅范围以内;宋在河北赵县。

东方方国有 23 个,包括人方、林方、危方、旁方、攸、元、及、杞、兒、佚、屯、告、醜、纪、薛、薄姑、逢等。这些方国主要分布在山东、豫西和皖北淮河流域,如人方,大致在皖北鲁南地区;林方,在淮河以南;危方,在豫东附近;攸,在河南永城南部至安徽宿州西北一带;旁方,在山东曲阜;元、及,在河南永城;杞,在河南杞县;兒、薛,在山东滕州;佚,在山东曹县;屯,在河南杞县和范县附近;

告，在山东成武；醜，在山东益都；纪，在山东寿光。

南方方国有 12 个，包括虎方、髳方、暴、雇、息、归、徊、卢、蜀、贝等。这些方国大都分布在河南南部、江汉平原和成都平原。虎方，在汉水以北；髳方，在江汉流域；暴，在河南原阳；雇，在河南原阳西南原武西北一带；息，在河南罗山；归，在湖北秭归；徊，在湖北竹山和竹溪地区；卢，在竹山、安康之间；蜀，在四川成都平原。

地望待考的方国还有 54 个，如兴方、宣方、矢方、围、而、引、靡、枚等。

这 157 个方国中，有 40 个方国先后 52 次遭到了武丁的讨伐。不过，战争主要集中在武丁早期，有 35 次。到武丁中期猛降至 12 次，至其晚期，更是降到区区 5 次，说明武丁晚期，商王朝已经通过实施胡萝卜加大棒的政策，收到成效，商王朝四土乃至边疆地区都逐渐呈现出人人向往的和平景观。

从商王朝与 157 个方国的关系看[15]，只与商王朝为敌的方国有 26 个，其中有 16 个称方，4 个称侯伯，如鬲方、巴方、马方、基方、湔方、土方、下危、矢方等。

与商王朝时友时敌的方国，有 51 个，其中有 26 个称方，11 个称侯伯，1 个称王。如吕方、鬲方、沚方、羌方、北羌、㫚孚、戲方、绎方、羞方、召方、龙方、商方、周方、亘方、祭方、犬侯、缶、彭、兒伯、崇侯、密须等。

与商王朝一直为友的方国，有 64 个，其中称方的有 11 个，称侯伯的有 45 个，称王的有 3 个。如井方、亚方、戈方、竹侯、攸侯、禾侯、易伯、丹伯、去伯、聽王等。

由上述分析可以看出，甲骨卜辞记载武丁时期发生的 52 次战争，均发生在王畿之外的"外服"地区，换言之，王畿内一次战争也没有发生过。与此相关的一个奇观是，前述早商时期设在王畿和王畿边缘地带的那些具有明显防御性质的军事堡垒，如豫西偃师、新郑望京楼、荥阳大师姑、辉县孟庄、焦作府城、夏县东下冯、垣曲、平陆粮宿、石家庄藁城台西、武汉盘龙城等早期商城，在进入晚商前后，均被废弃。甚至连庞大的郑州商城和后起的郑州小双桥城址，也未能逃脱这一宿命。但这些城址所在的地区，并未发现有新的具有明显军事防御性质的城址崛起。

更令人匪夷所思的是，后续面积达到3600万平方米的殷墟也同之前的夏都二里头一样，没有城垣，是个不设防的特大型都市。这等于是在向全天下宣告，商王畿地区不会有战争，即使有战争也不会打到这里，我们会在边疆地区就把它解决掉！

纵观武丁在位59年的时间里，虽然东西南北四土刀光剑影、战火纷飞，但在王畿范围以内却是风和日丽、莺歌燕舞，难怪武丁之后800年，孟子还对他不吝词句地赞不绝口：

> 由汤至于武丁，贤圣之君六七作，天下归殷久矣，久则难变也。武丁朝诸侯有天下，犹运之掌也。[16]

第七章　盛世景观

农业、渔猎业和畜牧业

武丁时期农业获得大发展的最直接表现就是殷墟二期400万平方米城邑的崛起,并在随后相继发展到2400万平方米、3600万平方米,另外,还有以青铜器冶铸为代表的手工业的规模和精细化发展。这些都需要有充足的剩余粮食做保证。

殷人好饮。《史记·殷本纪》记载商纣王"以酒为池"[17]虽是一个极端例子,但也在一定程度上说明了饮酒甚至酗酒是流行在商人中的一种风气或习俗。周武王在分析商王朝灭亡的原因时就明确指出,商贵族和地方官员嗜酒成风,是其中一个因素。[18]商代的平民也喜欢饮酒,《尚书·酒诰》就有"庶群自酒,腥闻在上"[19]这样的记载。酒还是商人举行祭祀仪式时的一项重要祀品,这在甲骨卜辞关于祭祀的大量记载中可见一斑。商朝的酒类有很多,如酒、醴、鬯、果酒、药酒等,所有这些酒无不由粮食酿造而成。与此相关的是,在商代,尤其是晚商的众多遗址中,出土了成百上千的酒器,如觚、斝、尊、觥、卣、瓿、方彝等。另外,还发掘出了武丁时期或其前后不少酿酒坊,如石家庄藁城台西酒作坊遗址等。[20]武丁时期酿酒业的发达,是建立在农业生产有了充分的剩余产品基础上的，这也从另一个侧面说明彼时农业的高度发达。

▲ 偃师商城出土的部分青铜酒器

农业是商王朝立国的基础。商代农业的大规模发展始自盘庚时期，这成为武丁复兴殷商的关键。后世所谓"五谷"即黍、稷、菽、麦、稻还有高粱等都可以在卜辞中找到相关记载。尤其值得一提的是，专家对偃师商城和安阳殷墟39个人骨样品进行了检测，结果发现，偃师商人是以北方传统的粟、黍为主食，而殷墟商人是以稻米和小麦为主食。[21]这表明，由于武丁以来商王朝对南方采取了一连串的开疆拓土行为，商人已经有了一定的粮食储备，可以用来同南方诸方国进行贸易，或是享受其定期的纳贡，因而有了对属于南方特产稻米的选择。

武丁十分重视农业的发展，武丁卜辞中同农业有关的甲骨就有974片之多，涉及开辟荒地、翻土耕地、播撒种子、农田管理、农作物收获和储藏粮食等环节。[22]譬如"焚林而田"，就是用火烧掉杂生的野草树木，驱走生存在其中的飞禽野兽，然后再沿边掘土、筑垄，形成大片空地。[23]"裒田"则是在每年的6月或12月剥去树皮毁掉林木，次年焚烧后，再开垦以种田；"叶田"是众人合力，大规模地翻耕土地；"呼麦"是令人播种小麦；"百洴"是引井水形成百条沟壑，用以灌溉农田；如此等等。此外，商朝时已经出现了蝗虫带来的灾害，所以商人"秉畀炎火"[24]，就是夜间在田边焚火，吸引蝗虫扑上来，然后再消灭它们。

　　武丁时期用来储存粮食的库房或窖穴通常称为廪，如甲骨卜辞"省在南廪"[25]就是指视察了位于王都之南的粮库。诸如此类的卜辞，还有"令禽省廪"[26]"唯宁、鼓令省廪"[27]等，前者的意思是派禽视察仓库，后者的意思是派宁、鼓视察粮库，说明武丁时期多处建有国库。除了禽、宁、鼓外，见于甲骨文"省廪"的官员还有吴、竝、马、伲、遘、岐等人。[28]

　　武丁时期农业生产能获得大发展，主要有两方面的原因，一是青铜冶炼技术的提高带来青铜农具的出现，并由此使得木、石或木、陶能轻松结合在一起，制造新式的轻便农具，从而改变了之前石质或陶质农具笨拙的特点，大大提高了劳动生产效率。譬如，耒作为一种古老的农具，在最初是木质的单齿形，因为翻土的效率不高，后改为双齿，继之又改成扁形的刃。耒之所以能有这样的改进，一个很重要的原因是青铜工具能够很容易地对木料和石料进行精细打磨，并使二者有机结合。

　　晚商时期，农具种类增加了很多。就质料而言，有木质、石质、陶质、骨质，尤其是新增加了铜质农具。目前商代青铜农业工具已发现70余件[29]；从用途来划分，有斧、镢、铲、铚、臿等。安阳地区就出土有青铜斧，河北藁城西台遗址出土有两把青铜镢，安阳殷墟和大司空遗址分别出土了一件青铜铲。铚就是我们现在所说的镰，是一种月牙形的收割工具。安阳一些遗址以及济南大辛庄、安徽含山孙家岗等地都出土有青铜镰，而殷墟在1932年发掘的一个窖穴中竟出土了石镰 444 件。1929—1932 年发掘的 7 处灰坑中，共出土石镰 3640 件。[30] 镰的主要用途就是收割庄稼，在一个地方出土了如此众多的镰，说明当时的农业生产有了大发展。

武丁时期农业生产能获得大发展，还有一个原因是武丁对农业生产的重视。[31] 在甲骨卜辞里，像"求年""受年""求禾""受禾"这一类记载比比皆是，大致可以分为以下几类：一是让掌管占卜和祭祀的贞人卜问王畿及各地的收成。这里面最有代表性的一片甲骨卜辞，是由四位贞人一同于甲午日后占卜东、南、西、北四方田地，看看各地的庄稼是否会有好的收成。二是武丁为让商属各地农业能有个好的收成，经常举行祭祀活动祈求老天下雨。如"丙寅卜，争贞：今十一月，帝命雨。贞：今十一月，帝不其命雨，二告"[32]。"求雨于上甲，牢。与上甲，牛"[33]。牢在这里是作为奉献给上帝的祭品，指牛或羊。再如"壬午卜，于河求雨，燎"[34]。燎是指燎祭，用火烧烤的一种祭祀形式。三是武丁命人或亲自带人田猎。卜辞中的田猎也称狩猎，不仅仅是一种练兵活动，还是一种扩大垦殖范围的"圈地"活动。3000 多年前的商代，地广人稀，野草丛生，森林繁茂，还有不少的沼泽渊薮，生存着大量的飞禽走兽。田猎一方面训练了军队，另一方面又可以扩大耕地范围，一举两得。如有一条卜辞就记载，贞人占卜癸卯日能否用"焚林而田"[35] 的办法打猎。那一天果然去焚烧森林打猎了，共捕获大青牛 11 头、猪 15 头、兔 20 只，还有几只老虎。所以，武丁的田猎往往是把狩猎同开辟农田结合起来进行的活动。

除此之外，武丁时期还在继承前人历法的基础上发明了一种比较进步的阴阳合历，平年为 12 个月，闰年为 13 个月。这是为了与地球绕太阳一周的回归年相符，置闰月来调剂，目的是将四季与一定的月份相配，方便农业生产。[36] 商王朝还专门设立田猎情报官，称"犬"，训练猎犬的官员称"犬师"。田猎也是晚商时期社会生产的一个重要部门。田猎的主要方法有焚、车逐、设陷阱、网罗等；田猎的主要工具有弓箭、戈、矛、刀、钩等。[37]

武丁时期，除了野外捕捞外，还初步发展起了养鱼业。甲骨卜辞记载，武丁朝一个叫大豕的人就养有3万尾鱼。[38] 而卜辞中关于商王捕鱼的记载也俯拾皆是。

畜牧业是商人传统的经济行业。商人的先祖就以畜牧业著称于世，《管子·轻重戊》说："殷人之王，立皂牢，服牛马，以为民利，而天下化之。"[39] "皂牢"即槽牢，是指饲养马牛的食槽和牢圈，"服"乃驯服、放牧之意。契的五世孙名叫曹圉，曹即槽。圉，服虔解释为马厩[40]，《周礼正义》引《说文》解释为养马之人。[41] 曹圉处在"后羿代夏"时期，表明远在夏中期时，商人的畜牧业就已经有了一定的发展。

成汤伐夏，曾把牲畜肉品用作战争之外结交拉拢夏王朝一些诸侯的"贿礼"。譬如，汤伐夏时，居住在湖北荆州一带的荆国首领荆伯没有响应，汤便派人给荆伯送去牛等一类畜牧品种，感化了荆伯，荆伯遂"委其诚心"，成了成汤伐夏阵营中的一员。[42]

成汤灭夏建立商王朝后，商人的畜牧业有了进一步的发展，作为商初都邑的偃师遗址曾出土了用于祭祀的猪骨骼300多具，还有众多的牛、羊、兔等。[43]

作为早商晚期都邑的郑州商城，也发掘出了大量的牛、羊、猪、狗一类家畜骨骼，仅在郑州商城东北角的一条深沟中，就发现了8个坑，均埋有狗，总计有80多只。[44]

武丁时期，用马、牛、羊、猪、狗作为祭品或者随葬品是一个普遍现象。[45]在安阳殷墟遗址中，发现多处用作祭祀的牲畜坑，如西北冈王陵区在20世纪30年代就发掘出埋马坑20处，各坑埋马数量不等，总计71匹。1987年在武官村北地晚商祭祀场内，又发现30个埋马坑，埋马数量总计117匹。据探测，附近还有类似的埋马坑80个。这些马大多数是作为祭祀用品被埋葬的。[46]

此外，在白家坟还发现一坑中埋有牛角40余只，意味着至少屠宰了20多头牛。[47]在大司空村、北辛庄等地都发现有骨角器制作坊。大司空村一处骨角器制作坊中凌乱堆积的骨料就达35000多块，角料还有200多块；北辛庄一处骨角器制作坊中，也发现有骨料5000多块。这些骨料可以辨认出的动物种类有马、牛、羊、猪、狗、鹿等。[48]

甲骨卜辞记载，商王祭祀动辄就用几百头甚至上千头牛、羊作为牺牲，如"丁巳卜，争贞，降册千牛，不其降册千牛千人"[49]"丙册大……五百牛"[50]等。显然，一次祭祀就用这么多牛、羊，单靠狩猎是无论如何办不到的。

从考古和甲骨卜辞看，商人饲养的牲畜不仅有牛、羊、马、猪、狗，还有鸡、鸭、鹅等。商代的牛、羊、猪、狗等大都是放养，可能是因为数量多，只有到冬天寒冷时才围栏饲养。甲骨文有"畜""牧"两个字，卜辞还有"王畜马在兹写"[51]的记载，暗示商王有自己的"御马监"，这和民间饲养是不同的。

不但商王有自己的畜牧场，各诸侯或方国也都有自己的畜牧场，而且是由专业人员去饲养和管理。作为纳贡的一部分，诸侯或方国还要向商王朝进献家畜，卜辞中就有"登羊三百"[52]"至牛四百"[53]诸如此类繁多的记载。[54]

第七章 盛世景观

武丁时期可能还养有麋和大象，麋就是俗称的四不像。甲骨卜辞记载说，商王武丁梦见饲养麋，恐招致灾祸，就祈祷上天予以保佑。[55] 殷墟武官北地祭祀场中发掘出一头大象骨架，前述《吕氏春秋·古乐》也曾有"商人服象，为虐于东夷"这样的说法，所以，不排除商人饲养大象的可能。

从中国各地区农业发展的史实来观察，至迟在春秋以前，中国就已经形成了以下三种农业地域类型：一是以旱作种植业为主、以养畜业为辅的种养结合的旱作农业类型，主要分布于渭河—黄河中下游流域；二是以水稻种植业为主、以养畜业为辅的种养结合的稻作农业类型，主要分布于长江流域；三是以游牧业为主的游牧农业类型，主要分布于黄河上游—西辽河流域。而这一过程正是肇始于晚商武丁时期。可以说武丁以来伴随农牧关系的形成，中原王朝与戎狄的界线开始逐渐明晰，商王朝及其之后的周王朝在处理与戎狄关系时，既通过战争加强了王权，又通过与戎狄的互动、交融充实完善了旱作农业类型，由此进一步提升了农业生产的技术水平，夯实了中央王权统治的基础，并且使得相应的管理体制与政策手段呈现出多元化的态势。[56]

手工业和商业

武丁时期,青铜铸造业、玉石制造业、丝绸纺织业、骨牙器制造业、陶瓷制造业等手工业和商业在更加专业化、行业化的基础上都呈现出了朝气蓬勃、百花争艳的繁荣景观。

这其中最为突出的是青铜铸造业。郭沫若曾把中国的青铜时代分为四个时期,分别是鼎盛期、颓败期、中兴期和衰落期。[57]鼎盛期是从商代到西周前期,颓败期是从西周后期至春秋中期,中兴期是从春秋中期至战国末期,衰落期是战国末期以后。这其中,以武丁时期为代表的晚商又处在中国青铜时代鼎盛期的巅峰。这一点,下文设有专节介绍,这里不赘述。

玉石器制造业也是晚商乃至整个商代一个重要的手工业部门。玉器、玉石都是商人特别看重的财富,视为珍宝。[58]盘庚在迁都给贵族奴隶主训话时曾斥之只顾贪财,"具乃贝玉"[59],商纣王在被周人打败无路可逃时,居然把他搜刮来的琳琅满目的玉器裹满全身,纵身跳进火坑自焚,就是死也满脑子想着要把这些财富带进阴曹地府。周师攻陷商都朝歌后,周武王还特意派人收集管理这些玉器,其数目庞大到令人吃惊的地步："旧宝玉万四千，佩玉亿有八万"，按现在的说法就是19万件。[60] 殷墟出土的玉器，仅1949年以后就有1200件以上。尽管殷墟侯家庄、武官村北一带王陵区所发掘的11座大墓均遭多次盗劫，但在侯家庄两座大墓中还发现劫后余存的完整玉器有四五十件，另外还有大量残次品。[61]1975年，曾在殷墟小屯发掘一处玉器制造作坊遗址，在两间相连的房屋中，发现了大量的玉料和半成品、残次玉器，还发现了600多块用来打磨玉器的磨石。[62]

商代陶器制造业在晚商手工业制造业中也占有相当重要的地位，并在此基础上发明了原始瓷器。商朝贵族阶层和普通民众使用的陶器有所不同。贵族奴隶主一般使用的是更为高级的白陶、硬陶和原始瓷器，其原料是一种特殊的泥土，烧制技术和火候也有更高的要求。白陶、硬陶和原始瓷器都出土于大中型墓葬中，小型墓葬不见，只随葬普通陶器。这个时期，由于大型建筑的需要，此前在夏代已经发现的个别陶制排水管道，在商代各期都有了大量发现，如在殷墟就发现了至少六七通。[63] 另外，还发现了一些新的品类，如瓦，作为宫殿建筑混合屋顶的构件，在郑州商城就有多次发现。此为中国境内所见最早的板瓦。[64]

▲ 妇好墓所出玉梳

这一时期，陶器制造业也出现了更加专业化和行业化的趋势，花园庄南地的陶器作坊就主要是用来生产陶豆的。[65]

原始瓷器又被称为釉陶，在黄河中下游地区的河南、河北、山西和长江中下游地区的湖北、湖南、江西和江苏等地的商代遗址、墓葬中都有发现，主要器形有豆、瓿、罐、壶、器盖等，颜色多呈深浅不一的绿色，如淡绿、黄绿、深绿等。根据多元统计分析，不同地区的原始瓷器均能够各自聚为一类，暗示中国古代的原始瓷器具有多个产地。[66]

纺织业在晚商也处于大繁荣时期。在甲骨文中，与纺织业有关的字就达到了231个。[67] 纺织材料主要有麻、毛、蚕丝、棉等。普通民众一般使用麻、葛织物，王公贵族享用丝织品。商代丝织品遗存大多发现于殷墟，多是用于包裹随葬的青铜器，如妇好墓就出土了50多件包裹有丝织物遗迹的铜器，这些丝织物品类主要有绮、绉、罗等。[68] 晚商的丝织品已经采用了染色处理技术，在妇好墓中，发现了9块黏附在大型青铜器上用朱砂涂料染就的平纹绢织物。[69] 除此以外，在殷墟郭家庄西南一车马坑和西北冈大墓中也都出土了类似的红色布纹，说明武丁时期人们已经发明并掌握了朱染工艺。[70]

棉布成为普通民众的衣料一般认为是在宋代以后。但殷墟小屯出土的部分甲骨上黏附着布纹痕迹，经鉴定为棉纤维之类纺织品，属于平纹棉织。[71] 另在福建武夷山白岩崖洞的船棺墓葬内，出土了墓主衣服残片若干，经鉴定这些衣料有大麻、苎麻、丝、棉布四种质料。其中，棉布为木棉制品。[72] 殷墟小屯所出黏附着布纹痕迹的甲骨为武丁时期，在公元前1400—前1300年之间；武夷山白岩崖洞的船棺墓葬最晚年代在盘庚迁殷前后，说明早在晚商初期，至迟到武丁时期，中国境内就有了棉的种植，并能够利用棉纤维织布做衣。[73]

骨牙角器一般是指用兽骨、兽牙、兽角制造的器具。骨牙角器制造业在武丁时期也很发达。晚商乃至整个商代遗址，尤其是大型墓葬中，常常出土精美的雕花骨器和象牙制品，有的花纹里还镶嵌着绿松石，具有较高的艺术价值。如妇好墓出土的骨匕、骨梳、骨笄等，就都雕刻着精美的纹饰。其中有两件象牙杯，表面饰有繁缛细腻的花纹，还镶嵌着绿松石，华丽而雅致。[74] 在郑州商城和殷墟都发现有骨牙角器制作坊遗址，其中殷墟发现了3处。像前面提及的铁三路作坊遗址就发掘出32吨动物骨头，说明骨器生产规模巨大。位于安阳大司空村的一处骨器制作坊，面积达到了1380平方米。从出土的半成品多是笄杆、笄帽来看，应是一处以生产骨笄为主的专业制作坊。[75] 妇好墓仅骨笄就出土了499件，从其精美高超的雕刻工艺水平来分析，可能就来源于这处骨器制作坊，暗示该遗址是一处专为王室成员制作骨器产品的作坊。[76] 而位于北辛庄和大司空村的另两个骨器作坊则主要是用来生产陶豆的。[77]

这里要特别说一下晚商的车辆制造业。[78] 商代以前，考古没有发现驯养的马和车辆。殷墟一期甲骨文里有"车"字，郑州商城和偃师商城也曾发现有商代早期车马的有关遗迹，但是一直没有发现车马实物。殷墟时期，尤其是在殷墟三、四期，却发现了大量的车马实物，迄今为止，总计出土车马坑31座，其中，新中国成立前出土6座，分别是侯家庄西北冈王陵的1座和小屯宫殿区的5座，其余25座是新中国成立后所发掘，包括大司空村的4座、殷墟西区的8座、梅园庄的3座、郭家庄的4座和刘家庄的6座。这些车马坑所埋车马数量不一，西北冈编号为M1136和M1137两座墓中埋有6辆车，小屯编号为M20的墓中埋有1辆车、4匹马，梅园庄编号为M40的墓中埋有2辆车、2匹马，殷墟西区编号为M701的墓道中只埋了一辆残车，其余各坑都是各埋一辆车、2匹马。在这些车马坑中，往往同时出土有铜戈、铜镞、铜泡、骨牌、骨环、金箔等护卫武器和饰品。[79]

殷墟所出土车辆的主要部件由两轮、一轴、一舆、一辕和一衡组成，除少数构件为青铜制品外，余皆为木质。车轮为圆形，轮径有大小之别，直径一般 1.3～1.4 米，两轮间距 2.17～2.4 米。木轮由牙轮、辐和毂组成。辐条大多 18～22 根。车轴由一根圆木加工而成，两端细，中间粗。长 3～4 米，直径 10～12 厘米。车辕置于车轴之上，辕轴相交，各凿有凹槽上下嵌合，用以承舆。车衡横置在辕的前段，长 1～2 米。车衡上有时饰以铜兽面、铜泡等。车衡两侧各缚有一轭用以驾马。车轭一般是用两个小木棍拼接而成，外面套以铜质构件。车舆搁置在辕轴相交处的上面，平面多呈长方形，干栏式。一般长 1～1.5 米，高 0.4～0.5 米，进深 0.7～1 米。[80]

▲ 殷墟所出青铜轭

商代尤其是晚商车马坑的大量出土，说明商王朝已经有专属的车辆制造坊和饲马场。马车的出现和广泛使用，意味着单位时间内空间距离的缩短，是人自身手脚功能的空间延伸，大大提高了军队作战和社会生产效率，可以看作早期中国一次重大的科技革命和社会革命，具有十分重要的意义。

农业、畜牧业、渔猎业和各种手工业的蓬勃发展，促使行业化、专业化的趋势愈来愈明显，从事不同职业的人群相应交换物品，以满足本行业和自身需要的要求也愈来愈强烈，这为商贸业的繁荣奠定了基础。

商人的物品交换有以物易物的物物交换，也有以贝作为中介的货物交易。在商代，尤其是武丁时期及其以后的墓葬中，经常可以发现用贝作为随葬品，主要是海贝，也有用石、骨、玉质材料仿制的贝，晚商时还出现了用青铜铸造的铜贝。[81] 前述妇好墓中就出土有 6820 余枚货贝，另外，在甲骨文和金文中也都发现了商人大量使用贝作为初期货币的相关材料，说明武丁时期贸易兴旺繁荣，并且官方也积极参与其中。

▲ 妇好墓出土的货贝

贝的计量单位是"朋"，甲骨文中有"贝朋"[82]"贝二朋"[83]"贝十朋"[84]这一类记载。商周时期的贝具有以下四个职能[85]：一是价值尺度职能，如《易·损》记载，某龟值十朋。出自西周早期的亢鼎铭文记载，一个叫公大保的人，花了 50 朋，从美亚那里买了一件名为"大休

(球)"的玉器[86]。二是支付职能，如安阳后冈商代圆形祭祀坑内出土的戍嗣子鼎铭文记载，戍嗣子用商王赏赐的二十朋贝支付了为祭祀其父而铸造此鼎的费用[87]。三是流通手段职能，甲骨文中有占卜"买"或不"买"这样的记载。《甲骨文集成》收集的16件铭文中，都有"买"字[88]。四是储藏职能，妇好墓中随葬的6820余枚货贝起的实际上就是储藏作用。四川广汉三星堆二号祭祀坑中也发现有6000余枚货贝。这些被用作随葬或祭祀的贝，是供死者在另一个世界所用的"钱"。

贸易在武丁时期乃至整个商代都十分活跃。殷墟中发现许多物品都不是产自中原，如可能来自云南、湖南青铜原料中的锡和铅，来自新疆地区的和田玉料，来自沿海地区的海贝，等等。这些地区均不在商朝方国或诸侯国的范围以内，也没有证据表明商王朝曾远征这些地区，所以，唯一的可能就是通过交换的方式获得的。[89]

商朝立国的基础是农业，所以自商建国以来，就一直把农业放在首位[90]，武丁时期，"重农"更是其经济的核心要务。但同后世王朝"重农抑商"不同的是，武丁乃至整个商王朝历任统治者都没有"抑商"的现象出现，这应该同商人长久以来形成的贸易传统有关。如前所述，早在先商公王亥时期，商部落就在农业快速发展基础上大力驯养牛马，并使用牛车作为运输工具，由此促进了商贸的发展，缓解了农牧产品过剩的问题，王亥也因此成为中国"商人"的鼻祖。成汤建立商朝后，在伊尹等贤能协助下，继续实施农商并重的政策，商朝也因此很快强盛起来，成为睥睨天下的强国。《管子·地数》一针见血地指出：

> 昔者桀霸有天下而用不足，汤有七十里之薄而用有余，天非为汤雨菽粟，而地非为汤出财物也。伊尹善通移轻重、开阖、决

塞，同于高下徐疾之策，坐起之费，时也。[91]

《尚书·酒诰》说商人"肇牵车牛，远服贾，用孝养厥父母"[92]，表明商人贸易传统一直延续到周初都没有改变。《洪范》是商旧臣箕子在回答周武王咨询时，对商王朝施政纲领做出的全面介绍，其"八政"中的前"三政"，"一曰食，二曰货，三曰祀"。"货"就是"布帛可衣及金刀龟贝，所谓分财利通有无者也"。[93]"国之大事，在祀与戎"，但由箕子对商王朝施政纲领的介绍可知，相比"祀与戎"，商人更加重视"食"和"货"。[94]

商朝的贞人是为商王处理占卜和祭祀事务的官员，但在武丁时期，他们同时也参与贸易、管理、记账等许多方面的事务。[95] 由此可见，商贸交易在商朝经济活动中占有十分重要的地位。或许可以说，贞人势力的强大也在一定程度上确保了武丁王朝贸易业的蒸蒸日上。[96]

青铜时代的巅峰

中国从公元前 2000 年左右进入青铜时代，历经夏、商、西周和春秋约 1500 年后，在战国时期进入铁器时代。早商处于青铜时代上升时期，而进入武丁所在的晚商前期后，则一跃而成为青铜时代的巅峰。这一时段，青铜器的出土呈现出地域广、数量大、种类多、质量精、艺术水准高等几个明显特点。

青铜器种类多少是衡量青铜冶铸技术水平的重要标志。早商时期青铜器种类单一，器形简单，数量较少，也不见铭文。据不完全统计，作为早商主要都邑的郑州商城在一至四期 300 年左右的时间里，总共出土青铜器 210 件，其中代表青铜铸造水平的容器有 108 件[97]，但在作为晚商都邑的殷墟，仅容器就出土有近 1000 件，这还不包括数量更为庞大的兵器和工具类。[98] 如前所述，一个妇好墓就出土铜器达 468 件，带有铭文的器物有 190 件；殷墟郭家庄西部的 160 号墓出土青铜器 291 件，带有铭文的 38 件；豫南罗山县蟒张乡天湖村商墓出土青铜器 219 件，带有铭文的有 40 件；[99] 如此等等。

▲ 安阳出土的晚商兽面纹铜觚、"守父乙"铜觯、兽面纹贯耳铜壶

商代青铜器的主要类型在武丁时期均已出现，大致有食器、酒器、水器、乐器、兵器以及其他杂器几大类。食器有鼎、簋、甗、鬲、豆、匕等；酒器有爵、角、斝、尊、觚、觥、卣、瓿、壶、勺、盉、方彝等；水器有盘、盂等；乐器包括铙、铃等；兵器有戈、钺、矛、刀等；杂器有方形器、罐、尊等。

商代青铜器的铸造技艺在武丁时期已臻巅峰水平。所谓青铜，就是指红铜与锡，或是与铅、镍等化学元素的合金。合金的出现是金属铸造史上的一次重大突破，两种或两种以上的金属经过高温熔化在一起，就成为另一种性能不同的金属。商代青铜器的熔点一般在700~900度之间，比红铜的熔点要低很多。但是含锡10%的青铜硬度却是红铜的4.7倍。熔化了的青铜在冷却凝固时，体积略有膨胀，所以青铜铸件的填充性能好，气孔相对少，具有较高的铸造可塑性。正是由于青铜具备熔点低、硬度高、化学性能稳定等优点，得以广泛地应用在众多行业，受到青睐。[100]

青铜冶铸技术水平有一个从低到高的发展过程。[101] 夏代至早商时代，只能铸造一些造型轻薄、纹饰简单、工艺水平要求不高的器物，如凿、刀、镞、斝、盉、鼎、爵、觚等。早商时期的青铜礼器，目前只发现有爵和斝两种。爵多是束腰、平底，三足短小，无柱，一般也没有花纹。这个时期多采用一次性浇铸法，俗称浑浇法，即在经过塑模、翻范、烘烤出窑后，一次性浇铸完成。到了晚商时期，由于青铜冶铸技术水平大幅度提高，人们多使用分铸法，即对于复杂的器形，先分铸附件和器身，然后将附件再铸接上去。分铸法一般采用合范方法铸造，范的大小、多少视器形而定。譬如，早商时期的铜爵是由两块腹范和一块里范、一块底范、一块芯座合范浇铸而成。但到了晚商时期，铸造铜爵则精细到需要先分铸16块外范，然后再与相应的里范、底范等合范浇铸。与此同时，整体铸造技术也有了飞跃性的发展，人们已经可以铸造出体型很大但工艺细腻的青铜器，如著名的司母戊方鼎就是整体铸造以后，再经过安模、翻范，将两耳浇铸上去。根据司母戊方鼎的体积和重量估算，所需金属原料至少在1吨以上。晚商时期还发明了铜镶玉的技术，如妇好墓出土的玉援铜戈就是将玉援戈放进铜内的陶范而铸成的，石家庄藁城等地出土的铁刃铜钺也采用了同样的方法。

造型厚重华丽、纹饰复杂的器物几乎全部出自晚商时期，如刻有兽面纹、饕餮纹、夔龙纹以及各种动物和几何纹饰的壶、爵、尊、鼎、斝、罍、卣等。这一时期，青铜礼器种类开始增多，出现许多新器型，像妇好墓出土的三联甗、偶方彝、枭尊、司母辛四足觥等，都是前所未见的珍品。

妇好墓三联甗高44.5厘米，器身长103.7厘米，宽27厘米，重量138.2公斤，分为上下两部分，上部由三件甑组成，用以盛物；下部是类似于鬲的长方形器身，用以盛水。器身有底和六条方足，上有三个喇叭状圈口，口周外围装饰有三角纹和勾连雷纹。器身案面绕圈口分别刻有三条盘龙纹，案面四角刻有牛头纹，器身四壁装饰有夔纹和圆涡纹，靠下装饰的是三角纹。上面的三个喇叭状圈口上放置的正是尺寸一致的三件大甗。这三件甗均为敞口收腹，底部略微内凹。口下外壁装饰着两组互相对称、醒目的夔龙纹。三件甗内壁和两耳外壁均刻有"妇好"两字。这一三联甗可以同时蒸煮几种食物，腹足还有烟火熏染的痕迹，所以可以大致推定，此器是妇好生前所用炊具。整个器具造型美观、大方，是不可多得的青铜器精品。

▲ 妇好墓出土的三联甗

可以说，武丁时期的青铜器，集造型、纹饰样式、铸造技术、绘画、雕塑和工艺美术于一身，以其器类的丰富、造型的多样、纹饰的华丽、铭文的优雅、铸造技术的精湛和作为礼器的特殊功用独步天下，成为世界青铜文明的重要组成部分。像司母戊大方鼎、司母辛方鼎、妇好钺、戍嗣卣、商方罍等，都是这一阶段引人瞩目的青铜瑰宝。

我们以司母戊大方鼎为例来说明。[102] 该鼎出自安阳殷墟西北冈武官村北地，庞大厚重，系一长方体深腹空足式鼎，高 133 厘米，口长 110 厘米，口宽 79 厘米，壁厚 6 厘米，重达 832.34 公斤，是我国目前所见最大、最重的青铜器。因其腹部刻有"司母戊"三字而得名。如前所述，这件大鼎是武丁之子祖庚或祖甲即位以后为祭祀其母所铸，因其形状像只马槽，故又称马槽鼎。

司母戊大方鼎虽然形大体重，但工艺水平极其精湛。方鼎上部两侧竖立的两只耳朵宽大而肥厚，外壁还装饰有一对呈站立姿态的虎纹浮雕，对称相向，张着巨口，两巨口之间饰以人面。两虎之下的鼎耳与鼎身咬合部位，各饰一个牛头。两耳边缘还各饰有一尾昂首飞鱼，似欲展翅翱翔，大有从鼎中奋力跃出之势。整鼎为一长方体，四壁饰有雷纹，上面还盘绕着两条相向对称、张牙舞爪的夔龙。两夔龙中间隔以饕餮形的短扉棱，构成了中间为素面底的一个方框。方鼎四足是圆柱形，粗壮敦实，显得孔武有力。圆柱上部外壁饰有饕餮纹。腹内长壁一面刻有"司母戊"三字。鼎身和鼎足上下铸在一起，连成了一个整体。

殷墟目前已经发现了 6 处不同时期的青铜冶铸遗址，但主要集中于武丁所在的殷墟二期和稍微靠后的三期。出土的陶范样式繁多，暗示这些作坊能制造出丰富多彩的青铜器样式，主要有礼器、兵器和工具类。宫殿区南面约 700 米处的苗圃北地青铜作坊，面积达到了 1 万平方米，使用年限从一期一直延续到四期。[103] 另一处更大的青铜冶铸遗迹是孝民屯冶铜遗址，由两个相距 200 米的作坊组成，面积分别为 4 万平方米和 1 万平方米，其产品除了常见的那些礼器、兵器和工具外，还发现了一些此前从未见过的特大型容器陶范。孝民屯冶铜遗址运营时间是在三期至四期。[104]

前已述及，商代青铜礼器的使用在很大程度上继承了夏王朝礼器使用的治国理念和执政思想，具有国家政权及其辖下诸侯和方国分权象征的意义——不同级别的官员按照等级使用不同质量和等次的礼器。社会等级越高，能够使用的青铜礼器的种类和数量就越多，器物的质量、造型和装饰也就越精美；反之，使用的青铜礼器种类和数量就越少，器物的造型和装饰也就越简单，器物的质量也就越低，甚至在许多情况下只能使用陶土烧制的仿铜陶器。从这个意义上说，商代的青铜礼器还是个人身份和地位的象征。

以妇好墓随葬的青铜器为例。妇好既是武丁的王后，还是统率一方的大将军，居于一人之下、万人之上的高位，所以妇好墓出土了包含468件铜器在内的1928件随葬品，一点也不奇怪。

青铜器是红铜与锡，或是与铅、镍等化学元素的合金。铅与锡融入纯铜中，均可降低纯铜的熔点。不过，加铅对青铜器的硬度与光泽有一定影响，远远不能同锡相提并论。但锡原料非常珍贵，有些等级低的青铜器，为节省成本，就多加铅而少加锡。中国社会科学院考古研究所曾选取91件妇好墓随葬铜器进行了铅、锡含量值的检测，结果发现这些铜锡型和铜锡铅型青铜器含锡量在11.24%~20.6%之间；含铅量在2.09%~7.8%之间。[105]相关学者也曾选取前述小屯殷墟西区939座中小型墓葬1600多件青铜器中的43件进行测定，结果显示，这些同类青铜器含锡量为7.06%~15.4%，含铅量为5.83%~15.84%。[106]两两相比，质量等次高下立判。

▲ 妇好墓出土的带盖铜方斝、鸟足铜鼎、圈足铜觥

妇好的主要身份还是商王武丁的配偶，所以她的墓葬占地也仅是 22 平方米，属于中型墓葬，远比西北冈王陵 11 座各自占地面积为 107～192 平方米的王墓要小得多。[107] 由此我们不难想象，武丁时期的青铜器生产规模该有多大，以青铜礼器为标志的等级制度又该有多么严格。

或许正因为青铜礼器所特有的国家政权及其辖下诸侯和方国分权的象征意义，并且因此成为个人身份和地位的标志，商王廷才直接控制了上述苗圃北地和孝民屯两个大型青铜生产作坊。苗圃北地作为殷墟最早的青铜生产基地之一，位于宫殿区南部，这种布局与二里头遗址和郑州商城所见有着惊人的一致性。[108] 至于稍微靠后兴建的孝民屯青铜作坊距离宫殿区比较远，规模也远较苗圃北地为大，反映的可能是武丁之后的晚商将控制青铜器生产的权力下放到了相关的部门或族邑。

商取代夏后，商王朝统治者全面继承了夏王朝青铜器原料来路和生产等权力，继续控制着晋南中条山和长江流域等地金属原料的开采权。但是到了晚商时期，这一状况略有改变，商王朝把金属原料的获取目标主要转向了长江以南地区，晋南西吴壁冶铜遗址作为当时中原地区较大的一处开采铜料和冶金的基地因此被废弃。目前已在江西铜岭和湖北铜绿山发现了晚商时期的铜矿开采遗迹。另外，对殷墟所出土178件青铜器的铅同位素分析表明，这些青铜器大都包含一种高放射性成因铅元素，而且均出自殷墟一、二期，至第四期则基本消失不见。[109] 这种高放射性成因铅在中国内地比较罕见，但在云南东北永善富含铅、锡和铜矿的地区则比较常见，所以不能排除殷墟青铜器所包含的这种高放射性成因铅元素来自这一地区。[110]

考虑到武丁时期商王朝商贸业繁荣昌盛的情况，很有可能这种铅元素是通过贸易交换而取得的。

甲骨文及其他

甲骨文，顾名思义，就是契刻或书写在龟甲和兽骨上的文字，是我国目前所见最早成体系的文字，因主要出土于殷墟，所以也称为殷墟文字或殷契。

甲骨文的发现颇富传奇意味。[1]19世纪末叶，安阳殷墟一带某农民犁地时，忽然随土翻上来几片甲骨，上面有文字符号，某些地方还涂有红色。该农民不知道是什么东西，周围也没人能识别出来。但附近老百姓以前也挖出过类似的龟甲兽骨，因不认识，就称之为龙骨。古代药物中虽有龙骨、龙齿一类称呼，但无非是以古代的兽骨滥竽充数而已。由于这些古骨研成粉末以后可以治愈刀创一类外伤，所以药铺也常年收购，不过，价钱很低。对于上面刻有文字的甲骨，药铺一般不收，因此那些农民就把上面的文字和相关图画铲掉以后才送过去。许许多多的商代史料因此被研磨成粉，当作药吃进肚里，这就是所谓的"人吞商史"。各种甲骨大小不一，大的把字去掉容易，小的就不好办了，所以，老百姓干脆就把这些尺寸较小的刻有文字的甲骨统统扔到了枯井里。

当时，在安阳一带游走着北京和山东两派药商，北京药商派头大，出手阔绰，一般居住在旅店，等着乡人上门送货；山东商人多属小商小贩，游走在乡野，上门收购，晚间多住在小旅店或借住于乡人家中。山东药商中有个叫范兆庆的，听闻小屯出有很多甲骨，就前往观察行情，结果在那里看到很多带字的甲骨。范虽然不认识甲骨文，但毕竟常年在外，见多识广。他看到那些甲骨上的刻画和商周时期的金文有类似之处，便一股脑儿全部收下。那些乡人出乎意料地"高价"卖去"无用"之骨，大喜过望，就赶快跑回去寻找那眼枯井。遗憾的是，枯井所在之处已经填成了平地，找不见具体方位。

范兆庆后携带这些有字的甲骨到北京去见时任京师团练大臣的山东老乡王懿荣。王懿荣是清末著名的金石学家、鉴藏家和书法家，一见之下，即判定甲骨上的这些契刻符号为中国古代文字，遂出高价全部收下，又另付范兆庆白银 600 两，要范再去安阳小屯收购全部出土甲骨。[112] 恰值王懿荣好友刘鹗，就是《老残游记》的作者，在京候补。王懿荣、刘鹗两人辨认后，鉴定为"殷人刀笔文字"。时为 1899 年。[113]

还有一说[114]，山东古董商范寿轩于 1898 年阴历十月推销古董来到天津王襄家中，告诉王襄在安阳乡下发现有好多带契刻图画的古骨，因不知是否有价值就没有收购。王襄自幼喜欢小篆、古书，对金石学有一定研究。当时，王襄的同乡孟广慧也恰巧在座。孟广慧，字定生，是一位书法家和古器鉴藏家。孟广慧认为可能是古简一类，遂敦促范寿轩下去访求。第二年秋天，范从安阳小屯携带着他收购的多片有字甲骨再次到天津见王襄求售，王襄、孟广慧等人见之，惊为千载瑰宝，遂同王襄各收购若干。

王懿荣从 1899 年至 1900 年春，花重金共收购 1508 片有字甲骨。

然而，王懿荣尚未来得及对这种文字进行深入研究，即在1900年7月八国联军攻陷北京时自杀殉国。王懿荣殉难后，为了筹资发丧并还债，王家出售其所收藏古玩字画。王懿荣的两个学生，刘鹗，买了甲骨；廉南湖，买了字画。[115]

刘鹗后来又千方百计地四处收购了三四千片带字甲骨，连同从王懿荣处购买的1500余片，总计达到了5000多片，然后，他从中挑选了1058片，分门别类整理后，于1903年拓印出版了《铁云藏龟》，这是中国第一部著录甲骨文的著作。《铁云藏龟》的出版使甲骨文由只供少数收藏者在书斋里观赏的古董，变成了一般学者都可以研究的珍贵史料。

王懿荣、王襄、孟广慧等人对甲骨的收购，以及刘鹗《铁云藏龟》的出版，引起其他学者和古董商的重视，彼时又值八国联军侵略中国，像加拿大人明义士、日本人林泰辅等也前来中国搜购，甲骨价格一路飙升，殷墟一带遂出现了胡挖滥掘的乱象，大量的甲骨流向了海外。

那些古董商人为了从中渔利，故意隐瞒甲骨出土地，谎称来自河南汤阴。后来罗振玉经过多方打探并亲自下去查询后，才确定甲骨的出土地是在安阳洹河之滨的小屯村。罗振玉先后搜集到近20000片甲骨，于1913年精选出2000多片编成《殷墟书契》（前编）出版，后又编印了《殷墟书契菁华》（续编），为甲骨文的研究奠定了基础。

继罗振玉之后，许多著名的学者，如王国维、郭沫若、董作宾、唐兰、陈梦家、容庚、于省吾、胡厚宣等都进行了卓有成效的考释和研究，并由此形成了一门崭新的学问——甲骨学。

由于弄清了甲骨出土的地点，在傅斯年的推动下，1928年，中央研究院成立历史语言研究所考古组，由董作宾、李济、梁思永等人先后主持带队，对小屯村一带进行了长达10年15次的考古发掘，不仅先后发现了总计24900多片甲骨，而且发现了商代后期的宫殿、宗庙和王陵区，出土了大量珍贵的铜器、玉器、陶器等，从物质文化上提供了殷墟为商代王都的证据，商代也因此由传说变成了信史。殷墟的发掘还成为中国考古学诞生的标志。1937年夏，因抗日战争爆发，殷墟的发掘工作才不得不告一段落。

据胡厚宣先生统计[116]，截至20世纪90年代，在海外，收藏甲骨的国家有日本、加拿大、英国、美国、德国、俄罗斯、瑞典、瑞士、新加坡、比利时和韩国，共计12个国家，收藏甲骨26700片，其中，日本收藏最多，有12443片；其次是加拿大，有7802片；再次是美国，有1882片。中国包含台湾、香港在内，有26个省、市、自治区102个单位，还有不少私人，共收藏甲骨128236片。国内外总计甲骨有154936片。另外，迄今所见甲骨文拓本，国内外共计275项、216235片。

甲骨文是一种很成熟的文字，具有对称、稳定的格局，具备了用笔、结字和章法这三项书法要素。汉字的"六书"原则——象形、指事、会意、形声、转注、假借，在其中都有体现。但甲骨文毕竟处于汉字演变、发展的初期阶段，还属于原始图画文字，因此象形的痕迹还比较明显。

目前所看到的甲骨文字数大约有3500个，其中可识别的有1500个左右，其余不能识别的大多是地名和祭祀名称一类。[117]

甲骨文所记载的主要是和商王室有关的预测吉凶祸福一类卜辞。占卜是中国上古时期一直以来一个悠久的传统，从9000年前的贾湖遗址，到6500年前的濮阳西水坡大墓，到5500年前的凌家滩遗址，再到4300

年前的元中国陶寺遗址、夏都二里头遗址,都能见到龟甲或卜骨一类的占卜器物。《礼记·表记》云:"昔三代明王,皆事天地之神明,无非卜筮之用,不敢以其私亵事上帝。是故不犯日月,不违卜、筮。"[118]

殷墟甲骨占卜形式和程序很烦琐,占卜前需要对卜骨进行选用、整治、钻凿、签署,占卜时要命龟、燋灼、占龟、刻兆、刻辞、涂饰,占卜后还要记验辞、存储、瘗埋等等。[119]

一条完整的卜辞,可以分为叙辞、命辞、占辞、验辞四部分。叙辞也称前辞,指整条卜辞前面记卜日和贞人名的文辞;命辞因常以贞字起句,故亦称贞辞,是占卜的事类,乃卜辞的中心部分;占辞也称果辞,是根据占卜吉凶结果决定下一步该怎么行动的记录;验辞是日后事情应验的追记,不是在占卜当时所刻,所以也叫"追刻卜辞"。

由于甲骨文的内容大部分是殷商王室占卜的记录,所以涉及商王室私生活和国家大事等方方面面。有关于天气的,有关于农作物收成的,也有关于病痛、生育的,而像田猎、作战、祭祀等大事,更是其卜问的主要内容。所以,解读、研究甲骨文的内容,可以大致了解商朝社会性质、组织状况以及商人的生活情形等。

晚商从盘庚迁殷到纣纵火

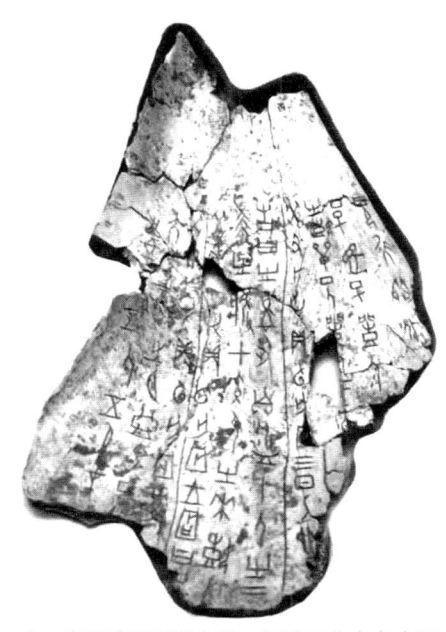

▲ 商王武丁时期卜辞,记述了北方有方国分别于甲辰、戊申两日征伐某地,并俘获 31 个俘虏的史实

自焚共约 273 年，经历 8 世 12 王，这一时期的甲骨文也可以相应地分为 5 期[120]：

第 1 期是雄伟期，历盘庚、小辛、小乙、武丁四王，约 100 年。同武丁盛世相适应，这一时期的书法风格宏放雄伟，为甲骨书法之极致。大体而言，起笔多圆，收笔多尖，且曲直相错，富有变化，不论肥瘦，皆极雄劲。

第 2 期是谨饬期，历祖庚、祖甲两王，约 40 年。祖庚和祖甲两王皆为守成之君，表现在字体上就是书法谨饬，承袭前期之风色彩浓厚，恪守成规，新创极少，但已不如前期雄劲豪放。

第 3 期是颓靡期，历廪辛、康丁两王，约 14 年。此期可说是商代文风凋敝时期，虽然有不少工整的书体，但篇段错落参差不齐，并且显得幼稚、错乱，错字也屡见不鲜。

第 4 期是劲峭期，历武乙、文丁两王，约 17 年。武乙和文丁锐意改革，力图恢复武丁时代的雄伟气象，书法风格转为劲峭有力，呈现中兴之气象，在较纤细的笔画中，带有十分刚劲的风格。

第 5 期是严整期，历帝乙、帝辛最后两王，约 89 年。此期，书法风格趋于严谨，近似第二期；篇幅加长，谨严过之，无颓废之病，亦乏雄劲之姿。

武丁时期，刻辞不仅见于甲骨之上，还有少数发现于人头、牛头和鹿头之上，除此以外，还发现有金文、陶文、石刻文等。[121]

金文也称钟鼎文，就是铸刻在商周青铜器上的铭文。早商时期的青铜器一般没有铭文，或铭文很少，晚商的青铜铭文开始出现一、二字到十几个字不等的情况，多为族徽或其他图形文字，笔道较为刚劲有力。如前述著名的司母戊大方鼎就铸有"司母戊"三个字。商代的金文字体与甲骨文相近,至东周末开始与小篆接近。

陶文和石刻文是分别刻在陶器和石器上的文字。1932年,在殷墟第7次发掘中,出土一陶片,上面有一墨书的"祀"字,锋芒毕露,乃毛笔所书,说明那时已经有了毛笔。[122] 殷墟西北冈1001号大墓还出土了一通朱书石碑。除此之外,在妇好墓中还出土有研磨朱砂的石臼和用来调色的砚盘。[123] 董作宾题于民国三十七年七月二十一日的"殷墟发掘工作存真"中就有墨书、朱书的甲骨文照片数张。[124]

《尚书·多士》说:"惟殷先人,有册有典。"[125]《墨子·鲁问》又说:"书之于竹帛,镂之于金石,以为铭于钟鼎。"[126] 从上述甲骨文、金文、陶文、石刻文以及毛笔的使用可知,至迟到商代晚期,人们已经普遍使用文字了。但只有寥寥数字的甲骨文、金文、陶文、石刻文显然并非殷商之"册""典"。按一般常识,"册""典"的主要内容应该是国家颁布的相关政策和法规条文,因此,其文字篇幅应该有一定的长度。前已述及,商代的丝织技术已经很发达,很多遗址都发现了丝织残留遗物,说明这些"册""典"书之于"帛"乃是顺理成章的事情。没有发现"典""册",可能主要还是因为作为"册""典"载体的丝织物都已经腐朽消失,并不是说,彼时没有"册""典"。至于竹作为"册""典"的载体被大量使用是在周代,商代是不是也将竹用于文字书写,目前还没有这方面的证据。

注　释

1.《商代史》课题组著,宋镇豪主笔:《商代史论纲》(商代史·卷一 / 宋镇豪主编),中国社会科学出版社2011年版,第19—20页。

2. 宋新潮：《殷商文化区域研究》，陕西人民出版社1991年版，第200页。

3. （清）孙星衍撰，陈抗、盛冬铃点校：《尚书今古文注疏》，中华书局2004年版，第378—380页。

4. 李玲玲：《从商代青铜文化看商王朝的外服制度》，《兰台世界》2010年第12期。

5. 杨育彬：《夏和商早、中期青铜器概论》，《中国青铜器全集·夏商1》，文物出版社1996年版。

6. 李玲玲：《从商代青铜文化看商王朝的外服制度》，《兰台世界》2010年第12期。

7. 欧潭生：《罗山县蟒张后李商周墓地第二次发掘简报》，《中原文物》1981年第4期。

8. 李伯谦、郑杰祥：《后李商代墓葬族属试析》，《中原文物》1981年第4期。

9. 山东省博物馆：《山东益都苏埠屯第一号奴隶殉葬墓》，《文物》1972年第8期；殷之彝：《山东益都苏埠屯墓地和"亚醜"铜器》，《考古学报》1977年第2期；岳洪彬：《殷墟青铜礼器研究》，中国社会科学出版社2006年版，第366页。

10. （汉）班固撰，（唐）颜师古注，中华书局编辑部点校：《汉书》，中华书局1962年版，第1659页。

11. 卢连成：《商代社会疆域地理的政治架构与周边地区青铜文化》，《中国历史地理论丛》1994年第4期。

12. 李玲玲：《从商代青铜文化看商王朝的外服制度》，《兰台世界》2010年第12期。

13. 《商代史》课题组著，宋镇豪主笔：《商代史论纲》（商代史·卷一／宋镇豪主编），中国社会科学出版社2011年版，第270—271页。

14. 孙亚冰、林欢：《商代地理与方国》（商代史·卷十／宋镇豪主编），中国社会科学出版社2010年版；孟世凯：《商朝》（文明的历程丛书／李学勤主编），上海科学技术文献出版社2020年版，第275—279页。

15. 《商代史》课题组著，宋镇豪主笔：《商代史论纲》（商代史·卷一／宋镇豪主编），中国社会科学出版社2011年版，第272—273页。

16. （清）焦循撰，沈文倬点校：《孟子正义》，中华书局1987年版，第177页。

17. （汉）司马迁撰，（南朝宋）裴骃集解，（唐）司马贞索隐，（唐）张守节正义：《史记》，中华书局1982年版，第105页。

18. （清）孙星衍撰，陈抗、盛冬铃点校：《尚书今古文注疏》，中华书局2004年版，第380页。

19. （清）孙星衍撰，陈抗、盛冬铃点校：《尚书今古文注疏》，中华书局2004年版，第381页。

20. 王进锋：《殷商史》，上海人民出版社2015年版，第84—85页。

21. 张雪莲等：《古人类食物结构研究》，《考古》2003年第2期。

22. 王进锋：《殷商史》，上海人民出版社2015年版，第115—118页。

23. 孟世凯：《商代田猎初探》，胡厚宣主编：《甲骨文与殷商史》，上海古籍出版社1983年版。

24. （汉）毛亨传，（汉）郑玄笺，（唐）陆德明音义，孔祥军点校：《毛诗传笺》，中华书局2018年版，第316页。

25. 《合集》5708正。

26. 《合集》33236。

27. 《屯南》（小屯南地甲骨）539。

28. 余扶危、张晓艺：《商代储粮史研究》，《洛阳理工学院学报》2014年第5期。

29. 余扶危、张晓艺：《商代储粮史研究》，《洛阳理工学院学报》2014年第5期。

30. 杨升南、马季凡：《商代经济与科技》（商代史·卷六／宋镇豪主编），中国社会科学出版社2010年版，第133页。

31. 孟世凯：《商朝》（文明的历程丛书／李学勤主编），上海科学技术文献出版社2020年版，第226—238页。

32. 《合集》5658正。

33. 《合集》672正。

34. 《合集》12583。

35. 《合集》1048正。

36. 杨升南、马季凡：《商代经济与科技》（商代史·卷六／宋镇豪主编），中国社会科学出版社2010年版，第90—91页。

37. 孟世凯：《商朝》（文明的历程丛书／李学勤主编），上海科学技术文献出版社 2020 年版，第 237 页。

38.《合集》10471。

39. 姜涛：《管子新注》，齐鲁书社 2009 年版，第 573 页。

40.（清）洪亮吉撰，李解民点校：《春秋左传诂》，中华书局 1987 年版，第 792 页。

41.（清）孙诒让著，汪少华整理：《周礼正义》，中华书局 2015 年版，第 2735—2736 页。

42.（东汉）袁康撰，李步嘉校释：《越绝书校释》，中华书局 2013 年版，第 84—85 页。

43. 王学荣等：《偃师商城发掘商代早期祭祀遗址》，《中国文物报》2001 年 8 月 5 日；中国社会科学院考古研究所：《河南偃师遗址商代早期王室祭祀遗迹》，《考古》2002 年第 7 期。

44. 河南省博物馆、郑州市博物馆：《郑州商城遗址发掘报告》，文物编辑委员会编《文物资料丛刊》（第 1 辑），文物出版社 1977 年版。

45. 杨升南、马季凡：《商代经济与科技》（商代史·卷六 / 宋镇豪主编），中国社会科学出版社 2010 年版，第 178—179 页。

46. 中国社会科学院考古研究所安阳工作队：《安阳武官村北地商代祭祀坑的发掘》，《考古》1987 年第 12 期。

47. 中国社会科学院考古研究所：《殷墟发掘报告（1958—1961）》，文物出版社 1987 年版，第 115 页。

48. 中国社会科学院考古研究所：《殷墟发掘报告（1958—1961）》，文物出版社 1987 年版，第 82—83 页。

49.《合集》1027 正。

50.《合集》39534。

51.《合集》8959、29416。

52.《合集》8959。

53.《合集》8965。

54. 孟世凯：《商朝》（文明的历程丛书 / 李学勤主编），上海科学技术文献出版社 2020 年版，第 226 页。

55.《合集》376 正。

56. 赵越云、樊志民：《农牧关系：中华文明早期发展的农史考察——兼论历史早期的"中国"边界》，《南京农业大学学报》2016 年第 4 期。

57. 郭沫若：《青铜时代》，人民出版社 1954 年版。

58.《商代史》课题组著，宋镇豪主笔：《商代史论纲》（商代史·卷一／宋镇豪主编），中国社会科学出版社 2011 年版，第 300 页。

59.（清）孙星衍撰，陈抗、盛冬铃点校：《尚书今古文注疏》，中华书局 2004 年版，第 236 页。

60.（清）马骕撰，王利器整理：《绎史》，中华书局 2002 年版，第 321 页。

61. 胡厚宣、胡振宇：《殷商史》，上海人民出版社 2019 年版，第 622 页。

62. 中国社会科学院考古研究所安阳发掘队：《1975 年安阳殷墟的新发现》，《考古》1976 年第 4 期。

63. 中国社会科学院考古研究所安阳工作队：《殷墟出土的陶水管和石磬》，《考古》1976 年第 1 期。

64. 河南省文物考古研究所：《郑州商城宫殿区商代板瓦发掘简报》，《华夏考古》2007 年第 3 期。

65. 中国社会科学院考古研究所：《安阳殷墟花园庄东地商代墓葬》，科学出版社 2007 年版。

66. 杨升南、马季凡：《商代经济与科技》（商代史·卷六／宋镇豪主编），中国社会科学出版社 2010 年版，第 351—353 页。

67. 胡厚宣：《殷代的蚕桑和丝织》，《文物》1972 年第 11 期。

68. 夏鼐：《我国古代蚕、桑、丝、绸的历史》，《考古》1972 年第 2 期。

69. 中国社会科学院考古研究所：《殷墟妇好墓》，文物出版社 1980 年版，第 18 页。

70. 中国社会科学院考古研究所：《安阳殷墟郭家庄商代墓葬》，中国大百科全书出版社 1998 年版，第 127—129 页。

71. 张秉权：《小屯殷墟出土龟甲所黏附的纺织品》，《中央研究院国际汉学会议论文集》（历史考古组），中央研究院 1981 年版。

72. 福建省博物馆、崇安县文化馆：《福建崇安武夷山的白岩崖洞墓清理简报》，

《文物》1980 年第 6 期。

73. 杨升南、马季凡：《商代经济与科技》(商代史·卷六／宋镇豪主编)，中国社会科学出版社 2010 年版，第 401—402 页。

74. 中国社会科学院考古研究所：《殷墟妇好墓》，文物出版社 1980 年版，第 208—218 页。

75. 中国社会科学院考古研究所：《殷墟发掘报告》，文物出版社 1987 年版，第 82 页。

76.《商代史》课题组著，宋镇豪主笔：《商代史论纲》(商代史·卷一／宋镇豪主编)，中国社会科学出版社 2011 年版，第 302 页。

77. 中国社会科学院考古研究所：《殷墟的发现与研究》，科学出版社 1994 年版，第 93—96 页，439—441 页。

78. 杨宝成：《商代马车及其相关问题研究》，《华夏考古》2002 年第 4 期。

79. 杨宝成：《殷墟发现的车马坑》，中国社会科学院考古研究所编著：《殷墟的发现与研究》，科学出版社 1994 年版；中国社会科学院考古研究所：《安阳殷墟郭家庄商代墓葬》，中国大百科全书出版社 1998 年版；刘一曼：《考古学与甲骨文研究——纪念甲骨文发现一百周年》，《考古》1999 年第 10 期；河南省文物考古研究所等：《郑州商代铜器窖藏》，科学出版社 1999 年版。

80. 杨宝成：《商代马车及其相关问题研究》，《华夏考古》2002 年第 4 期。

81. 彭柯、朱岩石：《中国古代所用海贝来源新探》，《考古学集刊》(12)，中国大百科全书出版社 1999 年版。

82.《合集》11438。

83.《合集》40073。

84.《合集》29694。

85. 杨升南、马季凡：《商代经济与科技》(商代史·卷六／宋镇豪主编)，中国社会科学出版社 2010 年版，第 466—475 页。

86.《商代史》课题组著，宋镇豪主笔：《商代史论纲》(商代史·卷一／宋镇豪主编)，中国社会科学出版社 2011 年版，第 307 页。

87. 宋镇豪、段志洪主编：《甲骨文献集成》，四川大学出版社 2001 年版。

88. 宋镇豪、段志洪主编：《甲骨文献集成》，四川大学出版社 2001 年版。

89. 何崝：《论商代贸易问题》，《中华文化论坛》2007 年第 1 期。

90. 胥润东：《谈"武丁中兴"》，《文史杂志》2019 年第 4 期。

91. 黎翔凤撰，梁运华整理：《管子校注》，中华书局 2004 年版，第 1352 页。

92.（清）孙星衍撰，陈抗、盛冬铃点校：《尚书今古文注疏》，中华书局 2004 年版，第 377 页。

93.（清）孙星衍撰，陈抗、盛冬铃点校：《尚书今古文注疏》，中华书局 2004 年版，第 300 页。

94. 何崝：《论商代贸易问题》，《中华文化论坛》2007 年第 1 期。

95. 何崝：《中国文字起源研究》，巴蜀书社 2011 年版。

96. 胥润东：《谈"武丁中兴"》，《文史杂志》2019 年第 4 期。

97. 河南省考古文物研究所、郑州市考古文物研究所：《郑州商代铜器窖藏》，科学出版社 1999 年版，第 101 页。

98. 杨升南、马季凡：《商代经济与科技》（商代史·卷六／宋镇豪主编），中国社会科学出版社 2010 年版，第 178—179 页。

99. 王进锋：《殷商史》，上海人民出版社 2015 年版，第 60—61 页。

100. 胡厚宣、胡振宇：《殷商史》，上海人民出版社 2019 年版，第 597—598 页。

101. 胡厚宣、胡振宇：《殷商史》，上海人民出版社 2019 年版，第 599 页。

102. 胡厚宣、胡振宇：《殷商史》，上海人民出版社 2019 年版，第 602—603 页。

103. 中国社会科学院考古研究所：《殷墟的发现与研究》，科学出版社 1994 年版。

104. 岳占伟等：《河南安阳市孝民屯商代铸铜遗址 2003—2004 年的发掘报告》，《考古》2007 年第 1 期。

105. 中国社会科学院考古研究所实验室：《殷墟金属器物成分的测定报告（一）——妇好墓铜器测定》，《考古学集刊》（2），中国社会科学出版社 1982 年版。

106. 李敏生等：《殷墟金属器物测定报告（二）——殷墟西区铜器和铅器测定》，《考古学集刊》（4），科学出版社 1984 年版，第 328—333 页。

107. 刘莉、陈星灿：《中国考古学——旧石器时代晚期到早期青铜时代》，生活·读书·新知三联书店 2017 年版，第 376 页。

108. 岳占伟等：《河南安阳市孝民屯商代铸铜遗址 2003—2004 年的发掘报告》，

《考古》2007 年第 1 期；中国社会科学院考古研究所：《殷墟的发现与研究》，科学出版社 1994 年版。

109. 金正耀等：《中国两河流域青铜文明之间的联系》，中国社会科学院考古研究所编：《中国商文化国际学术讨论会论文集》，中国大百科全书出版社 1998 年版。

110. 金正耀：《铅同位素示踪方法应用于考古研究的进展》，《地球学报》2003 年第 6 期。

111. 罗振常：《洹洛访古游记》，河南人民出版社 1987 年版。

112. 李鹤年：《孟广慧、王襄、王懿荣与甲骨》（油印件），南开大学 1984 年制。

113. 刘鹗辑：《铁云藏龟·自序》，光绪二十九年抱残守缺斋石印本。

114. 王襄：《簠室题跋·卷二》，《河北第一博物院半月刊》1935 年第 85 期；王臣儒：《王襄年谱》（上），《天津文史丛刊》1987 年第 7 期。

115. 李鹤年：《孟广慧、王襄、王懿荣与甲骨》（油印件），南开大学 1984 年制。

116. 胡厚宣、胡振宇：《殷商史》，上海人民出版社 2019 年版，第 407—421 页。

117. 胡厚宣、胡振宇：《殷商史》，上海人民出版社 2019 年版，第 374 页。

118. （清）孙希旦撰，沈啸寰、王星贤点校：《礼记集解》，中华书局 1989 年版，第 1318 页。

119. 宋镇豪：《商代社会生活与礼仪》（商代史·卷七/宋镇豪主编），中国社会科学出版社 2010 年版，第 607—613 页。

120. 董作宾：《甲骨文断代研究例》，中央研究院历史语言研究所集刊专刊之五十附册，1965 年。

121. 胡厚宣、胡振宇：《殷商史》，上海人民出版社 2019 年版，第 456—458 页。

122. 胡厚宣：《中央研究院殷墟出土展品参观记》，《中央日报》1937 年 4 月 28—30 日。

123. 中国社会科学院考古研究所：《殷墟妇好墓》，文物出版社 1980 年版。

124. 董作宾：《董作宾先生全集》乙编第 7 册，台北艺文印书馆 1977 年版。

125. （清）孙星衍撰，陈抗、盛冬铃点校：《尚书今古文注疏》，中华书局 2004 年版，第 429 页。

126. （清）孙诒让撰，孙启治点校：《墨子间诂》，中华书局 2001 年版，第 468 页。

第八章
盛极而衰

祖甲修订的法规条文，一定程度上触犯了贵族统治阶层的利益，但其晚期也由于法规条文的繁缛让普通百姓动辄得咎，最后窒息了社会的活力，导致商朝再次走向衰落。由于所站立场和评价体系不同，后人对祖甲的评价就出现了两种截然不同的情况……

祖甲改制

武丁是一代英主，但在晚年犯了一个严重的错误。他有众多妃子，其中升任王后的就有三人，分别是妣戊、妣辛和妣癸。妣戊即妇妌，妣辛就是妇好。妣戊、妣辛过世以后，妣癸成为王后。[1]

妣癸年轻貌美，颇得武丁宠爱，后生下一子，取名祖甲。按祖先传下来的王位继承规则，长子祖己该是继承王位的第一人选，但妣癸一心想让自己的儿子继承王位，于是仗着武丁对她的宠爱，对祖己极尽污蔑之能事。

祖己，亦称孝己、且己，名弓。[2] 祖己颇有贤名，前述武丁在举行祭祀成汤的仪式时，曾有飞雉登鼎耳而鸣，武丁心生恐惧，祖己就劝他不要担忧，先修政事为要。史官以《高宗肜日》为题记下了这件事。祖己勇于参议政事，辅佐父王武丁修政行德而使国势复振。

武丁年老体衰，经不住妣癸的柔情欺骗，久而久之，就对太子祖己所作所为产生了怀疑，将他下放到民间。祖己自觉前途无望，最后在忧愤之中撒手人寰。朝野上下为此哀恸不已。[3]

听闻祖己死讯后，武丁可能意识到自己做了一件错事而有所悔悟——在武丁晚年及其以后的甲骨文中都有祭祀"小王"祖己的记载。

祖己死后,武丁听妣癸言欲立祖甲为储王,但祖甲识大体、明大理,认为武丁废长立幼不合乎规矩,担心类似"比九世乱"的事情再次发生,于是就逃往民间,避而不见。武丁找不到祖甲,无奈之下,在驾崩前把王位传给了祖甲的二哥祖庚。[4]

武丁在位59年。驾崩后,庙号高宗。有不少史籍说,武丁享年百岁。在古代文献中,类似于武丁这样的明君寿命都在百岁以上,如"三皇五帝"一类,都是同样的套路,其实不过是一种虚饰溢美之词而已。武丁年轻时曾经下放民间,同平民"小人"为伍,即位时应该到了二三十岁的年纪,所以武丁活到八九十岁还有可能,说享年百岁,不大可信。

武丁在位期间,勤于政事,任用贤能辅政,励精图治,使商朝政治、经济、军事、文化得到空前发展,出现盛世景观,这使得继位的祖庚可以坐享其成。

祖庚,名曜,即位伊始,就颁布了《高宗之训》,沿用武丁时期的

▲ 清·祖己训王图

治国方针政策，采取了"无为而治"的策略。由于武丁在位时间较长，祖庚即位时可能年纪也不小了，所以仅仅做了 11 年君王，就一命呜呼了。也有说他在位 7 年。[5]

祖庚去世后，祖甲回殷都继承了王位，成为商朝第 24 任君王。祖甲因早年间为给哥哥让位而避居民间，和平民百姓生活在一起，由此对"小人劳力"和"稼穑之艰难"就有了深入的了解和切身的感受。这使他"爰知小人之依，能保惠于庶民，不敢侮鳏寡"。[6]

从甲骨文看，祖甲在位期间几乎不见征伐的卜辞，更多的是祭祀先公、先王、先妣一类的记载。占卜内容经常是"求年"、"受年"、田猎，以及与此密切相关的社会生产活动和天气情况等。[7]这种现象，一方面反映了武丁开创的盛世局面还在延续，祖甲吃着父亲武丁的红利；另一方面也说明祖甲深知战争会给百姓带来祸患，因此尽量不动干戈，不折腾百姓。但是，祖甲也并非贪生怕死的窝囊之辈，《竹书纪年》记载，祖甲即位第 12 年时，就对西戎进行了征伐，不过，这次征伐用时也不长，当年冬天，出征将士就凯旋了。第二年，西戎派官员到商都朝拜[8]，说明祖甲这唯一的一次征伐可能也是因为西戎挑衅在先，祖甲为保一方百姓平安，同时也是为了维护大商王朝的威严，不得不战。

祖甲不像祖庚是个守成之君，而是一位继承中有发展、敢开创风气之先的改革家。自成汤建立商朝，到祖甲时已历经 300 多年，商朝一些旧的礼仪制度行之既久，弊病尽显，不但不能适应时代发展的要求，反而变成了商人新生力量前行的桎梏，所以，对旧的礼制进行改革势在必行。

祖甲旧礼制改革的情况在文献中阙如，但在甲骨卜辞中有不少记录。武丁时期每次举行祭祀仪式时，都要动用大量的畜牲和人牲，动辄几十、几百，但在祖甲时期举行祭祀仪式时，所用牺牲较少，几十上百者几乎不见，用人牲献祭的情况更是比较罕见。[9]这应该说是一个巨大的进步。

祖甲对商王朝旧礼制进行改革的一大功绩是创造了"周祭"制度。[10]商人提倡报效祖先恩德，因此特别重视对祖宗的祭祀，但之前的祭祀仪式，所祭对象和顺序都比较混乱，没有一定的准则。周祭制度的创立在一定程度上改变了这种状况，其要点是：

第一，周祭先王要以其即位次序的先后顺次进行。

第二，所祭祀的商先王、先妣，其祭日的天干日必与王名、妣名一致。

第三，祭祀对象不仅包括所有直系先王及其法定配偶，而且包括旁系先王及虽未继位但确定为王位继承者的王子。

第四，轮番祭祀一周要在一个太阳年之内完成。

从周祭祀谱来观察，父系祖先从第8任先商公上甲微开始，母系祖先从第12任先商公示壬亦即主壬配偶妣庚开始。其追求政治性和正统性两方面的目的显而易见。[11]政治性目的就是商王通过把持祭祀权来巩固其统治；正统性目的就是通过举办与先王有明显血缘关系的祭祀仪式向天下宣告其执政的正统合法性，以此来奠定并强化商朝王权的基础。

周祭制度的确立重在维护血缘宗法，垄断统治权和话语权，是人向上帝夺权的隐性表现形式。周祭制度把对超自然的"帝"的尊崇和祭拜逐渐迁移到祖先神身上，实现了"帝祖合一"，暗示殷人在对"神"重新进行层级划分的同时，也相应地对人间秩序进行了调整。一方面"帝"作为超自然的全能神灵逐渐退出神坛，另一方面商人祖先却上升到天神的地步。其中隐含的是，只有商人的诸位先王才是天地间的主宰力量，任何人，甚至包括神也不能冒犯。相应的，作为这些先王传承下来的王位就天经地义地成为人间最高主宰之位。[12]

周祭之法，使殷人的祭祀系统更为严密规范，可以说，祖甲创立的周祭之法是祖先崇拜和宗教制度完美结合的典范，是中国祭祖文化的一个特殊表现形式，在世界几大古老文明祭祀形式中别具一格。

祖甲在位24年时，还对商朝施行300多年的"汤刑"进行了修订。[13]修订的主要内容是对商朝贵族奴隶主的一些权力进行了限制，目的是加强社会安定，稳固商王朝的统治。[14]《商书》说，汤刑有300多条内容，但没有流传下来，只知道其中最重的一条是"不孝"罪。[15]

▲ 有关"帝"的卜辞

祖甲修订的法规条文，在一定程度上触犯了贵族统治阶层的利益，但其晚期也由于法规条文的繁缛让普通百姓动辄得咎，最后窒息了社会的活力，导致商朝再次走向衰落。[16]

由于所站立场和评价体系不同，后人对祖甲的评价就出现了两种截然不同的情况，一方面是《左传补注》的讴歌赞颂："祖甲贤君，事见《尚书》，止以改作汤刑，故云乱也。"[17]另一方面是《史记·殷本纪》的批判鞭笞："帝甲淫乱，殷复衰。"[18]

第八章　盛极而衰

武乙射天

祖甲在位33年后驾崩，由其子廪辛继位。廪辛，名先，又称冯辛、且辛，在位仅4年就去世了。[19]也有说他在位6年。[20]史籍对廪辛没有更多的记载，说明廪辛业绩平平，在商朝王位上也就是个过渡的角色。

廪辛死后，由弟弟庚丁继位。[21]庚丁，又称康丁，名嚣，在位8年。[22]也有说在位31年。[23]

史籍对庚丁也是惜字如金，没有更多的记载。但从甲骨文看，廪辛和庚丁时期战争频繁，主要作战对象是来自西北的羌人方国。[24]

在甲骨文中，羌有广义和狭义两种含义。广义的羌是泛指西北部那些具有发达的畜牧业并崇拜羊习俗的古族；狭义的羌是指羌方——一个方国的名称。甲骨文中有多个羌人方国，但发展程度不一，有的已经建立了国家机构，有的还处于原始社会末期。羌方是当时羌人方国中一个实力比较强大的国家。武丁时，也曾有征伐羌方的记录。当时，羌方还比较弱小，不是武丁重点征伐对象。到廪辛时，一方面由于羌方日益壮大，另一方面商朝在武丁盛世后，出现颓势，羌方趁机南下，骚扰商王朝的西北边疆。

同武丁时期的征伐战争相比，廪辛、庚丁时期对羌方的讨伐持续时间较长，虽然也取得了阶段性胜利——甲骨卜辞中就有多次用俘获羌方首领献祭的记载，另外还有商王朝派人戍守羌方和商王到羌地田猎的卜辞，说明羌方的部分土地已经纳入商王朝的版图，但商王并没将羌方完全征服，这给之后的商王朝留下了隐患。

羌人侵袭商边境，不只是一个羌方，还有其他羌人方国，如绛方、穗方、召方等，他们或单独偷袭，或合兵骚扰。商王朝的对策是以防卫为主，甲骨卜辞中就有商王占卜调遣部队守卫的记录，对于是否要"追方""及方"等，往往要反复占卜。

频繁的战争自然要消耗大量的人力和物力，商王朝虽然也不乏取得胜利的时候，但不可能每次都凯旋，这进一步加重了国家和百姓的负担，这个时期的商朝继续走在衰退的下坡路上。

庚丁去世后由其子武乙继位。[25] 武乙，名瞿[26]，商朝第 27 任君主，夏商周断代工程将其在位时间定为公元前 1147—前 1113 年。[27]

武乙是一位很能折腾的君王。在继位第三年的时候，《竹书纪年》说他"自殷迁于河北"[28]，实际上是说武乙在黄河以北设立了行宫，但具体地址目前尚不得而知。但仅仅 12 年之后，他又在沬邑今河南淇县，修筑了一处行宫，就是大名鼎鼎的朝歌。[29]

武乙时期，经过祖甲对祭祀制度的改革，商王朝最高统治阶层已经意识到所谓天神全能的荒诞，更注重人本身的作用，尤其是商王作为最高统治者的能动作用。但商王朝自建国以来就是个迷信盛行的国家，《礼记·表记》说："殷人尊神，率民以事神，先鬼而后礼。"[30] 这种建立在敬侍鬼神基础上的文明还是一种很原始的宗教形式，张光直先生称之为"萨满式的文明"。[31] 这从商人凡事都要提前贞卜以揣度天意就可略见一斑。

祖甲发明了周祭制度，主祭人由原来的贞人集团变为由商王本人亲自担任，实际上等于是祖甲从贞人集团手中夺回了作为神人之间媒介的沟通权力，进而言之，就是商王可以直接打着"帝"的招牌，以"帝"的名义，说自己想说的话，做自己想做的事。但这种把戏，作为朝廷重要官员的贞人集团，显然也心知肚明。一方面，贞人集团想拿回原属于自己的权力，另一方面，他们也想以此制衡商王，使他不至独断专行，为所欲为。贞人集团要夺回这个权力，能拿出手的唯一理由就是搬出上帝和天神，从多方面压制商王。应该说，自祖甲改制以来，这种"王权"和贞人集团之间的夺权斗争其实已经成为一种常态。

武乙是个率性的君王。也许是这种无时无处不在的权力斗争让他动辄得咎，不能率性而为，武乙因而产生了"欲与天公试比高"的想法，于是，他就令属下做了一个木偶人，称为"天神"。他和"天神"赌博，命人代"天神"下注。"天神"输了，武乙就羞辱"天神"。武乙觉得这样做还不解气，就又让人制作了一个皮囊，盛满污血，高挂起来，然后拈弓搭箭，昂首射之。武乙自称为"射天"。

武乙此举或许就是要警告那些想用天神压他一头的贞人官僚：天神在人面前不过就是个任人摆布的木偶罢了，我既然敢辱它、射它，

▲ 武乙射天

收拾你们又算得了什么！还是闭上你们的嘴巴，谨守臣子的规矩，这样才不至于大祸临头。但这种乖戾的举动在迷信思想极为严重的商代自然会被认为是大逆不道的疯狂叛逆行为，不但不能为朝野上下所理解，就连近 1000 年之后的太史公也囿于自然科学知识和"正统"立场的局限而无法领略其中奥义，正颜厉色地斥之为"无道"。[32]

巧合的是，事过不久，武乙率领人马到渭河平原打猎训练军队，不幸被暴雷击中身亡。[33] 这种情况发生在现在也就是个巧合的自然现象，但在 3100 多年前盛行迷信的商代，这自然会被认为是武乙由于"射天"而遭到了老天的报应惩罚。所以，司马贞在《史记索隐》中煞有介事地说："武乙无道，祸因射天。"[34] 武乙也因此几乎被所有的典籍史料视为无道、暴虐的代名词，其实都是一些无稽之谈。

武乙轻慢鬼神，可以看作是晚商社会进步、殷人认识水平提高后，商王因不甘沦为鬼神傀儡和被贞人集团绑架而采取的打击社会上鬼神观念和神权势力的大胆之举，是商代社会由神权政治向王权政治转变的标志。[35]

武乙时，后来作为商王朝掘墓者的周人开始登上历史舞台。首先露面的是周部落首领古公亶父。我在《前中国时代》[36] 中已述及，周人始祖后稷是东方帝喾族群西下"邰"地的一支，同当地属于有邰氏支族的姜原氏融合而成的一个部族的首领。"邰"就在今关中西部扶风周原姜原村一带。客省庄二期文化就是以后稷为首的先周族人留下的文化遗存。后稷在尧舜禹时迁徙到了今晋南稷王山一带，成为华夏联盟集团的一员，并先后得到尧舜禹的首肯，出任执掌农事的稷官。[37] 但后来后稷的儿子不窋在夏初担任稷官时，因帝启不务农业，将不窋的官职废除，不窋无奈逃到了"戎狄之间"。[38] 再后来，第四代商先公公刘迁徙至"豳"地，即今陕西省旬邑和彬县之间。[39]公刘在"豳"地拓展疆土，勘测水源，开荒种粮，创建了寓兵于农的军事组织，充分利用当地的自然资源，就地取材，建起了宫殿宗庙。[40]《太平寰宇记》记载其风俗是"好稼穑，务本业""尚勇力，习战备"[41]，公刘治下的"豳"地由此呈现出"行者有资，居者有蓄积，民赖其庆"[42]的繁盛景象。但到了商代晚期，由于羌戎游牧集团的兴起，居于"豳"地的先周人不断受到游牧部落的骚扰和袭击，弱势的周人无力抵抗，古公亶父遂率族人翻山越岭，重新迁回了周原，即岐。[43]古公亶父在周原变革戎狄的风俗，营建房屋城郭，"邑别居之"，同时还设立了五官职事[44]，施行仁政，感召了当地土著，"从之者如归市焉。一年而成三千户之邑，二年而成都，三年五倍其初"[45]。周人由此跨入初国阶段的文明社会。

商西北疆时常遭到羌人方国的骚扰袭击，让商王头疼不已。或许武乙早就想在那里找一个可以信任的方国，作为他的代理人，牵制在西北经常骚乱的羌人，替他看守西北疆的大门。武乙继位第三年，也就是他在黄河以北营造行宫的那一年，古公亶父前往殷都朝见他。

古公亶父想找一个可以让周人发展强大的靠山，武乙想找一个可以让他放心的西北疆看门人，双方你有情我有意，于是一拍即合。武乙把岐地赐给了古公亶父[46]——实际上是以"王赐"的形式从法理上承认了这块地方属于周人所有。周人名正言顺地如愿成为商王在西北疆的代理人。

文丁"杀"季历

武乙继位第15年的时候,古公亶父去世,三子季历继位。季历,名历,季是排行。古公亶父认为三个儿子中季历最为贤明,更难能可贵的是,季历之子姬昌还有"圣瑞"之兆。古公亶父在世时,长子太伯和次子虞仲知道古公想立季历,以便将来能传位于姬昌,两人为了让位给季历,便逃亡到荆蛮之地,按当地风俗身刺花纹,剪短头发,隐居到梅里,即今江苏无锡梅村一带。当地居民认为太伯德行高尚,便纷纷追随归附,拥立他做当地的君主,太伯遂自号"句吴"[47],由此开始了吴国600余年的江山基业。另有一说是,太伯和虞仲对古公亶父的做法不理解,又无法更改,不得已才逃到了荆蛮之地。[48]

古公亶父的做法并非没有道理。因为季历的妻子,也就是姬昌的母亲挚仲氏大任来自大邑商,季历因妻而显赫,姬昌因母而显贵。[49]显然,周人可以凭借这一特殊关系得到商王的大力支持而迅速兴旺发达起来,所以见多识广的古公亶父才会说小孙儿姬昌有"圣瑞"之兆,并果断做出让三子季历继位的决定。

季历即位后秉承古公亶父遗道,笃行仁义,带领族人兴修水利,大力发展农业生产，并积极训练军队，很快就走上了强盛的道路。在武乙二十四年时，季历出兵今宝鸡市周原凤凰山一带灭掉了毕程氏。[50]武乙三十年，又出兵讨伐义渠国，擒获义渠君而归。[51]义渠国故地在今甘肃省东部平凉、庆阳、固原一带，公元前14—前11世纪，活跃在这一区域的寺洼文化当是早期义渠国人留下了的文化遗存[52]。

周族的成长壮大，让武乙喜在心头。他如愿看到了周人对商王朝西北疆逐渐显露出来的屏卫作用。武乙三十四年，周公季历来朝，武乙难掩兴奋之情，一下子赏赐了季历30里地、10枚珏玉和10匹马。[53]季历一箭双雕，既扩大了地盘，提升了周人的军事实力和政治地位，还获得商王的绝对信任，满载而归。

从甲骨卜辞看，武乙时期商王朝对西北方诸羌人方国用兵极少，只有对召方和绎方寥寥几次，而把主要精力放在了对北疆诸"方"的征伐上，如甲骨卜辞中就有"立史于北土""即事于犬延"[54]以及聚众出兵等诸如此类的记载。这一时期的甲骨卜辞还有一个特点是，防御类内容极少，更多的是关于主动出击和军事部署的卜问。战争的结果是以商王朝的局部胜利告终，卜辞中记有告执献俘的相关内容。[55]

这一时期，甲骨卜辞中还前所未有地出现了"周侯"[56]这一称呼，表明周人这时已经"晋升"为商王朝一个可以倚仗的侯国。周人朝气蓬勃，就像即将破空而出的太阳一样，熠熠生辉，映红了东方半个天际。

武乙被雷劈死后，儿子文丁即位。文丁又名太丁、大丁，名托，是商朝第28任君主。季历似乎并没有太在意商王朝王位的更替，而是踌躇满志，继续着他武力征伐的事业：文丁二年，周师北上，长途奔袭燕京之戎。不幸的是，周人因为舟车劳顿，大败而归。经过两年的休养生息、养精蓄锐后，在中原地区时逢大旱，商王无暇西顾之际，季历于文丁四年，率周师东进太行山南麓的晋东南地区，征伐余无戎[57]，并取得胜利。刚坐上王位不久的文丁闻听这一消息，毫不犹豫，即刻赐封季历为"牧师"。[58]

牧在甲骨文中的字形为手执鞭子驱赶牛羊状，从牛或从羊，从彳或从攵，本义是指放牧牲畜。[59]商人以"牧师"作为边国诸侯首领的称谓，其寓意显而易见，就是要这些人替商王猎取"为害"商人的羌人或禽兽，作为牺牲祭献商人祖先，以求得一方平安。所以，晚商时期的牧师就是率领族人以及其他从属于他的人为商王服役，并且有自己武装力量的方国首领[60]，亦即商代地方的州长、伯一类。他们均受商王的统辖。[61]

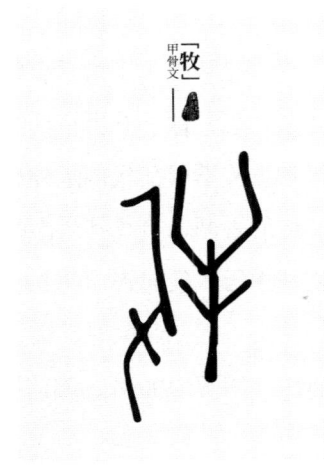

▲ 甲骨文"牧"字

季历连番取得征伐的胜利，又得到商王命赐的"牧师"爵位，一时间名满天下，风光无限。按说，这个时候，作为成熟的政治家，季历应该适当收敛锋芒，以免引起不必要的猜忌。然而，季历不但没有这样做，反倒在周人地盘上公然称王。[62]商代的"王"是方国联盟的最高军事统帅，是只有商王才能享有的专用称呼。季历称王说明他此时可能已经产生了"谋逆"之意。

商王朝在"四土"都设有情报官和驻外使馆，中途还设有传递消息的驿站，如果有重要的边报，很快就可以传到京师。[63]周人的一切动向其实都在商王的监控之中。

第八章　盛极而衰

季历没有意识到风光无限的背后存在着险恶，反倒于文丁在位第五年时，在程地大张旗鼓地开始营建程邑，接着又在两年后征伐始呼之戎，将该地收入周人版图；随后又在文丁十一年时，讨伐翳徒之戎，抓获其三个重要首领。[64]"翳徒之戎"和"始呼之戎"都在今山西境内。[65]之后，径奔商都殷墟向商王文丁报捷。

这真是瞌睡来了给了个枕头，文丁一直苦于没有机会抓住季历以除心头之患，这下季历自动送上门来，岂能轻易让他跑掉？文丁一方面假意嘉奖季历征伐消除外患之功，赏赐其玉质圭瓒和用黑黍、郁金香酿造的香酒，给予其最高的爵位——九命之伯；另一方面又暗地里派人把季历软禁起来，使其不能自由行动。等季历意识到自己事实上已经被文丁囚禁起来时，悔之晚矣。季历悲伤、愤怒、痛悔，最终郁郁而亡。"季历困而死，因谓文丁杀。"[66]

羌戎集团

商都从豫西的偃师商城迁往豫北殷地以后,商国的西土概念也发生了相应的变化,原来作为商王朝西土的晋南、关中地区,也相应地变成了豫西、晋南和关中地区。在这些地区的西北方即今甘、青、陕北、内蒙古中南部、冀西北、晋西北和晋中等地区,活跃着羌方、鬼方、呂方、土方、沚方、人方、虎方、吉方等众多羌戎方国和部族,他们之间有着千丝万缕的联系,或单独出兵,或联手南下,对晚商西土和王畿地区的安全形成重大隐患。前述甲骨文中,羌有广义和狭义两种含义,广义的羌是泛指西北部那些具有以养牛为主的发达畜牧业并崇拜羊习俗的古族。从这个意义上讲,上述西北地区诸方国可一并称为羌戎集团。

羌戎集团的一个主要成员正是王国维所谓"古时一强梁之外族",其"西至汧陇,环中国而北,东至太行常山间……其见于商周间者,曰鬼方,曰昆夷,曰獯鬻;其在宗周之际则曰猃狁;入春秋后则始谓之戎,继号曰狄;战国以降,又称之曰胡,曰匈奴"。[67] 汧即汧水,是今千河的古称,源出甘肃省,流经陕西省入渭河。陇山有广义和狭义之分。广义的陇山是指六盘山，狭义的陇山是指位于宁夏、甘肃、陕西三省交界千河之北的小六盘山。常山指今河北省正定县东北的古北岳恒山。

我在《元中国时代》一书中已述及[68]，公元前2300—前1800年覆盖在这一地域内的石峁文化就是先夏和早夏人所留下的文化遗存，而齐家文化作为羌族的原生地文化，也是夏民间文化，或曰夏文化的一个类型。夏族和羌族有着密不可分的关系。夏开国领袖大禹就来自羌族。公元前1900年，由于黄河中下游地区遭遇了千年不遇的特大洪灾，至少有70%以上的人口遭遇绝灭。之后不久的二里头时期，黄河中下游聚落数量仅是龙山时期聚落数量的10.78%左右，下降幅度达89.22%；聚落总面积也缩小至龙山时期的21.45%左右，下降幅度达78.55%。彼时已经把政治重心转移到中原地区的夏王朝，无奈之下从陕北、甘青等地对中原地区实施了大规模的人口迁移。至公元前1800年，又由于夏人在中原地区建起了二里头都邑，夏人又从陕北、甘青等地对中原地区实施了再一次的大规模人口迁移，作为先夏和早夏都邑的石峁遗址因此废弃。而作为夏民间文化或作为夏附属国的齐家文化，虽也由于大规模人口迁移，遭受不小的影响，但还是随着夏王朝的脚步绵延了200年之久，在公元前1600年同夏王朝一起走向覆亡。

石峁文化和齐家文化先后绝灭以后，这一地区出现了赤地千里的荒凉景象，新出现的遗址寥寥无几，其间虽然也有位于内蒙古中南部朱开沟这样吸纳了部分石峁齐家后裔以及其他外来人群的遗址，有短暂的兴旺，但其规模和兴盛程度同石峁齐家社会相比，已有云泥之别。

石峁齐家后裔，包括活动在内蒙古中南部的朱开沟人，可能还有从中原逃奔至此的陶唐氏移民、夏移民以及其他外来人群，经过数百年的交融、繁衍、积累和发展后，于公元前1300年左右即商王武丁时期，在该地区因时异名、因地为号，重新崛起，即上述羌方、鬼方、吕方、土方、沚方、人方、虎方、吉方等众多羌戎集团成员部族。

这些方国或部族分散在陕、晋北部黄河两岸地区和鄂尔多斯等地，各有自己的根据地，规模大小不一。他们大都具备游牧民的特性，时常南下骚扰商王朝的"西土"，有的甚至就迁徙至这一区域，给商王朝的安全造成了重大隐患，让商王头疼不已。这其中，尤以鬼方影响最大。前述武丁时期，商王朝曾对鬼方进行多次讨伐，迫使其臣服，但鬼方没有轻易就范，而是时臣时叛，以至于武乙三十五年时，周王季历在商王支持下，再一次对"西洛鬼戎"进行了讨伐，并"俘二十翟王"。[69]

从甲骨卜辞记载看，鬼方活动范围大概在陕西渭水以北及内蒙古河套地区。春秋时的隗姓就出自鬼方，到汉朝时又逐渐改姓"卫"。鬼方人自称"畏方"，意思是"穿着铠甲在森林里走的人"。[70]"鬼"也发"怀"音。商王朝灭亡后，周成王封给晋唐叔虞"怀姓九宗"中的"怀姓"就是"隗"。在今天陕北，有不伐老槐树的习俗，传说老槐树是老祖宗。老槐树的"槐"，发"怀"音，字形与"隗"相似。[71]

考古发现，分布在陕北、晋西北以及内蒙古阴山以南地区的李家崖文化主

▲ 清涧李家崖古城遗址出土的"鬼"字陶文

体部分可能就是鬼方留下来的物质文化遗存。[72] 李家崖文化因李家崖城址的发现而得名。该城址位于陕西省清涧县高杰乡李家崖村西无定河东岸台地上，西距今清涧县城 45 公里，东距黄河约 4.5 公里。时间大致为殷墟二期即商王武丁时期至西周中期。[73]

李家崖遗址商周时期遗存主要包括城墙、房址和墓葬。城墙依地势而建，东、西、西北三面有墙，南、北两侧皆为断崖。东西长 495 米，南北宽 122～213 米，呈不规则长方形，面积约 9 万平方米。城内已发掘 8 座房址，城内东西两边各有墓葬 20 座左右。葬式多为单人仰身直肢，绝大多数无随葬品。个别墓内出土铜戈、铜钺。特别值得一提的是，城内出土的陶器口沿有刻画的"鬼"字陶文——这或许同该部族被称为鬼方有关。[74]

李家崖遗址文化遗存可以分为三期五段。早期（一、二段）相当于殷墟二期，即武丁晚期至祖庚、祖甲时期；中期（三、四段）相当于殷墟三、四期，即廪辛、康丁至帝乙、帝辛时期；晚期相当于西周早中期。[75]

在同一时期同一地区，与李家崖文化性质相类似的遗址还有清涧县的辛庄，绥德县的义合薛家渠、河底小乘峁、鱼家湾，子洲县的花寺湾、尚家沟，山西柳林县的高红等，它们均位于周围环山的顶部，且筑有石砌城墙。其结构、砌筑方法与石峁遗址石城墙有诸多相同之处。这些遗址和李家崖出土的陶器大同小异，与石峁遗址及位于内蒙古中南部的朱开沟遗址末期出土的陶器有明显的传承演变关系。另外，李家崖出土的石雕骷髅人像与石峁石人头像虽然在时间上有较大的缺环，但也可以看出二者之间有不尽相同之处。[76]

在陕、晋两省北部的黄河两岸地区，已发现属于李家崖文化的遗址，仅陕西清涧、绥德、子洲三县，就有130处，其中环有石城墙建筑的有6处。两地出土的商周青铜器迄今已各有500件左右。朱开沟末期出土的戈、环首刀、环首剑等器物也与陕、晋北部出土的同类器有诸多相似之处。

朱开沟遗址末期处在早商和晚商交替之际，下限不晚于殷墟一期[77]，与李家崖遗址早期一段的年代相接。

种种迹象表明，朱开沟人在早商晚段文化入侵后，就像一簇被撞击了的台球一样，四分五裂，散落各处，他们与原来流落在此的包括石峁齐家后裔在内的当地土著文化互相融合，形成了李家崖文化。诸如此类的还有以内蒙古清水河西岔遗址为中心的西岔文化，以及安塞县西坬渠村遗存等。

李家崖遗址发展到早期二段时，自身的文化因素逐渐取代了朱开沟文化，并开始修建城墙，李家崖遗址由此进入了繁荣期，出现了一批具有自身特色的陶器和大型建筑。也正是在这一时期，李家崖文化蔓延到了整个黄河下游两岸，如晋西北的柳林高红和陕北的绥德薛家渠等遗址。[78]

李家崖文化是西北大地以石峁齐家后裔即夏人后裔为主体的同一族群所创造的考古学文化，其主人不仅仅是鬼方，应该还包括羌方、吕方、土方、沚方、人方、虎方、吉方等众多方国戎狄部族。由于黄河东西两岸文化面貌比较接近，一般把晋陕高原视为一个整体。考古学家对这一带文化的定义，无论是黄河以西的李家崖文化，还是黄河以东的光社文化，均视为同一文化类型。黄河虽可逾越，但毕竟是横亘在两个区域之间的一道天堑，二者之间还是有一定的差别。

甲骨文中的"吕"字初文像一座有内外间的房子，旧释为邙或

（吾），实即吕方。吕方位于包括今绥德、清涧、延川、延长、子洲等县在内的陕北地区。其都城即是清涧辛庄城址。吕方与吕梁山得名应该有一定关系。《尔雅·释宫》云："石绝水者为梁。"[79]《释文》在解释《庄子·达生》"孔子观乎吕梁"中"吕梁"一词时，引司马注说："吕梁，河水有石绝处也。"[80]因此，吕梁应是通往吕方的渡河津梁。吕梁山在黄河以东，吕方应在黄河以西。[81]

▲ 甲骨文中的吕方

关于吕方的卜辞，粗略统计有五六百条，大部分是殷商王朝对吕方的征伐。武丁时期曾征调3000和5000兵力[82]讨伐吕方，可见吕方之强大。也有一小部分是吕方南下侵袭商西部边境城邑的记载。但在商王朝强大兵力的压制下，吕方屈服，接受了商王对它的册命，如甲骨文中就有"我受吕方又"[83]的卜辞，是商王朝在吕方接受册命后，祈求老天对它保佑的记载。[84]

陕北子洲县裴家湾镇官王岔村曾出土鼎、尊、卣、觚、瓿、盘等青铜器，其形制、纹饰等都属于典型的殷墟文化[85]，具体年代为武丁时期。这与武丁卜辞中吕方侵扰商王朝西部边疆陕东地区的史实相符。另在鼎内还发现有属于周人的"天"字族徽[86]，先周人所在的陕西扶风齐家村也曾出土铭有"天"字族徽的方尊、方彝、方觚等一组铜器。[87]子洲县王岔村出土的这批殷商铜器，极有可能是吕方袭击陕东地区所掠夺的战利品。

李家崖文化所包含的另一强大方国是土方，其势力范围在黄河东岸山西柳林、离石、石楼、永和等地。鬼方、吕方和土方都是羌戎集团中的强国，但由于各自所处地域以及同商王朝关系不同，其出战对象也就有所不同。如黄河以西的鬼方、吕方有不少侵扰商王朝西土陕东地区的记录，而处于黄河以东的土方却一条也没有。[88]

另外，像沚方，可能在内蒙古清水河县一带；姬姓鬼方，在陕西临潼、河北北部一带；吕方还有一部分活动在山西北部保德、柳林一带；[89] 獻方，就是参加武王伐纣联军中的纑，亦称廬方，即廬氏，在今甘肃崇信一带。[90]

晚商的人祭、人殉和羌人牲

人祭，是把人像牛、羊、猪等牲畜一样作为祭品奉献给祖先神和天神，希望求得福祉和庇佑的一种祭祀行为。将人作为祭品就是所谓的人牲。牲起初只是表示用来祭祀的牛，后来才成为动物祭品或者牲畜的通称。人牲多为战俘和奴隶。

人殉，是将活人作为某一死者的陪葬品直接掩埋或杀死后再掩埋在"主人"身旁。二者生前有一定关系，一般是妻妾、主仆或君臣。根据远近关系和墓主人在冥界享受需要，或同穴而葬，或异穴而埋。[91]

中国的人牲、人殉现象萌芽于六七千年前的仰韶文化早期，其后经过大汶口文化、良渚文化和龙山文化的传承，在商代发展到高潮，尤其是在商代晚期，达到鼎盛时期。早商时期虽然在考古中也发现有人牲、人殉现象，但规模都不是很大，一般也就是一至十几个。考古发现人牲、人殉较多的一次是 1955 年在郑州商城二里岗遗址的灰层、灰坑里，有 5 具成人骨骼和 2 具小孩骨骼，分几次重叠纵横埋在一个坑中。在另一坑中，则是十多具成年人骨同几架猪骨分层埋在其中。还发现一墓穴，分层埋有 4 具成年人骨、4 个人头骨和一架猪骨。[92]但到晚商，尤其是在武丁时期，祭用人牲、人殉，动辄就是几十、几百。如在洹水北岸侯家庄西北冈商代的王陵墓地，虽然在 3000 多年间经过了多次盗掘，墓室器物基本被盗一空，但仍然发现有大量的人牲、人殉现象。[93]

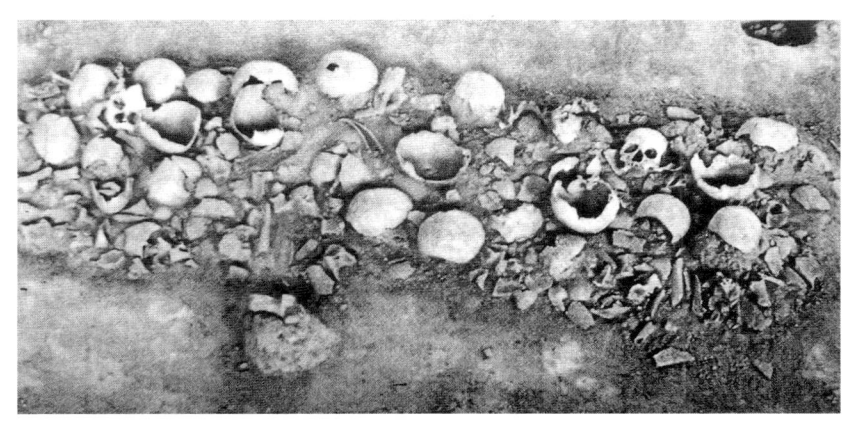

▲ 郑州商城宫殿区内发现的人头骨坑

1001 号大墓是个王级墓葬。墓底中心腰坑殉有 1 人和 1 把玉戈。四角各有两坑，每坑各殉有 1 人、1 犬和 1 把铜戈。因墓坑被盗掘破坏，所以墓室旁侧，只发现了一具人殉骨骼。墓室椁顶发现 11 人。四个墓道的夯土里，殉人有全躯 2 具、无头肢体 61 具、人头骨 73 个。墓坑东侧另设有 22 个祭祀坑，每坑殉葬 1～7 人不等，计有 68 人。该墓总计发现人牲、人殉 225 人。专家估测，如果按照大墓的结构复原起来，在没有被盗掘的情况下，殉葬的人数可能为三四百人。这些人牲、人殉多数都还未成年，有的还是幼儿，甚至连天灵盖都没有长满。

根据发掘现场情况，可以想象当时的屠戮情景：当墓坑墓道被挖掘好时，那些战俘或奴隶们就双手背绑，一队接着一队地被强行驱赶至墓道，并肩东西成排，面向墓坑跪倒在地。刽子手站在后面，手提屠刀，一声令下后，立即举刀砍杀。随着鲜血喷溅，这些战俘或奴隶

第八章　盛极而衰

瞬间人头落地，肢体俯身仆倒。刽子手们杀完人后，走出墓道。这些尸体没有做任何处理，随即填土所埋。埋好一层或两层，然后再如法炮制，又是一批人牲，一层填土。

王陵墓地其他各墓被盗掘后破坏得更为严重，即便如此，也发现了不少人牲、人殉情况。如1002号大墓，殉葬有10颗人头；1003号大墓，殉葬有1人和1颗人头；1004号大墓，殉葬1人和13颗人头，如果算上中心腰坑已被扰乱的1具人骨，该墓共殉葬15人。

1550号大墓人殉情况更令人感到恐怖，中心腰坑殉葬1人、1狗，墓室四角设有四个小坑，每个坑中各殉葬1人。北墓道口，则祭献10颗一排的人头骨数列。该墓总计残存人牲、人殉有几十人乃至上百人之多。另外在大墓东区，还发现有附属于大墓的1242座小墓。根据殉葬情况，可分为22类。除了车、马、象、兽、禽鸟、器物6类殉坑之外，杀人殉葬和作为人牲的有16类，有的是全躯人骨，有的是无头肢体，有的是人头骨，等等。这1242座小墓发现的人牲和人殉数量接近2000人。[94]

武官村编号为WKGM1的墓葬[95]位于西北岗东区，是一座有南北双墓道的大墓。墓坑底部腰坑葬1人，肢体完整，身旁有青铜戈。据此推测，死者应该是墓主人的贴身卫士一类；二层台上东西两侧共葬41人和犬、猴、鹿各1只。西侧葬24人，其中6人有棺木，8人有随葬品；东侧埋17人，其中8人有棺木，部分随葬有青铜器和玉器。这些人都是全躯，排列有序。从其与墓主同穴、有棺木以及随葬高等级祭品看，身份和地位较高，应该是墓主生前的近臣或嬖妾。北墓道有马坑3座，出土马骨16架，部分还出土了铜镳等器物。马坑的南边有犬骨4架。在马坑下偏东，有人坑2座，埋2人，相向而蹲。东边1

人旁有铜戈，戈有铭文，西边 1 人旁有铜铃。这两人生前或为墓主御用饲养犬马人员。这三种埋葬都同墓主有明显的从属关系，埋葬的目的也较为明显，即为墓主死后服务，所以他们都是人殉。

墓坑填土之中发掘出 34 颗人头骨，分别位于不同层面，大体上下直立放置，面朝中央。位于大墓偏南 53 米、偏东 7 米处，共挖有 4 排 17 座的排葬坑。这些坑中的埋葬情况彼此类似，所出土人骨皆无头，俯身，而且没有随葬品。排葬坑南边分布有大小、深浅不一的散葬坑。坑内埋葬的人与排葬坑情况相似，均是被斩首且俯身而埋。显然，这些死者都是用以祭祀墓主的人牲。

安阳洹南后冈是商代贵族的另一处墓地所在。其中 1 座被盗掘过几次的大墓，中心腰坑的殉人骨已被搅乱，墓室内有 28 颗人头骨，有的还带着几节脊椎骨，有的没有了下颚，有的还带着血迹。这些被杀殉的人，都是奉献给墓主享用的人牲。刽子手将他们的脑袋砍下后，血淋淋地投进了墓中，而将肢体胡乱掷进了南墓道，或者直接打进夯土之中。这些零乱的人骨有 148 块，但究竟是多少人留下的骨头，已无法得知。专家估计至少也有几十人。大墓之外，还发现 5 座小墓，但多被盗毁，只有一座小墓保护情况较好，其南壁和西壁的下边，各发现有 1 具人殉或人牲。1 具似无头颅，1 具似为童骨。[96]

后冈还发掘出一座圆坑墓。上下两层，共发现人骨 54 具，其中全躯 35 具，头颅已腐朽的躯骨 3 具，无头肢体 1 具，头颅 15 颗。经鉴定，大多为青年男性，年龄在十四五到十八九岁之间，还有 5 个是儿童，2 个是 3~6 岁的幼儿。这些人骨架或者俯身跪扑，或者仰身跪卧，或者双手抱头，或者双臂被绑。有的前额还有刀痕，显然都是作为人殉被杀死后埋葬在里面的。[97]

▲ 后冈商代人殉圆坑墓

1976 年春，考古工作者在安阳武官村北地王陵区又发现了 250 多座祭祀坑，其中 191 座得以发掘，坑中被屠杀的骨架计有 1178 具。[98]

商王朝不但在奴隶主贵族死后使用人祭、人殉，在进行大型建筑施工时也使用大量的人牲、人殉。我们以洹南小屯商代后期都城和宫殿遗址为例加以说明。[99]

小屯北地靠着洹河的 53 座大型建筑基址，由北向南，可分为甲、乙、丙三组。北面甲组 15 座基址，是商王寝殿；中间乙组 21 座基址，是商王宫殿；南面丙组 17 座基址，是商王祭祀场所。中间宫殿的营建，按照步骤需要举行四种祭祀仪式。

第一种仪式叫奠基：就是在基坑挖成后，未打夯之前，在基坑底下，再挖一个小坑，里面埋一只狗或一个小孩。21 座基址中，有 7 座举行了奠基仪式，挖了 13 个小坑，共用狗 15 只，用儿童 4 个。

第二种仪式叫置础：就是当基址打到一定高度的时候，在打好基础竖立柱子之前，在基址上挖一个小坑，里面埋葬狗、牛、羊三牲。有 3 座基址举行了置础仪式，挖了 19 个坑，共用 98 条狗、40 头牛、107 只羊，还用了 2 个人牲。

第三种仪式叫安门：就是在大门内外、左右两侧埋葬人、兽，以求得神灵保佑。有5座基址举行了安门仪式，挖了30个坑，共用4只狗和50个人牲。

第四种仪式叫落成：当建筑完成后，还要在建筑物的前面埋葬车、马、人、兽。有1座基址举行了落成仪式，在残留的遗址中发现了127个坑，共用5辆车、10匹马、5只羊、12条狗和585人。专家估测，如果把坑全部复原，用人应该是833个。[100]

南面的丙组基址是商王祭祀天地祖先之处。他们以中部大型基址为中心，在上面举行人头祭、牲畜祭以及烧牲祭等；其中9座基址挖有25个坑，用了62只羊、74条狗和97人。这些用作祭祀的人牲，儿童保留了全躯，成人一律斩首。斩首后的人骨，俯身趴在地上，头、颈完全脱落。有的还留有下颚，有的脊椎骨上还连着腭骨和颈骨。仰身躺在地面的，头部被砍去上面一部分，下半部分还连在颈上。被砍的地方，有的是在鼻部，有的是在眉际，砍痕清晰可辨。

类似的发现，在殷墟中还有很多，由于篇幅所限，不一一说明。事实上，除了殷墟之外，在商王朝统辖范围的其他地方，也发现有不少的人牲、人殉现象。如河南辉县琉璃阁的商代墓葬区，1935年和1937年两次在这里发掘，发现殷商墓葬3座，每座都有1~2个人殉或人牲。[101]1950—1951年再一次对辉县琉璃阁商代墓地进行发掘，又发现大小墓葬53座，其中大一点的墓大都有人殉现象。如141号墓，发现一颗人头骨；147号墓，有1具人骨架和6颗人头；150号墓，有5具人骨、5颗人头；[102]如此等等。

山东省益都苏埠屯，发掘了4座商代墓葬，其中1号大墓的规制与安阳殷墟侯家庄西北冈的殷商王陵大致相类。墓主生前可能是诸侯之长、方伯一类的显赫人物。墓底中心腰坑和奠基坑，各发现 1 具人骨。奠基坑里的人骨呈下跪姿势；中心腰坑里的人骨，腿部已经折断，可能是活埋所致。二层台上，东面发现 6 具人骨，其中有一个是儿童；西面也发现 1 具儿童骨骼。墓室南门道口，分三层埋有胡乱堆放的 14 具全躯人骨，大多是儿童，有的还能明显看见绳索捆绑的痕迹。除此之外，还发掘出了 25 颗人头骨，头骨遗留颈椎骨数节，可以明显看出是用刀砍杀所致。[103]

▲ 益都苏埠屯奠基坑里人殉呈下跪姿态

此外，在江苏铜山丘湾、河北藁城台西等商代墓地，也都发现了类似的杀殉现象，说明晚商时期的人祭、人殉，已经作为一种制度而存在。

从甲骨文相关记载统计来看[104]，有关人祭的卜辞也是以武丁时期为最多，计有甲骨 673 片，卜辞 1006 条，祭用 9021 人。另有 531 条未记人数。其中，最多的一次祭用人数是 500 个。

廪辛、康丁、武乙、文丁时期，计有相关甲骨 443 片，卜辞 688 条，祭用 3205 人。另有 444 条未记人数。最多的一次祭用人数是 200 个。

祖庚、祖甲时期，计有相关甲骨 100 片，卜辞 111 条，祭用 622 人。另有 57 条未记人数。最多的一次祭用是 50 个羌人。

帝乙、帝辛时期，计有相关甲骨 93 片，卜辞 117 条，祭用 104 人。另有 56 条未记人数。最多的一次祭用人数是 30 个。

从文献记载看，商代末期对外战争十分频繁，所获战俘也应该不在少数。不过,这一时期商王朝用兵的主要方向是东南方的淮夷,但同一时期的甲骨卜辞中很少有用战俘作为人牲的记载。武乙时期有一条卜辞说,商王命羌奴开垦荒地[105],说明商代末期社会发生了重大变化,那就是不再把大量的战俘杀掉作为人牲,而是转变使用到了农业生产上。[106] 这同商末几代帝王淡化鬼神观念,以及整个社会思潮和宗教思想的变化有密切关系。

不过,这只是问题的一个方面。从另一角度看,自武丁至帝乙、帝辛时期,商王朝用人牲、人殉的次数和数量越来越少,同周人作为商王朝"牧师""方伯"强势崛起也不无关系。据甲骨卜辞记载,从盘庚迁殷到帝辛亡国,共用人祭13052人;另外还有1145条卜辞未记人数,如果1145条卜辞都以1人计算的话,全部杀人祭祀,至少当用14197人——这是个很不完备的数字,因为有很多甲骨流失在国外,还有被损坏的、没有被发现的,等等。这其中,仅祭用羌人牲,就达到了7426人,占全部杀殉人数的52.5%,这还不包括324条未记具体人数的卜辞。[107]

考古学家曾对前述1976年春发掘后又回填的殷墟王陵区191座墓和祭祀坑遗骸作了重新发掘,并结合甲骨卜辞以及锶同位素科技考古的手段进行研究分析,结果表明,这些人牲基本上是来自以羌人为主要组成部分的外族俘虏。[108]

周人崛起后,由于得到商王朝的大力支持,再加上周人和羌戎集团有着千丝万缕的联系,遂一跃而成为西方霸主,有力地遏制了羌人对商王朝的侵略和骚扰,这使得商王朝不再或者说很少再同羌戎集团发生战争,这样一来,原来在人牲中占主要比重的羌人俘虏就没有了来源,商王朝用作祭祀的人牲随之断崖式下跌。

西土衰变（一）

盘庚迁殷后，安阳地区一跃而成为新的王畿所在，原来作为王畿地区的豫西地区则下降为商王朝的西土，偃师商城也随之被弃。武丁后期，商王朝在豫西地区最西面的灵宝通往关中的交通要道上，一字排开设立了东桥、赵家沟和王家湾三个军事据点——这三个地方都出土了鼎、鬲、斝、爵、觯、觚等青铜礼器以及戈、钺、斧、锛、刀等青铜兵器和工具。[109]

相比于早商时期繁盛热闹的景象，晚商时期的豫西地区除了发现有区区几处小型遗址外，基本上可以说是荒无人烟。至于豫西地区为什么会沦落至此，迄今为止还没有一个明确而令人信服的答案。有人说，豫西地区是不同集团势力相互争夺的区域，因之没有稳定的聚落，也就缺乏高等级的商系铜器墓；还有人说，这里可能发生过一场大规模的瘟疫或灾祸，导致人们大批死亡，而幸存者也由于恐惧而纷纷逃离。[110]

关中地区同豫西相比，表现出的是截然相反的历史景观。晚夏时期，关中地区遗存很少，[111]几乎可用人迹罕至来形容。进入商代以后，不同地区的人从东、西、北三个方向开始持续进入关中地区，他们在经过长时间的冲突、摩擦、融合后，形成了以商人为主的新的群体，但仍然没有形成统一的局面。至晚商时期，由于商王朝的政治重心转移到安阳一带，郑洛地区不再是其经略的重点，山西和关中地区由此走上了各自独立发展的道路。[112]

关中地区是一个地堑式的构造盆地。其东，以黄河为界，与山西、河南隔河相望，正处在"扼雍、豫之噤喉"[113]地位；其西，以陇山为界分隔陕西和甘肃两省，道路逶迤，艰险难行；其南，以秦岭为障隔绝南北交通；其北，是黄土高原逐渐向关中倾斜下降形成的一系列低山——北山山系。相对于东、南、西三面的天然阻隔，北山山系虽不至于造成南北交通的隔绝，但亦不失为积蓄力量、拥兵自重的战略要地。这一独特的地理构造特点，决定了它的封闭性，所以，自古以来，函谷关、武关、散关、陇关和萧关等关隘就是进出关中的大门。关中盆地面积并不大，东西长300余公里，南北宽窄不一，最窄处宝鸡附近只有区区30公里，西安以东宽也不过百十公里。[114]

封闭，决定了关中地区可以作为"割据军阀"成长壮大的战略宝地；狭小，决定了有野心的"割据军阀"必须走出关中地区，方能一统天下。

商初，商人从豫西跨黄河进入关中东、北部地区，形成了以西安老牛坡遗址为代表的老牛坡类型商文化和以铜川北村遗址为代表的北村型商文化[115]，随后商人继续西进，以自身为主，与从西、北两面涌入的人群融合，形成以岐山京当遗址为代表的京当类遗存。[116]

在殷墟三期，约为廪辛至文丁时，来自晋陕高原的鬼方等羌戎集团开始渗透至北村型商文化之中，而此时也正是周人在古公亶父率领

第八章 盛极而衰

下迁居周原，以及季历在得到商王武乙支持下率领周人迅速成长壮大的时期。

有周一族和夏人、羌人有着千丝万缕的关系，这一方面是因为周人自称为夏人的后裔，另一方面是因为周人是帝喾族群西下的一支同西北当地土著姜原氏部族融合后新诞生的一个族群。[117] 姜和羌相通，姜人就是羌人。有邰氏的地望，古代文献所指在今关中西部偏东扶风县姜原村一带。[118]

从考古学上观察，先周文化是周武王灭商前早期周人的考古学文化，主要来源于客省庄二期文化的客省庄类型，是龙山文化向西扩张和当地庙底沟二期文化冲突、交融的结果。[119]

关中地区在晚商时，除商文化以外还存在着郑家坡和刘家两支考古学文化。其中郑家坡文化是居于晚商时期的先周文化，[120] 而刘家文化则是羌方文化。[121] 两支文化能够长时间和平共处于一片狭小的地域，说明二者之间有不同寻常的关系。

周人占领了关中西部大部分地区，迫使商人从关中西部退出——京当型商文化就消失在这个时候，关中西部由此形成了以武功郑家坡遗存为代表的先周文化和以扶风刘家墓地为代表的古羌族刘家文化相互对峙的二元格局。之后，周人又东进关中东北部，取代北村型商文化而成为该地的主人。彼时，已经是商王帝乙时期。[122]

前述鬼方并未止步于关中北部地区，而是继续向南推进，跨越渭河进至华县一带——华县野沃沟商墓出土的金项饰、金耳饰、铜罍（罐）等文物也属晋陕高原李家崖文化遗物。[123] 华县东阳遗址于2014年出土的鬲、瓮口沿多饰花边和鬲足较肥硕等特点，与李家崖文化遗物相似，年代为殷墟晚期。[124]

《今本竹书纪年》记载，武丁"三十二年，伐鬼方次于荆"[125]，这个"荆"就是今西安市阎良区与渭南市富平县之间的黄土山梁，即从北山延伸而来的泾河与石川河分水岭，现仍称荆山、荆原。武丁这一次的军事行动历经三年，取得重大胜利并降服了鬼方，同时也震慑了其他方国部族，收到"氐羌来宾"[126]之效。

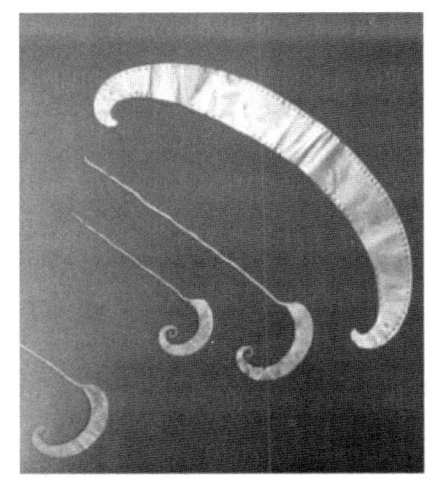

▲ 华县野沃沟商墓出土的金项饰和金耳饰

分布在关中西部的刘家文化、碾子坡文化，当属古羌人文化。[127] 甲骨文中涉及商王朝征伐羌方的战争记载，数量仅次于征伐呂方、土方，而多于征伐鬼方。晚商早期通过武丁征伐鬼方、妇好征讨羌方，以及其他一系列讨伐战争的组合拳，迫使鬼方、羌方主动臣服，反映在考古学上就是关中地区京当型、北村型和老牛坡商文化，在武丁所在的殷墟二期早段及其之后还在继续发展。

总体而言，在关中地区及其周围这个更大的区域社会中，商人无疑是其中最发达的政治势力。山西、陕北和陕南都相继迈入青铜时代，从而形成了地区性中心聚落。甘青地区最为落后，可能还处在较为平等的原始社会。在这样一个发展不均衡的区域社会中，深居其中的关中地区也出现了发展不平衡现象。地理位置上与商文化相邻的地区，其社会发达程度就更高一些，如老牛坡遗址；反之就低一些，如宝鸡市高家村墓地。[128] 而像表面上接受了商王领导和支持成为商王朝西疆

第八章 盛极而衰

代理人身份的周人，事实上已经是关中地区的"巨无霸"，周公季历的眼光已经越过黄河，瞄向了日益衰败的商王朝那片广阔的土地。

从现有考古资料观察，晚商统治者同关中地区发生联系，是通过沿太行山东南麓与黄河之间的山前地带西行，至孟津渡河，再西行入渭水谷地这条道路来实现的。[129] 太行山南麓山前地带晚商时期的墓葬已经发现的有辉县琉璃阁和褚丘、淇县大李庄、焦作聂村、温县小南张、济源柴庄等。新乡、鹤壁等地也零星发现过一些晚商铜器墓。墓葬年代从殷墟一期一直延续到四期。太行山南麓和相邻的黄河南岸地区，除上述墓地外，还发现有较多属于晚商时期的居址，重要的如淇县宋窑，辉县丰城、孟庄、孙村，新乡李大召、后高庄，武陟保安庄、大司马，焦作府城，等等。前述各铜器墓与居址的分布空间大体重合。各聚邑中有普通聚落，也有族墓地，说明各地普遍采取的是聚族而居、以族为治的管理模式。同时，各聚落墓葬中，往往多有贵族随葬青铜礼器和兵器，基本遵循商系礼制的现象，说明这些贵族是受商王朝控制或者是直接派遣过去的军事统帅一类人物。

由于从安阳西行至太行山，再沿其南麓到达济源后，受王屋山所阻，需折转向南至孟津渡河，再沿黄河南岸西行抵崤函进入关中，因此这条主干道交通线在孟津—崤函段是位于黄河以南的。上述发现有晚商时期青铜礼器和兵器的灵宝东桥、涧口王家湾、赵家沟等遗址，都是商人设在这条交通主干线上的重要据点。

西土衰变（二）

晋南作为晚商西土重要的一部分，又同豫西和关中地区呈现出不一样的风貌。山西东为太行山，西为吕梁山，中间是从吕梁山北部一路流经忻州、太原、晋中、临汾、运城等多个盆地的汾河。太行山脉南部的腹心地带是包括长治、晋城两地在内的晋东南地区。其西就是从霍州一带向南蜿蜒而过的太岳山—中条山脉及其余脉，太岳山—中条山脉同吕梁山东西包夹形成了包括临汾和运城在内的晋南盆地。

迄今为止，晋南地区所发现的晚商遗址基本位于河汾以东，大都靠近由太岳山—中条山脉蜿蜒而过形成的丘陵盆地边缘地区，有些遗址已进入山区。[130] 这一路自北向南主要分布有洪洞坊堆—永凝堡、杨岳、前柏，浮山桥北，尧都庞杜，曲沃西周，绛县周家庄、乔野，闻喜酒务头等遗址、墓地。除周家庄遗址外，这些遗址和墓地均发现了不早于殷墟二期的大型墓葬，也就是说，这些大型墓葬的出现都是商王祖庚、祖甲之后的事情。这一方面说明这些聚落等级较高，居住着高等级贵族，另一方面也说明武丁中兴以后，晋南地区的政治格局出现了较大的变化。

从聚落分布的情况来看，这些聚落周围大都未见同时期的中、低等级聚落，这同早商时期晋南地区东下冯和偃师两座商城结构布局基本一致，而与商王朝畿内地区由众多小型聚落环绕中心聚落的布局迥异。这种情况的出现同分布在山西西北部和陕北等地的以鬼方、吕方、土方等为代表的羌戎集团南下侵袭有关。作为羌戎集团遗存的李家崖文化，是一个拥有实力和资源组织人力发动战争的政治实体组合，他们虽然不具备消灭商王朝的实力，但黄土高原千沟万壑、易守难攻的地形，足以帮助他们对晋南地区进行骚扰和掠夺，并轻松应付来自商人的反击。

正是在这种情况下，商人大约从武丁后期开始，主动将散居在汾河以西的商人和其他降服商王朝的族人撤到了汾河以东及其邻近地区，以汾河为安全屏障，布设了一条战略防线。这条防线由包括上述多个位于晋南盆地东缘在内的据点组成，大致沿太岳山西麓—中条山西麓一线绵延下来，从而形成了"居高临下，俯瞰西方，南北呼应，连通腹心的局势"。[131] 如果再把霍太山以北的灵石旌介晚商遗址计算在内，那么这条防线事实上就已经从北到南贯穿了整个晋南地区。

这些大型聚落兼有政府管理和军事防御的性质，其首领可能是当地某一部族的首领，也可能是由商王直接派出的军事统帅。如位于浮山县北王乡桥北村西南坡梁上的桥北墓地，这里出土的带墓道大墓形制特征多与殷墟相似，还有殉人、附葬车马等，虽因盗掘严重，出土遗物不多，但所见车马器具也和殷墟大同小异。[132] 特别值得一提的是，被盗墓葬出土的方罍、觚、爵、卣等青铜器上都铸有"先"字铭文。[133] 1932年安阳就出土了有"先"字铭文的青铜鼎，甲骨文中也多有关于"先"的记载，或地名、族名，或称"先侯"，不一而足，说明桥北墓地是一处同殷墟有密切关系的"先"族墓地。不过，墓葬所出陶鬲形制与殷墟有较大差别，暗示其文化来源有别，可能出自附近陶寺遗址主人陶唐氏，后来归附了商王朝，才受封于浮山桥北一带。[134]从墓葬形制、埋葬习俗和青铜器形制纹饰、组合关系等方面与晚商文化有密切关系来看，桥北遗址应该是隶属于晚商西土的一个重要据点。[135]

▲ 浮山桥北墓地出土的铸有"先"字的商凤鸟纹铜觚

闻喜酒务头商代墓地也是晚商时期的一处重要战略基地，其中发现有带墓道的甲字形大墓、中型墓、车马坑、祭祀坑等重要遗迹，尽管也遭遇严重盗掘，但还是出土了大量的珍贵文物。部分铜器上铸有铭文"匿"字，暗示这里是晚商时期一处级别较高的匿族墓地。总的情况与桥北类似，出土器物显示与殷墟关系紧密，但陶器的形制也与殷墟有不尽相同之处。说明这里是隶属于商王朝的"匿"国或"匿"族活动之地，也是商王朝设在晋南地区的另一个重要军事和行政管理基地。[136]

上述遗址大都凭险设置，处在晋南盆地通往商王朝畿内交通要道上。如洪洞坊堆—永凝堡、杨岳等遗址就扼守在经古县、安泽通往晋东南的通道上；临汾庞杜、浮山桥北则扼守在临汾盆地经古县及经响水河、翼城通往晋东南的通道上；曲沃西周遗址在东南同浮山桥北遗址遥相呼应，形成可以互相倚仗的掎角之势；绛县乔野寨、周家庄和闻喜酒务头等遗址又严格把控着晋南盆地经垣曲通往豫北的道路。这种情况说明，这些据点的设置都具有一定的战略意义。[137]

晚商时期，晋南盆地汾河以西遗址寥寥无几，或许已经成为商人同以鬼方、吕方、土方等为代表的羌戎集团对峙的缓冲地带。双方你来我往，刀光剑影，民众要么加入战团，要么只能逃之夭夭。

从文献记载和甲骨卜辞看，晚商时期的吕梁山及其东麓已出现多个羌戎族系或者同羌戎族系有关的方国。主要有：辔方，在今石楼县北一带；土方，在今石楼县一带；马方，在今朔州城区东北一带；羌方，在今太原一带；𢼸，在今平遥县一带；甫，在今隰县北一带；基方，在今蒲县北一带；吉方，在今吉县一带；龙方，在今河津市一带；稷，在今稷山县一带；吴，在今永济市虞乡吴山一带；条，在今运城市安邑区一带；让，在今永济市东面；首，亦称道，在今永济市首阳山一带；缶，在今永济市陶城一带；方，在今夏县一带；如此等等。[138]

商王朝和羌戎集团互有攻守，也有犬牙交错的情形，如亘、召（亦称邵）就活动在今垣曲县及其东邵城一带。[139]洪洞前柏遗址也发现有李家崖文化的诸多遗存[140]，暗示羌戎集团的某支武装势力可能一度到达晋南盆地汾河以东地区。商王武乙也曾田猎于河渭之间，前述文献上说他被雷劈死，也难保不是死于羌戎集团的突袭之下。

但商王朝对西土的经略可能并不止设立战略防线这么简单，因为王朝消费所需的许多资源都需要从西部引入，所以这些兼有政府管理职能的军事据点可能还同时起到了贸易中转站的作用。[141]

注　释

1. 孟世凯：《商朝》（文明的历程丛书／李学勤主编），上海科学技术文献出版社2020年版，第163页。

2. 顾颉刚、刘起釪：《尚书校释译论》，中华书局2005年版，第998—999页。

3. （晋）皇甫谧撰，徐宗元辑：《帝王世纪辑存》，中华书局1964年6月版，第72页。

4. （清）孙星衍撰，陈抗、盛冬铃点校：《尚书今古文注疏》，中华书局2004年版，第438—439页。

5. （清）郝懿行著，李念孔点校：《竹书纪年校证》，齐鲁社2010年版，第3865页。

6. （清）孙家鼐等主编，钱伟疆、顾大朋点校：《书经图说》，浙江人民美术出版社2019年版，第860页。

7. 孟世凯：《商朝》（文明的历程丛书／李学勤主编），上海科学技术文献出版社2020年版，第166页。

8. （清）郝懿行著，李念孔点校：《竹书纪年校证》，齐鲁书社2010年版，第3865页。

9. 孟世凯：《商朝》（文明的历程丛书／李学勤主编），上海科学技术文献出版社2020年版，第167页。

10. 李玲玲：《商王廪辛何以未入周祭祀谱》，《中国社会科学报》2020年9月8日。

11. ［韩］具隆会：《"神不歆非类"：晚商祭礼改革凸显血缘因素》，《中国社会科学报》2013年12月11日。

12. 李双芬：《晚商时期人神关系出现新变化》，《中国社会科学报》2016年7月25日。

13. （清）洪亮吉撰，李解民点校：《春秋左传诂》，中华书局1987年版，第673页。

14. 孟世凯：《商朝》(文明的历程丛书/李学勤主编)，上海科学技术文献出版社2020年版，第167页。

15. （清）孙诒让撰，孙启治点校：《墨子间诂》，中华书局2001年版，第258页。

16. （清）郝懿行著，李念孔点校：《竹书纪年校证》，齐鲁书社2010年版，第3866页。

17. （清）洪亮吉撰，李解民点校：《春秋左传诂》，中华书局1987年版，第673页。

18. （汉）司马迁撰，（南朝宋）裴骃集解，（唐）司马贞索隐，（唐）张守节正义：《史记》，中华书局1982年版，第104页。

19. （清）马骕撰，王利器整理：《绎史》，中华书局2002年版，第213页。

20. 何光岳：《商源流史》，江西教育出版社1994年版，第99页。

21. （汉）司马迁撰，（南朝宋）裴骃集解，（唐）司马贞索隐，（唐）张守节正义：《史记》，中华书局1982年版，第104页。

22. （清）马骕撰，王利器整理：《绎史》，中华书局2002年版，第213页。

23. 王叔岷撰：《史记斠证》，中华书局2007年版，第97页。

24. 《商代史》课题组著，宋镇豪主笔：《商代史论纲》(商代史·卷一/宋镇豪主编)，中国社会科学出版社2011年版，第418—422页。

25. （汉）司马迁撰，（南朝宋）裴骃集解，（唐）司马贞索隐，（唐）张守节正义：《史记》，中华书局1982年版，第104页。

26. （清）郝懿行著，李念孔点校：《竹书纪年校证》，齐鲁书社2010年版，第3867页。

27. 岳南：《考古中国——夏商周断代工程解密记》，海南出版社2007年版，第225页。

28. （清）郝懿行著，李念孔点校：《竹书纪年校证》，齐鲁书社2010年版，第3867页。

29. 王叔岷撰：《史记斠证》，中华书局2007年版，第97页。

30. （清）孙希旦撰，沈啸寰、王星贤点校：《礼记集解》，中华书局1989年版，第132页。

31. 张光直：《考古学专题六讲》，文物出版社1986年版。

32. （汉）司马迁撰，（南朝宋）裴骃集解，（唐）司马贞索隐，（唐）张守节正义：《史记》，中华书局1982年版，第104页。

33. （汉）司马迁撰，（南朝宋）裴骃集解，（唐）司马贞索隐，（唐）张守节正义：《史记》，中华书局1982年版，第104页。

34. （汉）司马迁撰，（南朝宋）裴骃集解，（唐）司马贞索隐，（唐）张守节正义：《史记》，中华书局1982年版，第110页。

35. 王奇伟、何宏波：《从武乙射天看商代的人神关系》，《郑州大学学报》2001年第5期。

36. 李琳之：《前中国时代——公元前4000—前2300年华夏大地场景》，商务印书馆2021年版，第508—516页。

37. 稷王山又叫稷山，海拔1279米，是介于临猗、万荣、新绛、稷山之间的峨嵋岭的最高峰，北距尧舜古都陶寺仅百十公里。几千年以来，这里流传着大量关于后稷教民稼穑的种种传说，在今稷山县城内和万荣县西北稷王山麓的太赵村都还保留着从金元时期就已经存在的规模宏大的稷王庙。从考古材料看，山西汾河之南的稷山蔡村乡底史、三柴、吉家庄和靠西的河津庄头村，汾河之北的稷山西社镇西社和新绛横桥乡西柳泉等地都发现有丰富的陶寺文化。其中，属于陶寺中期的盆形斝、陶压锤等同客省庄二期文化的同类典型器物非常相似，而属于陶寺晚期的直领双鋬鬲更是同客省庄二期文化中同类器物完全一样。见2016年9月"中国·稷山首届后稷农耕文化研讨会"田建文提交的论文：《周族起源山西考——兼谈陶寺与石峁、新华、朱开沟》；姜捷：《客省庄二期文化遗存分析》，西安半坡博物馆编：《史前研究》（2002年），三秦出版社2004年版。）

38. 不窋所逃"戎狄之间"大体就在今河套和陕北地区。在大略相当于陶寺晚期和夏初时，这一区域的石峁、新华、朱开沟等遗址，忽然出现了以肥足鬲、圈足罐为代表的文化遗存，而肥足鬲、圈足罐正是来自晋南盆地陶寺文化的典型器物，这可以看作"不窋以失其官而奔戎狄之间"的另一种记录。见2016年9月"中国·稷山首届后稷农耕文化研讨会"田建文提交的论文：《周族起源山西考——兼谈陶寺与石峁、新华、朱开沟》。

39. （春秋）（旧题）左丘明撰，徐元诰集解，王树民、沈长云点校：《国语集解》，中华书局 2002 年版，第 3—4 页。

40. 周振甫译注：《诗经译注》，中华书局 2010 年版，第 407—408 页。

41. （宋）乐史撰，王文楚等点校：《太平寰宇记》，中华书局 2007 年版，第 719—720 页。

42. 程俊英、蒋见元：《诗经注析》，中华书局 1991 年版，第 823 页。

43. （清）阮元校刻：《十三经注疏》（清嘉庆刊本），中华书局 2009 年版，第 1097 页。

44. （汉）司马迁撰，（南朝宋）裴骃集解，（唐）司马贞索隐，（唐）张守节正义：《史记》，中华书局 1982 年版，第 114 页。

45. （晋）皇甫谧著，徐宗元辑：《帝王世纪辑存》，中华书局 1964 年版，第 81 页。

46. （清）郝懿行著，李念孔点校：《竹书纪年校证》，齐鲁书社 2010 年版，第 3867 页。

47. （汉）司马迁撰，（南朝宋）裴骃集解，（唐）司马贞索隐，（唐）张守节正义：《史记》，中华书局 1982 年版，第 115—116、1445 页。

48. （清）边连宝著，刘崇德主编，韩胜等副主编：《列国说荟辑要》，中华书局 2007 年版，第 1849 页。

49. （汉）毛亨传，（汉）郑玄笺，（唐）陆德明音义，孔祥军点校：《毛诗传笺》，中华书局 2018 年版，第 356 页。

50. 于少特：《凤凰山遗址为王季宅程之程邑——兼释周公庙出土金文、甲骨文"新邑"》，《宝鸡社会科学》2017 年第 2 期。

51. （清）郝懿行著，李念孔点校：《竹书纪年校证》，齐鲁书社 2010 年版，第 3868 页。

52. 张多勇、李并成：《义渠古国与义渠古都考察研究》，《历史地理》（第三十三辑），上海人民出版社 2016 年版。

53. （清）郝懿行著，李念孔点校：《竹书纪年校证》，齐鲁书社 2010 年版，第 3868 页。

54.《合集》33049、32904、32030、33050 等。

55.《商代史》课题组著，宋镇豪主笔：《商代史论纲》(商代史·卷一/宋镇豪主编)，中国社会科学出版社 2011 年版，第 421 页。

56.《合集》20074。

57. 余无亦称余吾，属于戎狄部落，活动在今山西屯留县余吾镇一带。季历和春秋时期晋国申生讨伐的狄戎，都在今天山西长治地区，时间间隔也不太远，两者涉及的东山很可能是同一个对象——山西、河北、河南三省交界处的太行山。见郑伟丽：《〈豳风〉——纪念周公季历的史诗》，《河北师范大学学报》2017 年第 6 期。

58.（清）郝懿行著，李念孔点校：《竹书纪年校证》，齐鲁书社 2010 年版，第 3868 页。

59. 于省吾：《甲骨文字释林》，中华书局 2009 年版，第 262 页。

60. 裘锡圭：《甲骨卜辞中所见的"田""牧""卫"等职官的研究——兼论"侯""甸""男""卫"等几种诸侯的起源》，《文史》(第十九辑)，中华书局 1983 年版。

61. 林沄：《甲骨文中的商代方国联盟》，四川大学历史系古文字研究室编：《古文字研究》(第六辑)，中华书局 1981 年版，第 81—82 页。

62. 徐中舒：《周原甲骨初论》，《古文字研究论文集》(《四川大学学报丛刊》第十辑)，四川人民出版社 1982 年版。

63. 郭沫若：《卜辞通纂考释》(第 513 片)，《郭沫若全集》(考古编)，科学出版社 2017 年版。

64.（清）郝懿行著，李念孔点校：《竹书纪年校证》，齐鲁书社 2010 年版，第 3868—3869 页。

65. 王晖：《周文王克商方略考》，《陕西师范大学学报》2000 年第 3 期。

66.（清）郝懿行著，李念孔点校：《竹书纪年校证》，齐鲁书社 2010 年版，第 3869 页。

67. 王国维：《鬼方昆夷猃狁考》，《观堂集林》，中华书局 1959 年版。

68. 李琳之：《元中国时代——公元前 2300—前 1800 年华夏大地场景》，商务印书馆 2020 年版。

69.（清）郝懿行著，李念孔点校：《竹书纪年校证》，齐鲁书社 2010 年版，第 3868 页。

70. 王国维：《鬼方昆夷玁狁考》，《观堂集林》，中华书局1959年版。

71. 贺世强：《探鬼方文化 寻文旅发展——清涧李家崖城址发掘引发的思考》，《榆林日报》2020年12月23日。

72. 吕智荣：《陕西清涧李家崖古城址陶文考释》，《文博》1987年第3期。

73. 张映文、吕智荣：《陕西清涧县李家崖古城址发掘简报》，《考古与文物》1988年第1期。

74. 宋江宁：《区域社会的形成与发展——从社会史角度对关中地区商代考古学遗存的几点解读》，中国社会科学院考古研究所夏商周考古研究室编：《三代考古》（七），科学出版社2017年版。

75. 蒋刚：《陕北、晋西北南流黄河两岸出土青铜器遗存的组合研究》，《文物世界》2007年第1期；杨建华、蒋刚：《公元前2千纪的晋陕高原与燕山南北》，科学出版社2008年版。

76. 吕智荣：《从石峁到李家崖》，《榆林学院学报》2018年第5期。

77. 内蒙古自治区文物考古研究所、鄂尔多斯博物馆：《朱开沟——青铜时代早期遗址发掘报告》，文物出版社2000年版，第285页。

78. 孟琦、杨建华：《李家崖文化分期及相关问题研究》，《考古与文物》2016年第1期。

79. （清）邵晋涵撰，李嘉翼、祝鸿杰点校：《尔雅正义》，中华书局2017年版，第381页。

80. （清）钱绎撰集，李发舜、黄建中点校：《方言笺疏》，中华书局1991年版，第240页。

81. 王恩田：《甲骨文吕方、歔方与廬方考》，《中原文物》2017年第1期。

82. 《合集》6168、6167。

83. 《合集》8503。

84. 王恩田：《甲骨文吕方、歔方与廬方考》，《中原文物》2017年第1期。

85. 榆林市文物保护研究所：《陕西子洲出土商代铜器》，《文物》2015年第1期。

86. 榆林市文物保护研究所：《陕西子洲出土商代铜器》，《文物》2015年第1期。

87. 邹衡：《夏商周考古学论文集》（第二版），科学出版社1980年版，第310—311页。

88. 王恩田：《甲骨文吕方、戲方与廬方考》，《中原文物》2017年第1期。

89. 吕智荣：《从石峁到李家崖》，《榆林学院学报》2018年第5期。

90. 王恩田：《甲骨文吕方、戲方与廬方考》，《中原文物》2017年第1期。

91. 杨弃、朱彦民：《"人牲""人殉"辨——兼谈安阳后冈圆形葬坑的性质》，《社会科学战线》2018年第12期。

92. 河南文化局文物工作队第一队：《郑州商代遗址的发掘》，《考古学报》1957年第1期；河南文化局文物工作队《郑州二里冈》，科学出版社1959年版。

93. 胡厚宣：《殷墟发掘》，复旦大学出版社2017年版。

94. 胡厚宣：《中国奴隶社会的人殉和人祭》（上篇），《文物》1974年第7期。

95. 郭宝钧：《一九五○年春殷墟发掘报告》，《中国考古学报》（第5册），中国科学院编印，1951年；杨弃、朱彦民：《"人牲""人殉"辨——兼谈安阳后冈圆形葬坑的性质》，《社会科学战线》2018年第12期。

96. 石璋如：《河南安阳后冈的殷墓》，《历史语言研究所集刊》（第13本），江苏古籍出版社2018年；杨弃、朱彦民：《"人牲""人殉"辨——兼谈安阳后冈圆形葬坑的性质》，《社会科学战线》2018年第12期。

97. 中国科学院考古研究所安阳队：《1958—1959年殷墟发掘简报》，《考古》1961年第2期。

98. 安阳亦工亦农文物考古短训班、中国科学院考古研究所安阳发掘队：《安阳殷墟奴隶祭祀坑的发掘》，《考古》1977年第1期。

99. 《小屯后五次发掘的重要发现》，《六同别录》上册，1945年；《殷墟最近发掘之重要发现附论小屯地层》，《中国考古学报》（第2册）。转引自胡厚宣：《中国奴隶社会的人殉和人祭》（上篇），《文物》1974年第7期。

100. 胡厚宣：《中国奴隶社会的人殉和人祭》（上篇），《文物》1974年第7期。

101. 郭沫若：《发掘中所见的周代殉葬情形》，《奴隶制时代》，中国人民大学出版社2005年版。

102. 中国科学院考古研究所：《辉县发掘报告》，科学出版社1956年版。

103. 郭宝钧等：《一九五二年秋季洛阳东郊发掘报告》，《考古学报》（第9册），1955年。转引自胡厚宣：《中国奴隶社会的人殉和人祭》（上篇），《文物》1974年第7期。

104. 胡厚宣：《中国奴隶社会的人殉和人祭》(下篇),《文物》1974年第8期。

105. 于省吾：《从甲骨文看商代的农田垦殖》,《考古》1972年第4期；张政烺：《卜辞裒田及其相关诸问题》,《考古学报》1973年第1期。

106. 杨锡璋、杨宝成：《从商代祭祀坑看商代奴隶社会的人牲》,《考古》1977年第1期。

107. 胡厚宣：《中国奴隶社会的人殉和人祭》(下篇),《文物》1974年第8期。

108.《殷墟的祭祀"人牲"是奴隶？——商朝奴隶社会的性质被质疑》,《人民日报》2015年4月2日；另参见唐际根2015年4月6日在北京大学"早期文明的对话：世界主要文明起源中心的比较"国际学术研讨会所做主题报告（论文摘要）。

109. 河南省博物馆、灵宝县文化馆：《河南灵宝出土一批商代青铜器》,《考古》1979年第1期。

110. 刘绪：《商文化在西方的兴衰》,《纪念殷墟发掘八十周年学术研讨会论文集》,台北历史语言研究所2015年版。

111. 张天恩：《试论关中东部夏代文化遗存》,《文博》2000年第3期。

112. 宋江宁：《区域社会的形成与发展——从社会史角度对关中地区商代考古学遗存的几点解读》,中国社会科学院考古研究所夏商周考古研究室编：《三代考古》(七),科学出版社2017年版。

113. 顾祖禹：《读史方舆纪要》(影印本),上海书店出版社1998年版,第364页。

114. 李健超：《陕西地理》,陕西人民出版社1984年版,第33页。

115. 张天恩：《关中商代文化研究》,文物出版社2004年版,第131—157页。

116. 宋江宁：《区域社会的形成与发展——商代关中的考古学研究》,中国社会科学院考古研究所夏商周考古研究室编：《三代考古》(七),科学出版社2017年版；宋江宁：《关中地区商代考古学遗存结构研究》,《陕西历史博物馆馆刊》第23辑,2016年。

117. 李琳之：《前中国时代——公元前4000—前2300年华夏大地场景》,商务印书馆2021年版,第508—516页。

118.（汉）司马迁撰,（南朝宋）裴骃集解,（唐）司马贞索隐,（唐）张守节正义：《史记》,中华书局1982年版,第112页。

119. 徐锡台：《早周文化的特点及其渊源的探索》，《文物》1979年第10期；李琳之：《前中国时代——公元前4000—前2300年华夏大地场景》，商务印书馆2020年版，第508—516页。

120. 尹盛平、任周芳：《先周文化的初步研究》，《文物》1984年第7期；牛世山：《先周文化探索》，《文物世界》1998年第2期；王仲孚：《试论周人先世传说与先周考古》，《中国上古史专题研究》，山东人民出版社2017年版。

121. 张天恩：《晚商西土考古学文化变迁与社会管理的认识》，《江汉考古》2020年第3期。

122. 张天恩：《晚商西土考古学文化变迁与社会管理的认识》，《江汉考古》2020年第3期。

123. 国家文物局：《中国文物地图集·陕西分册》，西安地图出版社1998年版，第595页；陕西省考古研究院：《华县东阳遗址（2014）》，三秦出版社2018年版，第42—43页。

124. 张天恩：《晚商西土考古学文化变迁与社会管理的认识》，《江汉考古》2020年第3期。

125. （清）郝懿行著，李念孔点校：《竹书纪年校证》，齐鲁书社2010年版，第3864页。

126. （清）郝懿行著，李念孔点校：《竹书纪年校证》，齐鲁书社2010年版，第3864页。

127. 邹衡：《先周文化研究》，《夏商周考古学论文集》，科学出版社2001年版，第315—324页；张天恩：《关中商代文化研究》，文物出版社2004年版，第277—344页。

128. 宋江宁：《区域社会的形成与发展——从社会史角度对关中地区商代考古学遗存的几点解读》，中国社会科学院考古研究所夏商周考古研究室编：《三代考古》（七），科学出版社2017年版。

129. 常怀颖：《略谈晚商太行山南麓及临近地区的铜器墓》，《中原文物》2020年第4期。

130. 田伟：《商代晚期的东西对峙》，《中国国家博物馆馆刊》2021年第2期。

131. 田伟：《商代晚期的东西对峙》，《中国国家博物馆馆刊》2021年第2期。

132. 桥北考古队:《山西浮山桥北商周墓》,北京大学中国考古学研究中心、北京大学震旦古代文明研究中心《古代文明》(第5卷),文物出版社2006年版。

133. 韩炳华主编:《晋西商代青铜器》,科学出版社2017年版,第10—18页。

134. 韩炳华:《先族考》,《中国历史文物》2005年第4期。

135. 张天恩:《晚商西土考古学文化变迁与社会管理的认识》,《江汉考古》2020年第3期。

136. 张天恩:《晚商西土考古学文化变迁与社会管理的认识》,《江汉考古》2020年第3期。

137. 田伟:《商代晚期的东西对峙》,《中国国家博物馆馆刊》2021年第2期。

138. 何光岳:《商源流史》,江西教育出版社1994年版,第80—85页。

139. 何光岳:《商源流史》,江西教育出版社1994年版,第82、85页。

140. 曹大志:《李家崖文化遗址的调查及相关问题》,《中国国家博物馆馆刊》2019年第7期。

141. 田伟:《商代晚期的东西对峙》,《中国国家博物馆馆刊》2021年第2期。

第九章
天命有德

周文王清醒地看到了武乙以来商王一代不如一代的衰败颓势。他明白,不是天命抛弃了殷商,而是殷商正在背离天命而行。

"天视自我民视,天听自我民听",上天不会偏爱任何一方,而是视下民口中的"德"而定。君王失德则会导致苛政,进而丧失人心,最终的结果必然是丧家辱国……

帝乙归妹

季历惨遭横祸,姬昌"苦之",周人悲号:"是以有衮衣,无以我公归兮,无使我心悲兮!"[1]但周人绝不是任人宰割的羔羊,而是像狼一样匍匐在草丛中,只要一声号令就将向敌人发起攻击![2]

季历死后,姬昌继位。[3]姬昌是个有名的孝子,《礼记·文王世子》记载[4],姬昌每天都要三次向父王季历请安。凌晨听闻第一声公鸡鸣叫,姬昌就会穿好衣服到父王的寝室外,问侍者:"父王今日安否?何如?"等到侍者回答他"一切安好"时,他才会安心离开。等到中午,他会再来一趟,问候同样的话语。晚上也是如此。一旦听说父王身体有恙,姬昌立刻就愁眉紧锁、忧心忡忡。等到父王能够正常进膳时,他的言行才能恢复正常的状态。除此以外,姬昌还经常到御膳房检查食料等相关细节,尽量帮助御厨做好父王的膳食。

季历、姬昌父子感情笃厚,所以季历横遭不测令姬昌痛彻心扉,可能在那一刻,他的心里就已经下定了剪商以周代之的决心。姬昌即位之日没像父辈、祖辈那样以周侯、周公面目出现,而是公然称王[5],史称周文王。姬昌称王事实上是向商王发出了分庭抗礼的战斗檄文。

据说，季历死后葬在终南山脚下，但由山上渗漏出来的水灌进了他的坟墓，棺材前面的横木因此暴露出来。周文王说："先王一定是想再看一看各位大臣和百姓，所以才故意让渗漏的水将棺木冲露出来。"于是，他派人把棺木挖出，搭起灵棚，让百姓都来朝见，三天以后重新下葬。[6] 周文王的目的显而易见，就是要让臣工百姓体认先王季历的恩德，继承他未竟的事业，"修我戈矛，与子同仇"[7]，推翻商王朝，实现以周代商的宏伟蓝图。

文丁意图通过杀季历遏制周人的崛起，不料反倒激起周人同仇敌忾、抵御外辱的民族情绪，无形之中又给自己树立了一个强大的敌人。彼时的商王朝国内经济凋敝，边患不断，国家已无力劳师远征周人。文丁偷鸡不成反蚀一把米，只能眼睁睁地看着姬昌堂而皇之地称王，变相地向他宣战。

文丁在内忧外患又无能为力的哀叹声中挨过两年后，给他儿子帝乙撂下一个难以收拾的烂摊子，撒手西归。

帝乙，名羡[8]，系商朝第29任君主，夏商周断代工程将他在位时间厘定为公元前1101年—前1076年。[9] 帝乙即位，"殷益衰"[10]，不但西方的周人对商王朝磨刀霍霍，准备报季历被囚的一箭之仇，而且东方海岱地区和东南方江淮一带的夷人也蠢蠢欲动，不时闯入商东土进行骚扰抢劫。[11]

帝乙本来还想上位后有一番大的作为，这从他的"帝"号就可以看出端倪。在祖甲之前，"帝"作为主宰天上人间万能的神灵只属于上天，祖甲改制之后，商人的祖先神方有了"帝"的称号，祖先神第一次压倒天帝而成为自然界和人间最高的主宰，但祖先神只是一颗亡去的灵魂，还不能完全代表商王本人的意志。虽然后来有了祖乙"射天"藐视天帝的疯狂举动,但祖乙毕竟还不敢公然以"帝"自居。帝乙即位时,姬昌为报父仇,在即位之初就以王的姿态宣示天下,向商王朝象征统治天下的"王位"发出了强有力的挑战。或许,正是在这种外来强大压力的刺激下,帝乙才不得不抛弃商王自成汤以来俯首于"帝"而以王相称的传统,直接登基,以"帝"相称。其涵义十分明了:我是王,你姬昌顶多就是一个方国侯、公或伯;你要是王,那我就是万能的人间主宰"帝",照样压你一头,你的周还是我统辖下的一个方国。

帝乙心气儿很高,但是面对东西两面"山雨欲来"的窘境却也是一筹莫展。周文王即位时,已经人到中年,他自知周的实力比起商差了很多,所以,尽管国内为先王季历报仇的呼声此起彼伏,他一直隐忍不发,就是为了等待合适的时机。这样一直等到文丁死后帝乙即位时,他意识到这是一个机会。尽管他的部队可能没法打赢实力还很强大的商人,但是他不能不正视国内要为先王报仇的民意。最重要的不一定是胜利,而是那种敢于"亮剑"的精神。先王已经死去了近三年,如果还不能扬眉剑出鞘,那接下来的可能就是民心的丧失和友邦对他的失望。

再三斟酌筹划后,周文王趁帝乙即位次年还立足不稳的时候,率军东进伐商,[12]虽然这场战争没有取得最后的胜利,但从后来的历史发展情势来看,周文王还是取得了预料中的效果,首先是以必要而又较小的牺牲为代价,平息了"国"内外的舆论,为他下一步剪商大略的实施奠定了坚实的基础。更重要的是,这次战争从心理上给帝乙带来沉重的压力。

帝乙在东西夹击的情况下,不能不正视周人复仇的决心和实力。

第九章 天命有德

毕竟在古公亶父和季历时代，周在西疆作为商的方国起到了靖边的重要作用，让他的祖辈和父辈可以高枕无忧，而现在的内忧外患又是由自己的父王文丁一手造成的，是商理屈在前，对不起周人。

愧疚的心理和内忧外患的现状，迫使帝乙产生了同周人和好的想法。但作为大邑商的君主不可能低下高贵的头颅向一个处在偏僻之地的蕞尔小邦主动认错，如果那样做的话，

▲ 有"周"的卜辞

天颜何在？帝乙和手下大臣绞尽脑汁，最终想到了一个既不失体面又可以两全其美的策略，那就是帝乙将妹妹下嫁周文王，用和亲的方式求得两国的永年交好，即《周易》所谓"帝乙归妹，以祉元吉"。[13]

帝乙为此亲自卜了一卦。卦辞显示：嫁妹和亲为上策，如果以武征讨，必招祸患，有害无益。[14]帝乙在困顿中看到一丝希望，于是就派人把和亲的意图传达给了周文王。文王经过前面伐商的失败早已清晰地认识到，周国的实力还远未达到能同大邑商相抗衡的地步，如果硬碰，最终一定是国破家亡、天下大乱，这并不是他想看到的结果。现在帝乙伸出了橄榄枝，正好可以借商的护翼让自己的国家成长壮大，何乐而不为呢？文王主意既定，可能还费了一番口舌，说服了那些斗志昂扬的主战派，让他们放下仇恨的成见，愉快地接受了帝乙的和亲请求。

但接下来的事情却出现了一些麻烦。周在那个时候实行的还是媵

婚制。媵在我国古代专指随嫡而嫁的女妾。也就是说，如果一个男子同某家的长女结婚，妻子所有的妹妹一到成年，他即有权利将她们娶作次妻——这种习俗在人类中有悠久的历史，是古老的伙婚制的残余。[15]

周文王此前已先聘了有莘氏女大姒为嫡夫人，按媵婚制，帝乙之妹只能以娣即大姒妹妹的身份嫁给周文王。帝乙作为大邑商的君王，让自己的妹妹以这种身份下嫁周文王当然不爽，但是他又无力也没有理由让周文王破坏这种媵婚制，只能在无奈中接受了这个事实。

待到"新娘"出嫁时，新的麻烦又接踵而至。帝乙为了不失君王的颜面，要按照嫡夫人的礼节出嫁妹妹，或许还要求周文王亲自前往迎接。因为父王在大邑商遭软禁而死亡的事实，让周文王心有余悸，他理直气壮地予以拒绝，要求帝乙必须以娣的礼节出嫁其妹。双方一赌气，便误了婚期，只好等待下一个良辰吉日再行婚礼。等到再一次婚期来临时，帝乙之妹虽然不得已以娣的身份出嫁，但作为大国公主，绫罗绸缎，一身光鲜，完全把嫡夫人大姒给比了下去。不过，帝乙之妹毕竟是以媵妾的身份出嫁，所以在周王室并无承先祖奉祀的权利。[16]

《诗经·大雅·大明》描述了文王迎娶"帝乙归妹"的宏大场面[17]：

> 卜辞婚姻兆吉祥，文王亲迎渭水旁。
> 连船作桥渡河去，隆重荣光喜洋洋。

商纣失德（一）

"帝乙归妹"，商周各取所需，双方在表面上恢复了以往的隶属关系，商王朝的西疆也暂时得以安宁，这使得帝乙可以腾出手来集中精力对付来自夷人的威胁。

《今本竹书纪年》记载，帝乙三年，昆夷攻打商朝，帝乙派南仲率军北上抵御昆夷的进攻，并且在今河套地区修筑了朔方城。[18] 甲骨卜辞显示，帝乙还曾对商东部的人方亦即夷方、尸方[19]进行了征伐，其中出征规模最大的一次即所谓"帝乙十祀征人方"。[20] 这次征伐从当年的9月一直持续到次年的4月，历时7个月凯旋。[21]

也许是压力太大，操劳过度，帝乙在位9年即撒手西归。帝乙驾崩后，其子帝辛继位。[22]

帝辛，名受[23]，后世称纣，有学者认为系"受"之音转。[24] 夏商周断代工程将其在位时间厘定在公元前1075—前1046年。[25]

纣是帝乙的小儿子，按道理说轮不着他继位，但是他和哥哥微子启不是一母所生。微子启因母亲地位低贱，失去继承王位的资格，而纣的母亲乃正后，纣就作为嫡子成为名正言顺的继承人。[26] 还有一种说法是，纣上面还有微子启和仲衍两个哥哥，纣母生他两个哥哥时，身份还是妾。纣母想按照常理把微子启立为太子，太史却据法而争说："妻有子，就不能再立妾之子。"这样，纣就成了法定的继承人。[27]

纣继位时，作为商王朝精神主导力量的巫文化已经失去了统摄人心的整合作用，早商时期信奉的天帝基本被打倒在地，帝由超自然、超社会、统御四方的天神演变为商人的祖先神，到帝乙时又直接演变为商王的代名词。旧的信仰体系崩塌，而新的价值观又未建立起来，社会遂出现了信仰价值理论体系空白的紊乱状态。这一方面导致商王本人自我意识无限膨胀，认为自己就是天生万能的帝，以至刚愎自用，独断专行；另一方面，朝野上下思想混乱，商王的威望和号召力逐渐失去了统合力，各种有违社会伦理和天道的巫教趁机破土而出，因而使得商末整个社会处于一种没有精神皈依的无序状态之中。

纣开始并非那种一意孤行的昏君，尚能守成任贤。毕竟他距离武丁时代也不算太远，家风遗俗、流风善政对他应该有所影响，而且还有微子、微仲、比干、箕子、胶鬲等一班贤臣相助。

纣天资聪颖，口才流利，行动果断，有着较强接受新事物的能力，而且气力过人，能徒手与猛兽格斗。换言之，纣辛具备了一个英明君主所需的所有条件。然而不幸的是，他恰好继位于天帝被打倒、君王无所敬畏的商代末期。他继父亲帝乙称帝之后，再次以帝的身份出现，实际上就意味着这个"万能"的帝位赋予了他一种天生的无所不知、无所不晓、无所不能、无所畏惧的假象权力意识。因此，他虽然有智慧，但是这种智慧反成了他拒绝臣下劝谏的"英明"决断；他虽然有辩才，但这种辩才却成了他掩饰自己过错滔滔不绝的口才表演；他虽然有才能，但这种才能也只是用在大臣面前夸耀显摆自己。他因此睥

睨天下一切贤能和英雄。²⁸

为了显示自己就是"万能"的帝，比天帝还要厉害，纣居然也学他的祖先武乙，也来了一次"射天"的举动："囊盛其血，与人县而射之，与天帝争强。"²⁹

既然自己比天帝能力还大，那就说明自己作为"万能"之帝是命中注定的，所以对商初以来延续下来的祭祀鬼神的传统也就可以忽略不计了。《泰誓上》借周武王之口指责他："弗事上帝神祇，遗厥先宗庙弗祀。"³⁰《汉书·艺文志》骂他："纣王上位，逆天暴物。"³¹

▲ 清·宗庙不享图

商末的巫风之盛,带来的不是虔信,而是亵渎。这种亵渎神明的风气,已经风靡了整个社会,当时的殷民甚至偷窃供奉在神祇牌位前的祭品,根本不怕老天降下灾祸。[32]

晚商时期,商王"弗事上帝神祇,遗厥先宗庙弗祀",专事卜卦的贞人数量也因此一路下跌。[33] 武丁时期贞人有 62 位,祖庚、祖甲时期有 26 位,廪辛、康丁时期有 14 位,到武乙、文丁时期有 5 位,帝乙、帝辛即纣时期有 6 位。贞人数量呈现递减态势,尤其是康丁之后,贞人数量更是以雪崩式的速度骤然下跌。相比之下,商王亲自占卜的次数逐渐增加。这样的现象固然可以显示为王权加强、神权削弱的具体体现,[34] 但也表明了商王以"天王"自居的膨胀心态,即商王本身就是人间神。而在晚商诸王中,最不信任贞人的商王又是曾有"射天"举动的武乙和纣。纣还自称为"天王"[35],并且当着众大臣的面狂妄叫嚣:"我生不有命在天?"[36] "有命在天"其实即是"有命在己"。因为"谓己有天命",自然就"谓敬不足行,谓祭无益,谓暴无伤"[37] 了。

纣好饮。司马迁说他"好酒淫乐","大聚乐戏于沙丘,以酒为池,悬肉为林"。[38]

《诗经·大雅·荡》借周文王之口斥纣:上天未让你酗酒,也未让你用匪帮。礼节举止全不顾,没日没夜灌黄汤。狂呼乱叫不像样,日夜颠倒政事荒。[39]

《尚书·酒诰》说,商纣好酒,以为有命在天,不管臣民的痛苦,只管酗酒作乐。因宴乐饮酒而丧失了威仪,让臣民很痛心。纣王自己放纵酒乐,导致臣工百姓上效下仿,也不去制止。整个商王朝,从上至下充斥着群臣私自饮酒的腥气和百姓的怨气。[40]

不单是周人指责商纣好饮导致商末社会颓靡,商人自己也看不下去了。曾为纣重臣的微子就说:"我们的先祖成汤早就制定了常法,而纣王沉醉在酒中,因淫乱败坏了成汤的美德。"另一位重臣父师则哀叹:"老天要降大灾灭亡我们殷商了,然而君臣上下还沉醉在酒中,根本不把老天的威力当回事。"[41]

  商人嗜酒和他们所崇奉的巫教文化有关。[42] 商人痴迷于巫风,好占卜,重祭祀,几乎无所不祭。而凡祭祀,则不能没有酒。祭祀以酒,是其中必不可少的礼仪行为。祭祀过程中或祭祀结束后,祭祀人员不能不饮酒,礼法因此要求"饮酒孔嘉,维其令仪"[43],就是说,饮酒要适中,不能丧失该有的仪礼。然而在价值体系崩溃、思想混乱的商末,高高在上的商王放浪形骸,连上帝都可以不敬,那臣工百姓又怎会约束自己"维其令仪"呢?所以,"其未醉止,威仪反反。曰既醉止,威仪幡幡。舍其坐迁,屡舞仙仙",[44] 也自然就成为商末饮者的一种常态。

商纣失德（二）

纣既然自视为人间最高主宰，而且是"有命在天"，那么他的话就是法律，普天之下的生灵就都必须按照他的意志行动。有不听话的，那最简单和最行之有效的办法就是，制定苛法予以重罚。纣的苛法滥刑在先秦两汉的文献中不时出现，大约有截、剖、刳、醢、炙、腊、脯等多种，其中以"炮烙刑"最为残酷。[45]《荀子·议兵》说："（纣）为炮烙刑，杀戮无时；臣下凛然，莫必其命。"[46]

炮烙之刑意指用烧到炙热的铁块对刑犯的身躯炮烙，但具体行刑之法说法有异，一说是在架立的铜柱上涂抹膏状物，下面烧旺炭火，强制人在铜柱上行走，脚烫滑，人即跌入炭火中烧死；或强制人抱着烧红的铜柱，活活烙死。另一说是，在铜制网格之下放置炭火，让犯人在网格上行走。[47]

纣的酷刑臭名昭著的还有剖解之刑，如"剖孕妇而观其化，杀比干而视其心"[48]，如"截涉者之胫而视其髓"[49]——就是斩下犯人的腿，观察被斩腿骨的骨髓。其残忍程度，令人发指。

纣做出很多出格的事都同宠爱妲己有关。《史记·殷本纪》说：商纣"好酒,淫乐,嬖于妇人,爱妲己,妲己之言是从"[50]。

妲己是有苏氏部落的一名美貌女子。有苏氏部落原初地在今河南省焦作市温县一带。《国语·晋语》记载,帝辛二年,纣发动大军攻打有苏氏部落。有苏氏抵挡不住商军进攻,就选择投降,献出美女妲己。[51]

《列女传》说,妲己美而善辩,用心邪僻。纣好酒淫乐,不离妲己左右,"妲己之所誉贵之,妲己之所憎诛之"。[52] 纣为了博取妲己欢心,专门请妲己观看炮烙之刑行刑过程:犯人被迫在下面放有炭火烧烤的青铜柱上行走,妲己笑。名曰"炮烙之刑"。[53] "炮烙之刑"就这样流传下来。纣还让属下把大熨斗烧红,命犯人用手抓住举起来。犯人被逼抓住熨斗,手立刻被烧烂,而纣和妲己则在一旁畅快欢笑。[54]

九侯听说纣好色,就把自己的女儿献了出去,纣王惊为天人,喜不自禁。妲己害怕因此失去纣的宠爱,就对纣说,九侯不道,欲以此惑君王。王若不诛之,何为后人表率?纣闻言大怒,立即令手下将此女杀死,制成肉干,同时"烹九侯"。"自此之后,天下有美女者,乃皆重室昼闭,唯恐纣之闻也。"[55]

不但如此,妲己还插手国事,纣则听之任之。《吕氏春秋·先识览》说:"妲己为政,赏罚无方,不用法式,杀三不辜(西伯、鄂侯、鬼侯),民大不服。"[56]

纣又痴迷靡靡之乐。《拾遗记》记载:商末有个乐师叫师延,因为家里祖祖辈辈都是乐人,声名卓著,纣就派人找上门去,让师延为他作乐。师延不从,纣就将师延关在内宫,打算用重刑迫他就范。师延无奈,就演奏了清商、流征、涤角这一类祖辈传下来的清醇乐曲。监狱长听后上奏于纣,纣脸显嫌弃之色说:"此乃淳古远乐,非我喜好。"说完,命监狱长继续关押师延。师延一看这阵势,就明白了纣的嗜好,于是便演奏了迷魂淫魄一类靡靡之音,让纣可以"欢修夜之娱"。纣得此淫曲,十分满意,师延因此才得以免受炮烙酷刑之害。[57]

上有所好,下必甚焉。师延作新淫声后,商都方圆百十里都是襟飘带舞、靡乐充耳。[58]

纣为了一己之私,不顾臣民的死活,大兴工程,营建宫室、鹿台、钜桥、琼室、玉门、淇园等。鹿台在今河南淇县;钜桥在今淇县东北 15 公里处的浚县钜桥镇。[59]《今本竹书纪年》载:"(帝辛)五年,夏,筑南单之台;九年……作琼室,立玉门。"[60]

▲ 清·沉湎冒色图

自盘庚迁殷至纣自焚 253 年间,商王朝再没有迁都。纣时把都城稍微扩大了一些,但"南距朝歌,北距邯郸及沙丘",都建有离宫别馆。[61]

纣修造倾宫、琼室,用美玉装饰,7 年才完工。倾宫规模宏大,方圆占地 10 里,高达千丈。"多发美女以充琼室之室,妇人衣绫纨者三百人。"[62]宫中设有"九市",车行有酒,马行有肉。[63]倾宫建成仅一年,忽遇狂风暴雨,地下积流成河,连牛马都漂了起来。无数的房屋被冲毁,倾宫也被天火击中焚烧,一时间鬼哭狼嚎,惨不忍睹。但纣

第九章　天命有德

毫无惧色，愈加怠慢鬼神之道。有贤者上谏，格杀勿论。商王朝遭此大灾，纣犹自行乐，"为长夜之饮，七日七夜，失忘历数，不知甲乙，问于左右，莫知。"⁶⁴

纣还在沙丘举办大型游乐活动，以酒为池，悬肉为林，"使男女裸相逐其间，为长夜之饮"。酒池之大，可以"回船糟丘而牛饮者三千余人为辈"。⁶⁵

上述文献记载，不一定完全是事实，一定程度上是周人作为胜利者的一面之词，少不了夸大和虚饰，而先秦以后的记述，也可能有"墙倒众人推"后的丑化之嫌。譬如，后世史家百般指责商纣亲近小人，像飞廉、恶来、费仲、左彊等，实际情况可能是纣变更了过去的用人制度，抛弃了一批迂腐保守的官员，提拔重用了一些非世官大族的新人。此外，纣还加强了对外服的控制，具体包括将姬昌等三人任命为三公、羁縻于朝廷，以及举行军事演习等；推行法律改革，以严刑峻法镇压贵族的反抗，削弱贵族势力；通过法律惩罚的方式使内、外服各族人口脱离族组织而纳入自己的直接掌控之中，扩大自己直接控制的人口范围；严格推行周祭制度，固定和缩小致祭神灵的范围，以此疏远旧贵族；等等。⁶⁶

但由于"新贵"对商王朝典章制度不熟悉，缺乏政治经验，又唯纣马首是瞻，破坏了政治生态平衡，在某种程度上损害了贵族官僚集团的利益，导致商王朝内部人心涣散，一定程度上加速了商王朝的灭亡步伐，所以，在商王朝大厦倾覆时，他们自然就成了助纣为虐的帮凶，遭到所谓正人君子和被侵害权贵利益集团的口诛笔伐。

商纣时期，战争频繁。《左传·昭公四年》记载："商纣为黎之蒐，东夷叛之。"⁶⁷《今本竹书纪年》记载："二十二年冬，大蒐于渭。"⁶⁸

《吕氏春秋·仲夏纪·古乐》记载:"商人服象,为虐于东夷。"[69]另外,还有上述讨伐有苏氏的战争等。

甲骨文和金文也记录了商纣时期不少的战争信息,这其中尤以纣东征"夷方"或"人方"的记录为最多。如"十五祀王来征夷方"[70],除此以外,像上述帝乙"十祀征夷方",也有可能是发生在纣时,或者是发生在两王交接之时。[71]

客观而言,纣通过战争在一定程度上平定了夷方的叛乱,对先进的中原文化向东方和东南方淮河、长江流域的传播,起了一定作用。但是这些战争加重了普罗大众的负担,耗空了商王朝的国力,为商王朝覆亡埋下了伏笔,正所谓"纣克东夷而殒其身"。[72]

文王受命

周文王即位之年其实就是他的受命之年。从表面上看，受命是受天命，是"天乃大命文王，殪戎殷，诞受厥命"[73]。"受命为王"的政治解读是周文王下定决心同大邑商分道扬镳，不但不再受命于商，要走一条独立发展的道路，而且还要"殪戎殷"，取而代之，成为天下共主。

周文王清醒地看到了武乙以来商王一代不如一代的衰败颓势，他明白，不是天命抛弃了殷商，而是殷商正在背离天命而行。天命的根本是什么？是德，是为王的个人道德修养。不管是武乙"射天"，还是文丁"杀"先王季历，在他的心中，在彼时天下人的心中都是失德，是违背天意的作孽行为。如果武乙"射天"是大逆不道，那么文丁"杀"季历就是恩将仇报。"天视自我民视，天听自我民听"[74]，上天不会偏爱任何一方，而是视下民口中的"德"而定。君王失德则会导致苛政，进而丧失人心，最终的结果必然是丧家辱国。

周文王即位之初，在经历父王季历被害的惨痛，尤其是在经过了伐商的失败后，这一反思使他豁然洞悉了所谓天命的真正含义：天命有德。[75]除有大理想、大抱负、大格局、大视野之外，还需要最根本的一条，那就是要有大德，如此才可以"克成厥勋，诞膺天命"[76]，安抚天下。

此时的周文王在心中大概已经形成了一个以"弘德"为核心内容的剪商计划，但是他不能把自己心中的秘密宣示天下，甚至不能告诉国人，他必须隐忍，以待时机。毕竟，此时的商王朝还颇为强大，他审时度势，俯首称臣，韬光养晦，目的是利用商王朝的保护伞发展、壮大自身。同时，利用商王朝内部的腐败、混乱，给自己争取更多道德名声资本。

文王深深懂得，为政的关键在于君主。君主的言行具有开风气之先的引导作用，所谓"君之所好，民必从之"[77]，因此，文王特别注重君主本人的身体力行。

《吕氏春秋·异用》记载[78]，周文王让人挖掘水池，挖出了一具死人骸骨。文王得知后，告诉他们要重新安葬死者。手下说："这是一具无主尸骨。"文王说："有天下者，乃天下之主；有一国者，乃一国之主。我不是他的主吗？"随后令手下"以衣棺更葬之"。其他国家的人听说此事后，都感慨道："文王真是贤惠！恩泽都可以惠及骸骨，何况人乎？"

周文王即位第8年6月时，周都连续五天发生小地震，但范围不出周境。此时文王恰好卧病在床。百官上奏说："我们听说，地震是因为君王而起。您病卧五天，地就震，臣子们都害怕，请求将地震迁移出去。"文王问："怎么迁移？"臣子回答："动员百姓，大家一起出力，增固国都的城墙，大概就可以将地震移出去。"文王说："那哪成啊！天降下妖祥，是要惩治有罪的人。我必定是有罪，所以天要用地震来惩罚我。如果再明知故犯，还要兴师动众增修城墙，那我就罪上加罪了。不能这样做。"又有官吏说："做大好事可以将地震移去吧？"

文王说:"那我就用做大好事来把地震迁移出去,给大家免灾。"周文王的做法是,用皮革等礼物结交周边诸侯,以诚恳的言辞和丰厚的币帛礼让豪士,还颁布了爵位等级和相应的田畴犒赏群臣。没有多久,文王的疾病就痊愈了。国人皆大欢喜。[79]

周文王那个时候盛行天降祥瑞或妖异一类的迷信,所以事实上他的感觉是面临着死亡的威胁,但关键时刻他仍能充满爱心,不肯以加固城墙的方式免灾,原因在于这一举措劳民伤财,他不愿意用百姓的辛劳来保障自己的生命安全。他止妖异的一系列措施都是惠民利国,是发自内心的自觉自愿。文王已经实实在在领悟了"弘德"的实质在于"厚德广惠,忠信爱人"[80],即君主必须要有厚德于内、广施恩惠于外的内心自觉,讲究信用,存爱人之心。

后来周人迁丰[81]的第三年,周邦发生了严重的灾荒。文王在灾荒发生后的第一时间,就向周人发出了抗灾号令,紧接着在朝廷召集了所有相关部门的官僚共同商议对策。文王首先详细询问并查清了各部门存在的弊病,最后制定了周密而行之有效的抗灾策略,其中很重要的一条就是禁奢尚俭。他要求全体臣工,包括自己,

▲ 文王膺天命得人心而受多方拥戴

一律身穿白色麻衣上朝,"非列采不入公门"。[82] 其目的一是用素服表示对逝者的哀悼;二是在特殊时期提倡节俭,杜绝奢侈浪费现象。"及期日,质明,王麻衣以朝,朝中无采衣。"[83]

除了节衣之外,文王还制定了缩食措施,主要是将官员饮食级别降低,一切从简。包括文王本人,进食时要去除杀牲盛馔配乐的行为,一律"入食不举,百官质方"[84],并且不吃调和烦琐的割、烹、煎之类丰盛的饭菜。百官在走访乡人、调查灾荒原因的时候,也不得食用制作复杂的熟食。

为厉行节俭,文王先从自身和吃俸禄的大臣出发,对祭祀、装饰、用乐、饮食、劳作、外交礼仪、丧事等方面都做了具体规定,涉及日常生活的方方面面,覆盖婚丧嫁娶等多种礼仪。其中,多数还是以禁令的方式出现。

更难能可贵的是,文王把发生灾荒的原因归咎于自身道德不淑:"不谷不德,政事不时,国家罢病,不能胥匡。"[85] 这种反思体现出他对国家的高度责任感,是一种发乎仁、适乎礼、止乎义的内在美德。因此,他遵后稷、公刘之业,效古公、季历之法,倡导"笃仁,敬老,慈少,礼下贤者"[86] 的社会风气。

在岐地治理期间,姬昌对内奉行德治,提倡"怀保小民",大力发展农业生产。其最大的亮点是实施了"九一而助"的政策,即重新划分田地,让农民助耕公田,只纳九分之一的税。另外还规定,商人往来不收关税,有人犯罪妻子不连坐,实行裕民政治,就是征收租税有节制,让农民有所积蓄,以刺激耕种者的劳动兴趣。[87]

文王做到了与民同乐。《孟子·梁惠王下》记载,文王的狩猎场方圆70里,百姓都去那里割草打柴,或猎取野鸡和兔子。文王与老百姓共同享用这块猎场，老百姓都认为很小，但文王却乐在其中。[88]

文王敬老尊贤，"日中不暇食以待士，士以此多归之"[89]，连僻居孤竹之地的贤士叔齐都不远千里奔周归附于他。以后又有太颠、闳夭、散宜生、鬻子、辛甲大夫等人前来投奔，这些人后来都成为他实施剪商大业的左膀右臂。

由于文王实施德政，身体力行，万民仰慕，天下归心，但文王仍然压低姿态，以诸侯的身份臣服商王。他明白，他的身份不仅是商王的臣子，还是商王帝乙之妹的丈夫，所以，在帝乙死亡之后，他就在周原特意为帝乙以及太甲和武丁等商先王修建了庙宇，予以祭祀。在陕西周原甲骨文中，就发现了四例文王祭祀殷商先祖的卜辞。其中有两例是祭祀帝乙及其两个配偶，另外两例是祭祀太甲和武丁。[90]

在文王的认知中，商先王之所以拥有天下是当时情势使然，是成汤等诸王顺天命而为的自然结果。那时候圣君贤相辈出，君臣都秉德明恤，勤于政事，明于祭祀，所以天下出现了和睦、繁盛的景观。但那是武乙以前的商朝景观，武乙以来，尤其是纣王上位，中断了这个天人同春的传统，天命正在远离他们而去，而这个时候就需要他这个来自西方小邦周的首领来继承成汤等诸王以来的天命传统，这是一桩外表看来似乎不可思议，但其实正是天命有德、"别子为宗"的传统相续。从这个意义上讲，文王建立商先王宗庙，并对商先王祀以祭告，是"商室少卑，周实继之"，乃周人力图证明天命转移的一种形式。[91]

此外，就血缘关系而言，文王也清楚，他的母亲挚仲氏是来自大邑商的大族，他自己身上当然也流淌着商人的血液，而他的妻子帝乙之妹及其所生子女，更明明白白有一半血液是来自商王嫡系。所以，于国于家，他都有为诸商王设庙祭祀的充足理由。何况，这样做还可以作为他奉商事纣的外在遮掩，一箭双雕，岂能不为？

文王承受天命，又不能为外人所知，所以，"终日乾乾，夕惕若厉"[92]。《吕氏春秋·顺民》说他："处岐事纣，冤侮雅逊，朝夕必时，上贡必适，祭祀必敬。"[93] 活灵活现地刻画了文王小心翼翼，时刻警惕可能发生危难的神态。

文王恭敬事商的态度让纣大为满意。纣即位不久就封文王为商"三公"之一。文王一时间声名大振，"诸侯皆向之"。[94]《诗经·大明》载："维此文王，……厥德不回，以受方国。"[95]《汲冢周书辑要》说，天下共有九州，诸侯归附者就有六州之众。[96] 当然，从后来周武王伐商，诸侯大国皆没有来参与的情形看，这种说法有些夸张。

文王拘而演《周易》

诸侯归附周文王的行动惊动了比邻而居的崇侯虎。崇侯虎跑到商都，在纣面前告了周文王一状："西伯姬昌积善累德，诸侯都归附了他，恐怕对您不利。"[97] 纣也感受到了周人日益壮大对他造成的威胁，就派人把文王抓起来，囚禁在羑里，就是今河南省安阳市汤阴县北4.5公里处的羑里城遗址。纣原本要杀掉文王再灭周[98]，文王一看火候不对，赶紧向纣表白忠心："父亲无道，儿子就不侍奉父亲了吗？君王不施惠，臣下就不效忠君王了吗？我怎么敢挑衅君王您的权威啊！"[99] 纣闻听此言，才留了文王一命，但仍然把他囚禁狱中，不放他走。

按辈分来说，文王是商纣的姑夫，纣应该多少讲点情面，何况文王确实没有什么把柄抓在他手里。但是文王太了解这个残暴的侄儿了，他绝不可能轻易地放过自己。果然，纣为了教训文王，就把文王的长子伯邑考杀掉，并且烹为肉羹，赐给文王吃。纣说："圣人当不食其子羹。"文王明白，他不吃，就必然是死路一条。文王强忍悲痛吃了下去。纣阴笑着说："谁说西伯是圣人？吃了用他儿子肉做的羹还当作不知道一样。"[100]

父亲被逼死，儿子被杀烹，自己还身陷囹圄，生死未卜。周文王承受了常人无法忍受的痛苦，实现了凤凰涅槃般的浴火重生。他大彻大悟，对人生、对国家、对社会、对宇宙、对天命的体认升华到了一个无人可及的境界。

《系辞》说："《易》之兴也，其于中古乎！作《易》者，其有忧患乎！"[101] 是的，正是这种常人所不具备的忧患意识和常人所没有经历过的大劫难、大痛苦、大彻悟，以及那种舍我其谁的大格局、大智慧、大担当、大情怀，才能使他忘其肝胆，遗其耳目，出乎六极之外，游乎无极之乡，成就了中国最早的哲学、文化宝典——《周易》。[102] 就像马王堆帛书《周易·要》所言："文王仁，不得其志以成其虑。纣乃无道，文王作，讳而辟咎，然后《易》始兴也。"[103]

▲ 文王拘而演《周易》

"易与天地准，故能弥纶天地之道。"[104] 天人之际的一切生生原理都是相同的，明白了天地人伦生生不息的道之变化规律，就可以利用这一规律，顺势、顺时而为，达成自己的心愿。从某种意义上说，周文王可能已经在冥冥之中洞悟到了天命即道的本真意义。所谓德者，得也。道德就是得道，就是认识并掌握事物发展的普遍规律。孔子云"朝闻道，夕死可矣"[105]，就是来源于周文王对"天命有德"命题内涵的体认和继承。

翻开《周易》，处处可见周文王"得道"并"用道"的影子。[106]《乾》卦开宗明义讲"潜龙勿用"，正与周作为小邦处于劣势和周文王被困于大邑商羑里炼狱的状况相吻合。"勿用"是指战略时机的选择，并非消极的"无为"，而是像潜伏的龙一样，积蓄力量、韬光养晦，等待时机的到来。所以，"密云不雨，自我西郊。"密云不雨就是指只有乌云，还没有降雨，就是时机尚未成熟，必须等待。西郊是指周国所在的商王朝西北方周原一带。

"见龙在田，利见大人"，是说君长经过长期潜藏，养精蓄锐之后再出来活动，就可以亲近百姓、了解民情，普施德业于世。这与周文王目下的处境，以及他对西土的团结怀柔息息相关。

"君子终日乾乾，夕惕若厉，无咎"，是文王内心忍辱负重的写照。文王委屈自己，谨小慎微地臣事商纣，就是要以"无咎"的姿态安全着陆，以完成天命，实现以周代商的宏图大业。

"或跃在渊"，隐含了文王剪商的大战略思维。周人地处西方，面对比自己强大不知道多少倍的商王朝，只能采取迂回包抄，再一举攻克的策略。具体而言就是，团结东方和北方周邻诸国，攻占西方商之西土晋南，再南下长江、淮河流域发展同盟，最终形成对地处中原殷商的战略大包围。[107]坤卦中"西南得朋，东北丧朋"一类卦辞，就是这一战略思维的背景反映。

"飞龙在天，利见大人"，表面意思是说，蛟龙跃起飞上了云天，象征大德大才之人登上了至尊高位，其实在暗示周人战胜了大邑商，周王实现天命，成为君临天下的新晋君王。

"亢龙有悔"，是说龙到了穷极之地，就难以持久下去，反映了事物发展到顶点就要向相反方向转化的普遍规律。而以军事征服为核心的攻取之道，在旧王朝覆灭之后，无疑已经走向了顶点，如果继续以攻取之道来治理国家，就会带来严重的后果，这可以看作文王对周人取得天下之后未雨绸缪治国策略的改变。

孔子说："易之兴也，其当殷之末世，周之盛德耶？当文王与纣之事耶！"[108] 司马迁说："文王拘而演《周易》。"这种"演"是指文王"囚羑里，盖益《易》之八卦为六十四卦。"[109]

文王演绎的六十四个卦象中灌注了他强烈的天命意识和忧患意识。这六十四个卦象显然不只是一些符号，而是六十四种有生命的气流。这种气流在文王心中激荡、翻腾、冲撞、相感、相通，最后达到相融。我们无法得知这种作用在文王心中盘旋了多久，但可以肯定的是，他是把生命作为赌注，耗尽了全部心智去加以分析，加以诠释，加以演绎。所以这六十四卦，"乃是文王透过他的忧患意识以至整个心智，而形成的整体生命"。[110]

可以说，周文王在狱中经过对天地之际的推究和对六十四卦的推演后，智慧地统筹了时间与空间、敌人与盟友、武力与道义、实力与人心、征伐与合作、进取与妥协等诸多复杂矛盾，为周人剪商提供了一个大的战略框架。

由于《易经》是探究天人之道的哲学思维，所以其内容博大精深，行旅、战争、渔牧、享祀、饮食、婚媾等生活世界的事都成为其研究范围。除此以外，《易经》还给周人治天下提供了一揽子方针策略，其中涉及新制度的建立、宗教信仰、司法制度和教育等。

以宗教信仰为例。乾卦的卦辞"元、亨、利、贞"四字中的"亨"字本来就是祭祀的象征。祭祀就是要与天相通，与地交融，与祖先交流，所以"亨"是气之向上、向下、向人的交流。在《易经》大半以上的卦辞中，都特别标出这个来自祭祀的"亨"字。《易经》中第二十卦的观卦，卦辞"盥而不荐"即是以宗教的祭祀为例所做的说明。祭祀时需要举行"盥"礼，就是先把手洗干净，然后再将酒洒在干草上点燃迎神，这时心念纯净而不杂。随后举行"荐"礼，就是献上各种祭祀的食品，这时心念可能会受食品影响而分神，所以要"观"，就是要保持内心的纯净透明。这一卦举出了各种由内而外的"观"，由童"观"的小、窥"观"的狭，到"观"国之光，"观"百姓之生计，步步提升。正因

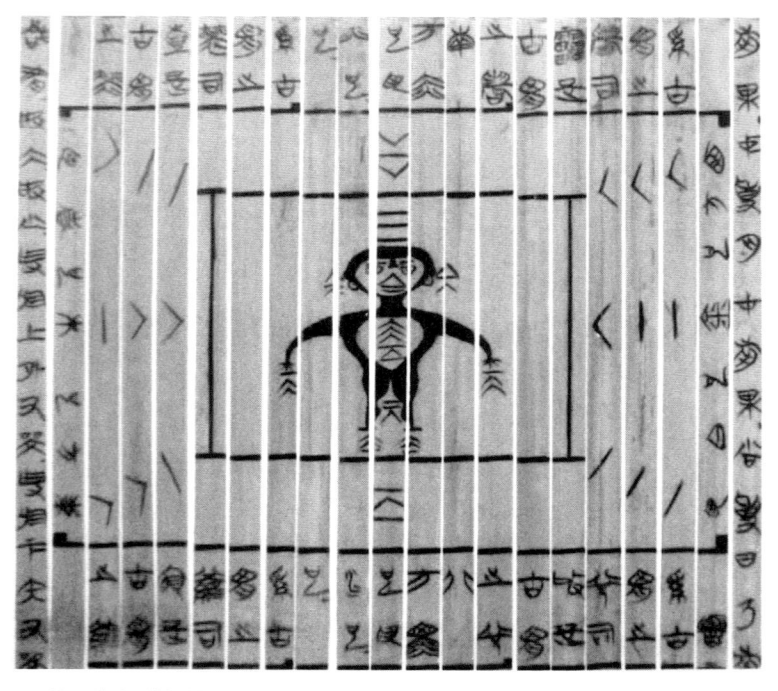

▲ 战国竹书《筮法》卦位图

为如此，孔子在《彖》辞上一再强调"圣人以神道设教""观民设教"。《易经》在这里把宗教信仰和人民的教化结合在了一起。[111]

道是《易经》中的核心概念。道就是易，就是"生生不息"，就是"一阴一阳"，"继之者善也，成之者性也"[112]。任何事物都是一个相互对立的统一体，阴阳、天地、高下、正负，如此等等。单单一面是无法成就道的。可能这一点对周文王的启发意义比较大，他或许由此认识到了所谓正人君子、圣人君子，也可以不那么太正、太圣，否则便会矫枉过正。也就是说，为了达到正当的目的，可以使用一些"不太正当"的手段。由此，我们看到了文王作为活生生的、有血有肉的人的一面。

可以想象周文王在长达7年的时间里所面临的杀戮风险，那是随时都有可能发生的事儿，所以，为了活命，他不能英勇无畏，不能坚贞不屈，他得"趋炎附势"，得向纣屈首表示"耿耿忠心"，他还得设法让他的手下大臣闳夭等人到处寻找美女、骏马和其他一些珍奇宝物，通过纣的宠臣费仲献给纣。文王最终如愿以偿，赢得纣的欢心，将他释放。[113]当然，释放周文王可能还有来自诸侯的压力，像《左传·襄公三十一年》就说："纣囚文王七年，诸侯皆从之囚，纣于是乎惧而归之。"[114]

在周人留下来的诗篇中，对文王不吝词句的溢美随处可见，如"亹亹文王，令闻不已"，如"穆文王，于缉熙敬止"，如"于乎不显？文王之德之纯"，如"维清缉熙，文王之典"[115]，等等，文王已被描写成美德懿行的化身。但显然，这些歌颂都是统治舆论宣传的需要，也是"一阴一阳""统治之道"的正常外在表现。后世中国颂圣文化的盛行，与此不无关系。

西汉刘向所著《鄸保解》记录了文王经"囚而演《周易》"后，对殷商采取了四蠹、五落策略。虫生木中谓之蠹，四蠹就是用四种手段促使商王朝从内部瓦解：用珍奇古怪之物来诱惑他；用不着边际的言辞欺骗他；用大兴土木的方式令其劳民伤财；用鬼神灵巫令其视眩听惑。五落是：表白忠贞，使纣感到尊贵，让他满意，不再提防自己；择机争取殷商贤人为周所用；取信于殷商侨居人口，使他们归附周土；收买殷商的巫师充当间谍，向周方提供商朝的机密情报；传播自己的美德，使迷妄者能看清商纣的恶行。[116]

四蠹、五落显然都是文王悟道后所采用的阴道谋略，就是要用假象迷惑纣，用恭顺的态度使纣失去警惕，造成商人的内耗，并且从外部挖其墙角，争取商之贤人为周所用。

《易经》是一部自远古以来就有无数先贤参与创作的、阐述天地世间万象变化的哲学经典，博大精深，涵盖万有，纲纪群伦。长期被用作卜筮，即对未来事态的发展进行预测。从文献记载看，[117] 早在伏羲时代，华夏先民为适应播种收获节令的生产、生活需要就已经发明了八卦图。最早的八卦图是先民用来观天测象、指示农时的八个节令符号；从考古方面观察[118]，早在八九千年前的河南舞阳贾湖遗址就发现了原始占卜工具龟甲，之后在海岱地区的汶上东贾柏墓葬坑等遗址中也屡有发现，而在6450年前濮阳西水坡大墓发现的蚌塑龙虎鹿等图案和5500年前含山凌家滩遗址出土的带有八角形图案的玉鹰、玉版，实际都明确表达出了后来八卦思想的萌芽。可以说，在《易经》八卦思想整个诞生、发展和完善的历程中，周文王应该是其中重要的一环，是《易经》八卦思想的集大成者。如果没有他那样大伤大悲的惨痛遭遇，没有他那样视天下为己任的君王经历，没有他那样忍辱负重的大格局和大智慧，《易经》不会是今天这个样子。

注　释

1. （汉）毛亨传，（汉）郑玄笺，（唐）陆德明音义，孔祥军点校：《毛诗传笺》，中华书局2018年版，第203页。

2. （清）方玉润撰，李先耕点校：《诗经原始》，中华书局1986年版，第325页。

3. 刘国忠：《〈保训〉与周文王称王》，《光明日报》2009年4月27日。

4. （清）孙希旦撰，沈啸寰、王星贤点校：《礼记集解》，中华书局1989年版，第551页。

5. 清华简《保训》作为周文王临终前给姬发留下的遗嘱，其中"惟王五十年"一语表明姬昌自即位起就已经称王了。见刘国忠：《周文王称王史事辨》，《中国史研究》2009年第3期。

6. 何建章注释：《战国策注释》，中华书局1990年版，第857页。

7. （汉）毛亨传，（汉）郑玄笺，（唐）陆德明音义，孔祥军点校：《毛诗传笺》，中华书局2018年版，第169页。

8. （清）郝懿行著，李念孔点校：《竹书纪年校证》，齐鲁书社2010年版，第3869页。

9. 岳南：《考古中国——夏商周断代工程解密记》，海南出版社2007年版，第225页。

10. （汉）司马迁撰，（南朝宋）裴骃集解，（唐）司马贞索隐，（唐）张守节正义：《史记》，中华书局1982年版，第104页。

11. （南朝宋）范晔撰，（唐）李贤等注，中华书局编辑部点校：《后汉书》，中华书局1965年版，第2808页。

12. 此事除了《古本竹书纪年》有"帝乙二年，周人伐商"的记载外，周文王时期甲骨H11:164也有"囗戋孔商"这样的卜辞，这里的"商"就是殷商。见方诗铭、王修龄《古本竹书纪年辑证》，上海古籍出版社2005年版，第39页；陈全方：《陕西岐山凤雏村西周甲骨文概论》，《古文字研究论文集》（《四川大学学报丛刊》第十辑），四川人民出版社1982年版。

13. 杨军撰：《周易经传校异》，中华书局2018年版，第127页。

14. 杨军撰：《周易经传校异》，中华书局2018年版，第410页。

15. 李衡眉：《〈周易〉归妹卦所描述的商周媵婚制》，《山东社会科学》1991年第2期。

16. 杨军撰：《周易经传校异》，中华书局2018年版，第410页；顾颉刚：《〈周易〉卦爻辞中的故事》，《古史辨》（三），上海古籍出版社1982年版；李衡眉：《〈周易〉归妹卦所描述的商周媵婚制》，《山东社会科学》1991年第2期。

17. （汉）毛亨传，（汉）郑玄笺，（唐）陆德明音义，孔祥军点校：《毛诗传笺》，中华书局2018年版，第357页。

18. （清）郝懿行著，李念孔点校：《竹书纪年校证》，齐鲁书社2010年版，第3870页。

19. 李发：《殷卜辞所见"夷方"与帝辛时期的夷商战争》，《历史研究》2014年第5期。

20. 邓少琴、温少峰：《论帝乙征"人方"是用兵江汉（下）》，《社会科学研究》1982年第4期；何幼琦：《帝乙、帝辛纪年和征夷方的年代》，《殷都学刊》1990年第3期。

21. 门艺：《黄组征人方卜辞及十祀征人方新谱》，苗长虹主编：《黄河文明与可持续发展》（第8辑），河南大学出版社2014年版。

22. （清）郝懿行著，李念孔点校：《竹书纪年校证》，齐鲁书社2010年版，第3870页。

23. 王叔岷撰：《史记斠证》，中华书局2007年版，第98页。

24. 省庐：《"纣王"的"纣"是谥号吗？》，《咬文嚼字》1999年第3期。

25. 岳南：《考古中国——夏商周断代工程解密记》，海南出版社2007年版，第225页。

26. （汉）司马迁撰，（南朝宋）裴骃集解，（唐）司马贞索隐，（唐）张守节正义：《史记》，中华书局1982年版，第105页。

27. 许维遹撰，梁运华整理：《吕氏春秋集释》，中华书局2009年版，第252页。

28.（汉）司马迁撰，（南朝宋）裴骃集解，（唐）司马贞索隐，（唐）张守节正义：《史记》，中华书局1982年版，第105页。

29.（汉）司马迁撰，（南朝宋）裴骃集解，（唐）司马贞索隐，（唐）张守节正义：《史记》，中华书局1982年版，第3235页。

30.（明）刘三吾撰，陈冠梅校点：《书传会选》，岳麓书社2013年版，第383页。

31.（汉）班固撰，（唐）颜师古注，中华书局编辑部点校：《汉书》，中华书局1962年版，第1704页。

32.（清）孙星衍撰，陈抗、盛冬铃点校：《尚书今古文注疏》，中华书局2004年版，第260页。

33. 杨儒宾：《殷周之际的纣王与文王——新天命观的解读》，《深圳社会科学》2018年第2期。

34. 孟世凯：《商史与商代文明》（文明的历程丛书/李学勤主编），上海科技文献出版社2012年版，第154页。

35.（汉）贾谊撰，吴云、李春台校注：《贾谊集校注》，天津古籍出版社2010年版，第270页。

36.（清）孙家鼐等主编，钱伟彊、顾大朋点校：《书经图说》，浙江人民美术出版社2019年版，第554页。

37.（清）孙家鼐等主编，钱伟彊、顾大朋点校：《书经图说》，浙江人民美术出版社2019年版，第586页。

38.（汉）司马迁撰，（南朝宋）裴骃集解，（唐）司马贞索隐，（唐）张守节正义：《史记》，中华书局1982年版，第105页。

39.（汉）毛亨传，（汉）郑玄笺，（唐）陆德明音义，孔祥军点校：《毛诗传笺》，中华书局2018年版，第410—411页。

40.（清）孙家鼐等主编，钱伟彊、顾大朋点校：《书经图说》，浙江人民美术出版社2019年版，第766页。

41.（清）孙家鼐等主编，钱伟彊、顾大朋点校：《书经图说》，浙江人民美术出版社2019年版，第558、565页。

42. 杨儒宾：《殷周之际的纣王与文王——新天命观的解读》，《深圳社会科学》2018年第2期。

43.（汉）毛亨传，（汉）郑玄笺，（唐）陆德明音义，孔祥军点校：《毛诗传笺》，中华书局2018年版，第329页。

44.（汉）毛亨传，（汉）郑玄笺，（唐）陆德明音义，孔祥军点校：《毛诗传笺》，中华书局2018年版，第328页。

45. 丁山：《商周史料考证》，中华书局1988年版，第172页。

46. 杨柳桥：《荀子诂译》，齐鲁书社2009年版，第287页。

47.（汉）司马迁撰，（南朝宋）裴骃集解，（唐）司马贞索隐，（唐）张守节正义：《史记》，中华书局1982年版，第106—107页。

48. 许富宏：《吕氏春秋先秦史料考订编年》，凤凰出版社2017年版，第60页。

49.（清）于鬯著，张华民点校：《香草续校书》，中华书局1963年版，第396页。

50.（汉）司马迁撰，（南朝宋）裴骃集解，（唐）司马贞索隐，（唐）张守节正义：《史记》，中华书局1982年版，第105页。

51.（汉）司马迁撰，（南朝宋）裴骃集解，（唐）司马贞索隐，（唐）张守节正义：《史记》，中华书局1982年版，第1968页。

52.（清）王照圆撰，虞思徵点校：《列女传补注》，华东师范大学出版社2012年版，第285页。

53. 王叔岷撰：《史记斠证》，中华书局2007年版，第102页。

54.（晋）皇甫谧撰，徐宗元辑：《帝王世纪辑存》，中华书局1964年版，第75页。

55.（汉）刘向编著，石光瑛校释，陈新整理：《新序校释》，中华书局2009年版，第33页。

56. 许维遹撰，梁运华整理：《吕氏春秋集释》，中华书局2009年版，第396页。

57.（清）马骕撰，王利器整理：《绎史》，中华书局2002年版，第237页。

58.（汉）司马迁撰，（南朝宋）裴骃集解，（唐）司马贞索隐，（唐）张守节正义：《史记》，中华书局1982年版，第105页。

59. 何光岳：《商源流史》，江西教育出版社1994年版，第99页。

60. （清）郝懿行著，李念孔点校：《竹书纪年校证》，齐鲁书社2010年版，第3870—3871页。

61. （汉）司马迁撰，（南朝宋）裴骃集解，（唐）司马贞索隐，（唐）张守节正义：《史记》，中华书局1982年版，第106页。

62. （汉）刘向编著，石光瑛校释，陈新整理：《新序校释》，中华书局2009年版，第800页。

63. 何光岳：《商源流史》，江西教育出版社1994年版，第103页。

64. （梁）萧绎撰，许逸民校笺：《金楼子校笺》，中华书局2011年版，第255—256页。

65. （汉）司马迁撰，（南朝宋）裴骃集解，（唐）司马贞索隐，（唐）张守节正义：《史记》，中华书局1982年版，第105、106页。

66. 宫长为、徐义华：《殷遗与殷鉴》（商代史·卷十一／宋震豪主编），中国社会科学出版社2011年版。

67. （清）洪亮吉撰，李解民点校：《春秋左传诂》，中华书局1987年版，第661页。

68. （清）郝懿行著，李念孔点校：《竹书纪年校证》，齐鲁书社2010年版，第3871页。

69. 许维遹撰，梁运华整理：《吕氏春秋集释》，中华书局2009年版，第128页。

70. 韦心滢：《从流散海外殷末青铜器见帝辛十五祀征夷方史事》，《中国国家博物馆馆刊》2015年第3期。

71. 罗琨：《商代战争与军制》（商代史·卷九／宋震豪主编），中国社会科学出版社2010年版。

72. （清）洪亮吉撰，李解民点校：《春秋左传诂》，中华书局1987年版，第694页。

73. （清）王鸣盛著，陈文和主编：《尚书后案》，中华书局2010年版，第694页。

74. （清）陈立撰，刘尚慈点校：《公羊义疏》，中华书局2017年版，第288页。

75. 中国社会科学院考古研究所编：《殷周金文集成》，中华书局2007年版，第297页。

76. （清）王鸣盛著，陈文和主编：《尚书后案》，中华书局2010年版，第1376页。

77. （汉）董仲舒著，（清）苏舆撰，钟哲点校：《春秋繁露义证》，中华书局1992年版，第320页。

78. 许维遹撰，梁运华整理：《吕氏春秋集释》，中华书局2009年版，第235页。

79. 许富宏：《吕氏春秋先秦史料考订编年》，凤凰出版社2017年版，第2—3页。

80. （清）郝懿行著，李念孔点校：《汲冢周书辑要》，齐鲁书社2010年版，第3968页。

81. 丰即酆，在今陕西咸阳、西安西南沣水西岸。（清）阮元校刻：《十三经注疏》（清嘉庆刊本），中华书局2009年版，第1391页。

82. （清）阮元校刻：《十三经注疏》（清嘉庆刊本），中华书局2009年版，第3200页。

83. （清）郝懿行著，李念孔点校：《汲冢周书辑要》，齐鲁书社2010年版，第3965页。

84. （清）郝懿行著，李念孔点校：《汲冢周书辑要》，齐鲁书社2010年版，第3965页。

85. （清）郝懿行著，李念孔点校：《汲冢周书辑要》，齐鲁书社2010年版，第3965页。

86. （汉）司马迁撰，（南朝宋）裴骃集解，（唐）司马贞索隐，（唐）张守节正义：《史记》，中华书局1982年版，第116页。

87. （清）焦循撰，沈文倬点校：《孟子正义》，中华书局1987年版，第133页。

88. （清）焦循撰，沈文倬点校：《孟子正义》，中华书局1987年版，第108页。

89. （汉）司马迁撰，（南朝宋）裴骃集解，（唐）司马贞索隐，（唐）张守节正义：《史记》，中华书局1982年版，第116页。

90. 马卫东：《〈乾〉卦爻辞与周文王克商方略》，《周易研究》2011年第4期。

91. 于振波、车今花：《关于周文王的即位与称王——读清华简〈保训〉札记》，《湖南大学学报》2011年第2期。

92. 曹元弼著，吴小锋整理：《周易集解补释》，上海人民出版社2019年版，第

3页。

93.许维遹撰,梁运华整理:《吕氏春秋集释》,中华书局2009年版,第201页。

94.(清)孙星衍撰,陈抗、盛冬铃点校:《尚书今古文注疏》,中华书局2004年版,第452页。

95.(汉)毛亨传,(汉)郑玄笺,(唐)陆德明音义,孔祥军点校:《毛诗传笺》,中华书局2018年版,第357页。

96.(清)郝懿行著,李念孔点校:《汲冢周书辑要》,齐鲁社2010年版,第3966页。

97.(清)皮锡瑞撰,吴仰湘编:《尚书中候疏证》,中华书局2015年版,第146页。

98.许维遹撰,梁运华整理:《吕氏春秋集释》,中华书局2009年版,第569页。

99.陈奇猷校注:《韩非子新校注》,上海古籍出版社2000年版,第1399页。

100.(晋)皇甫谧撰,徐宗元辑:《帝王世纪辑存》,中华书局1964年版,第83页。

101.杨军撰:《周易经传校异》,中华书局2018年版,第561页。

102.(清)顾栋高辑,吴树平、李解民点校:《春秋大事表》,中华书局1993年版,第3页。

103.郭沂校注:《孔子集语校注》,中华书局2017年版,第861页。

104.杨军撰:《周易经传校异》,中华书局2018年版,第472页。

105.(清)康有为著,楼宇烈整理:《论语注》,中华书局1984年版,第164页。

106.杨军撰:《周易经传校异》,中华书局2018年版;马卫东:《〈乾〉卦爻辞与周文王克商方略》,《周易研究》2011年第4期。

107.葛汉文:《武力与道义:周人谋取天下的大战略——兼与赵汀阳研究员商榷》,《国际政治研究》2019年第4期。

108.杨军撰:《周易经传校异》,中华书局2018年版,第569页。

109.(汉)司马迁撰,(南朝宋)裴骃集解,(唐)司马贞索隐,(唐)张守节正义:《史记》,中华书局1982年版,第119页。

110.吴怡:《闲话周文王与〈易经〉》,《周易研究》2017年第5期。

111. 吴怡:《闲话周文王与〈易经〉》,《周易研究》2017 年第 5 期。

112. 杨军撰:《周易经传校异》,中华书局 2018 年版,第 475 页。

113.（汉）司马迁撰,（南朝宋）裴骃集解,（唐）司马贞索隐,（唐）张守节正义:《史记》,中华书局 1982 年版,第 106 页。

114.（清）洪亮吉撰,李解民点校:《春秋左传诂》,中华书局 1987 年版,第 630 页。

115.（汉）毛亨传,（汉）郑玄笺,（唐）陆德明音义,孔祥军点校:《毛诗传笺》,中华书局 2018 年版,第 353、354、452、453 页。

116. 赵奉蓉:《〈逸周书〉中周文王叙事视角的转变》,《甘肃社会科学》2009 年第 2 期。

117. 华润葵等:《中华文明圣地昆仑丘》,世界图书出版公司 2018 年版,第 277—310 页。

118. 李琳之:《前中国时代——公元前 4000—前 2300 年华夏大地场景》,商务印书馆 2021 年版,第 304—315 页。

第十章
剪商布局

周文王对南方江淮、江汉流域和西南地区的经营，从战略上看是要对商王朝从南方形成一个半包围圈状态。但还可能存有另外一个目的，那就是打通江汉，进而与地处长江下游的吴人联结，策反东夷。

周人"克蜀"

文王虽被纣释放返回周地,但他知道,纣并没有从内心深处相信他,以周及其盟国目前的实力看,根本不可能同商抗衡,如果自己不小心露出马脚,就会前功尽弃,重演前番悲剧。所以,他深深地把推翻商王朝的宏图大略埋藏在心底,竭力做出对纣忠心耿耿的样子。

返周的第二年,亦即帝辛三十年春天,文王说服归附他的诸侯随他一同到商都给纣进贡请安。[1] 为了进一步麻痹纣,文王又在周原"为玉门,筑灵台,列侍女,撞钟击鼓",装出一副胸无大志、贪图享乐的样子。纣大为高兴,认为文王惧服了他,就长舒一口气说:"周伯昌改过易行,吾无忧矣。"[2] 于是"命文王为西伯",并慷慨"赐之千里之地"[3]。纣对周文王彻底放下心来,遂集中全部精力转身征伐东方的夷人势力。

文王一举双得,也是喜不自禁,回到周原后,还特意将此事通过祭祀形式上禀先祖——周原甲骨卜辞中就发现了"册周方伯"字样。[4]

博取了纣的信任,周文王开始进行战略大布局,将势力向商王朝鞭长莫及的南方和西南方推进。这一带,包括江淮、江汉和西南巴蜀等后来都先后归附文王，成为周的重要盟国。《诗·国风·汉广》云："汉广，德广所及也。文王之道，被于南国。美化行乎江汉之域。无思犯礼，求而不可得也。"[5]

周原甲骨文有"其于伐麸夷"和"征巢"[6]一类卜辞，"麸夷"在江淮一带；"巢"就是夏桀失败后所逃亡的南巢之地，在今安徽巢湖流域。周原甲骨文还有"今秋，楚子来告父后……"和"楚自迄今秋来，于王其则"[7]的记载。"楚子"是楚国之君熊绎。[8]《史记·楚世家》记载，周文王时，楚之先祖鬻熊子熊丽曾事奉文王。熊丽生熊狂，熊狂生熊绎。熊绎后受周天子分封南蛮之地，建立楚国。[9]

周原周文王时期的甲骨文还有"伐蜀""克蜀"[10]字样。"克"在这里是征服的意思。

"蜀"在商王帝乙之前的甲骨文中也屡有出现，共发现有50余条（含残辞，下同），其中武丁时期有48条，廪辛、康丁时期有3条。武丁时期带有"蜀"的卜辞，主要内容有四项[11]：

一是记载了蜀人"页王事"，就是蜀人为商王做事，说明古蜀国早在武丁时期就归附了商王朝。卜辞显示，古蜀国或古蜀族的首领人物在商王朝中大都身居要职，而且地位颇高。因为能被商王关心而卜问的人，一般都是臣服于商的各氏族或方国的首领。

二是记载了蜀人保护商王、警卫王畿的一些军事事件和其他相关内容。其中有三条卜辞联系起来显示：甲寅这一天卜问从蜀征调人是否吉利。甲寅至丁卯共14天，可能是从蜀征调攻伐缶的人员还没有到达或没有到全，所以二月丁卯这天又卜问，从蜀调来的兵员伐缶能否取胜。并连卜两次，都是吉兆。过14天后到庚辰这天，商王又再一次占卜了伐缶之事。[12]

"缶"是一个居地在今晋南永济西北一带的方国，因常与商王朝为敌而屡被商王征讨。由此可知，从商王准备派人伐缶到从蜀征调兵员，这些被征调兵员再从蜀长途跋涉至缶地，大概需要 28 天的时间。

三是记载了商王武丁为祈求蜀国的农业能有好收成而占卜的事情。能让商王关心到一次又一次地为其年景卜问祈祷，说明蜀在商王朝附属国中占有十分重要的地位。

四是卜问到蜀国或在蜀国逗留是凶兆还是吉兆。这一类卜辞大都发现于武丁后期，大约有 12 条，说明两国来往频繁，关系密切。

武乙、文丁时期 3 条卜辞记载的内容同武丁后期类似，也主要是占问商人到蜀国停留之事。武丁后期至武乙、文丁时期，商人到蜀国如此频繁，说明商王朝很可能派人在蜀国担任了一些重要的官职。

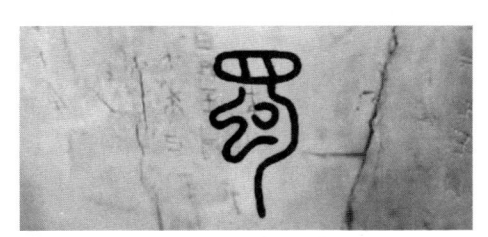

▲ 甲骨文"蜀"字

从文献记载看，最早提到"蜀"的是《尚书》，牧野之战中在周武王伐商的八国同盟军中，就有蜀国。西汉末年蜀郡成都人扬雄所著《蜀王本纪》和东晋蜀郡人常璩所著《华阳国志》对蜀有更详细的记载。但遗憾的是，《蜀王本纪》已经失传，现在能看到的是北宋时期《太平御览》的片段辑录。

《蜀王本纪》记载，蜀王的祖先名叫蚕丛，其后为柏濩，再往后名为鱼凫，三个时期各持续有数百年，最后都修化成神，"其民亦颇随王化去……"后来有一男子名叫杜宇,自立为蜀王,号曰望帝,统辖着汶山下的邑郫一带。望帝统治有100余年。荆地有一人名叫鳖灵,杜宇先是提拔他做了相国,后来自以为德薄,不如鳖灵,就效法尧舜禅让,把国家交给鳖灵治理,自己飘然而去。鳖灵即位,号为开明奇帝,"生卢保,亦号开明……蜀王据有巴蜀之地,本治广都,后徙治成都"[13]。

《华阳国志·蜀志》记载,颛顼帝曾封其支庶于蜀,世代为侯伯,历夏、商、周三代,还参与了武王伐纣。蜀侯蚕丛,纵目,始称王。死后,用石棺石椁装殓,国人遵嘱办理,所以,后来的人们就以石棺椁为纵目人的坟冢。蜀国第二任王名叫柏灌,第三任王名叫鱼凫。鱼凫曾耕猎于湔山,忽得仙道,升天而去,蜀人思念鱼凫,就为他立了祠庙。后来又有王叫杜宇,迁徙到郫邑、瞿上。郫邑即今彭州市北,瞿上在今成都市双流区一带。"七国称王,杜宇称帝,号曰望帝,更名蒲卑。"杜宇的相国开明"决玉垒山,以除水害",杜宇可能觉得开明比自己贤能,于是就禅位于开明。"开明立,号曰丛帝……九世有开明帝,始立宗庙",开明王后来又迁徙到了成都。大约在周慎王五年时,开明氏亡国。开明氏作为蜀王传承有12代。[14]

《华阳国志》所说蚕丛—柏灌—鱼凫"世为侯伯,历夏商周"三代,实际上就是《蜀王本纪》所记蚕丛—柏濩—鱼凫三代各数百年,"灌"应为"濩"的转音。按武家璧先生说法可称为古先蜀,后来的"杜宇—开明"两朝可称为古后蜀。古后蜀从两周交接之际延续至秦惠文王后元九年,即公元前316年,为秦大将司马错所灭。[15]

古蜀人在四川留下了很多与鱼或鱼凫有关的地名,如乐山市鱼涪津、眉山市彭山区鱼凫津、宜宾市南溪区鱼符津、叙永县鱼凫关、成都市温江区和灌县的鱼凫城、奉节县的鱼復城等，这些都是文献记载的"故鱼国"旧址。"鱼凫"不仅仅是指捕鱼的水鸟，也指捕鱼的渔梁。鱼或鱼凫极有可能是古蜀鱼凫族人的图腾，而这些地名就是鱼凫族人图腾记忆的孑遗。鱼凫又作鱼妇、鱼符、鱼涪、鱼腹、鱼复等。《山海经·大荒西经》记载有互人之国，为人面鱼身，"有鱼偏枯，名曰鱼妇"[16]，与此暗合。

蜀王柏灌，或许就是《山海经》所记不死羽民"伯鹳"。[17] 鹳字金文，是带花冠的鸟，作观望状。"此鸟劲捷，虽羿亦不敢射也。"[18] 也就是说，鹳鸟是柏灌族人的图腾。

蚕丛、柏灌和鱼凫，最后都修化成神，"其民亦颇随王化去"，表明这是一个神权占主导地位的古国，即所谓神国。神国的一个重要特点是把兵器竖立当作一种习俗，而不是作为武器使用，其制度是神道设教，就是以神为最高主宰，以事神、拜神、修炼成神作为宗旨，其政权之牢固虽可"与天地存久"，但这种神权国家，由于没有军队，或军队不是主导力量，很难抵御外部势力的入侵。

武丁及其以后，古蜀之所以屈服于商王朝，当与其武装力量薄弱、难以抵挡商王朝的强势入侵有关。

古蜀国作为"神化"国家，最大规模的一次"神化"是鱼凫王在湔山耕田时成仙，蜀民随鱼凫王"神化"而去，此后经历一段很长的空白时期，导致古蜀国历史断裂。直至杜宇自立为蜀王，才有了"化民往往复出"这一景观。这段空白期约自西周初至春秋时期。蜀王"神化"之前将宗庙祭器悉数瘗埋，可能就是著名的"三星堆祭祀坑"形成的原因。[19]

第十章　剪商布局

三星堆古国（一）

　　三星堆遗址[20]位于四川省广汉市西北鸭子河南岸，面积约12平方公里。因遗址边上一片叫作月亮湾的月牙形土地旁边分布有三个土堆，像三颗星星排列起来一样，乡人遂称之为三星堆。三星堆遗址文化堆积可分为四期：第一期的年代在新石器晚期，第二期大致在夏至商早期，第三期在商代中期或略晚，第四期在商代晚期至西周早期。

　　三星堆遗址是1929年当地一名叫燕道成的农民在清理自家院墙外水沟时发现的。当时，燕道成只发掘出一些玉器和石器。他将这些文物大部分捐给了华西博物馆（今四川大学前身），将一小部分当作礼品馈赠给了亲朋好友，有的甚至因此流传到了国外。

　　1932年（也有说是1933年或者1934年）春天，由华西博物馆馆长葛维汉和林铭钧率领考古队首次对三星堆遗址进行了为期10天的发掘，出土了陶器、玉器、石器等共600余件器物，其中玉器有玉珠、玉刀、玉凿、玉剑等。

　　1950年代以来，文物部门对三星堆遗址又进行了多次调查、试掘；1960—1970年、1980—1984年，四川大学历史系、四川省文管会、四川省博物馆等单位，也先后对三星堆遗址进行了发掘，由于受当时各种条件所限，收获并不是很大。

惊喜来自1986年。专家、学者结合以前发掘获得的资料，对三星堆遗址内东、西、南三面，连续进行了六次发掘，清理出了由土坯垒成的古城墙遗址。东城墙长约1090米，南城墙长约1150米，西城墙长约650米。由于是残遗，原来的城墙实际可能更长一些。城址内发现有房址、祭祀坑、作坊遗址和墓葬等。其中最重要的发现是，在1号和2号两个祭祀坑中发掘出了大批的青铜器、金器、玉器、石器和象牙器等。

▲ 俯瞰三星堆遗址

2019年11月至2020年5月，考古人员对三星堆遗址再次进行了发掘，新发现6座"祭祀坑"，目前出土金面具残片、鸟形金饰片、金箔、眼部有彩绘的青铜头像、青铜面具、青铜神树、象牙、精美牙雕残件、玉琮、玉石器等重要文物500余件。此次新发现的6个器物坑

第十章　剪商布局

与 1986 年发掘的两个坑，都分布在三星堆台地东部，周围还分布有与祭祀活动有关的圆形小坑、矩形沟槽和大型沟槽式建筑。

这次新发现的 6 座"祭祀坑"的形制与方向，同 1986 年发掘的 1、2 号坑相似，出土文物也大同小异。考古团队在 4 号坑的灰烬层面和 3 号坑的青铜器表面还发现了丝绸的遗迹。在早中国时代，最高级的丝绸大都用于祭祀等隆重场合。5 号"祭祀坑"清理出多件金器和数量众多的带孔圆形黄金饰片、玉质管珠和象牙饰品。初步判断，这些金片、玉器与黄金面具是有规律的缀合，系古蜀国王举行盛大祭祀仪式时所用器物。[21] 对 4 号祭祀坑进行最新碳十四测定表明，时间在公元前 1200～前 1000 年，相当于晚商至西周初年。[22]

1 号祭祀坑是个长 4 米、底宽 2.8 米的长方形土坑，里面出土了各类器物 420 件，其中铜器就有 178 件，有人头像、跪坐人像、面具、人面像、龙柱形器、虎形器、虎形饰、戈等，与铜器同时出土的还有金器、玉器、陶器、石器、骨器，以及大量的象牙、海贝、骨渣等。这些器物，尤其是铜器，均有火烧的痕迹。[23]

2 号祭祀坑也是个长方形土坑，长 5 米，底宽 2 米，出土各类器物 1300 件，其中铜器有 735 件。除了一些器物和 1 号坑雷同外，铜器还有立人像、兽面具、眼形器、眼泡形器、太阳形器、神树、神坛、神殿等。令人惊讶的是，2 号坑同 1 号坑一样，很多器物也都有火烧过的痕迹。[24]

2 号坑出土的青铜大立人像和青铜神树疑似被砸烂后才瘗埋——青铜大立人像上下断成了两截，而青铜神树上的各种装饰配件，诸如树叶、太阳神鸟等装饰配件散落得四处都是。另外还有不少人面具也被砸成了一堆烂铜，其中有一些经过火烧后已经熔化得不成样子。

考古人员在对两个祭祀坑的器物摆放位置进行观察以后发现，[25] 1号坑中大部分器物堆叠在坑南端，玉戈、玉璋等外形较大的玉石器分布在坑东处。像玉凿、玉锛、玉斧等形体较小的一类玉、石器则堆放在坑的西角。青铜人头像、人面像分布在坑中部到西北一线，而铜器则混杂于骨渣之中。

2号坑的器物摆放情况与1号坑大同小异，很明显地分成了三层：上层是排列整齐的60根象牙，象牙之下是大中型青铜器，下层是诸多的小型青铜器和各色饰件及一些玉器。

显然，在瘗埋这些器物之前，瘗埋者先对这些器物进行了砸打和焚烧，然后按照相关礼节程序，分类摆放后，才开始掩埋。器物过火，极有可能是甲骨文所提到的"燎祭"，即将祭祀物品放在柴堆上焚烧。两个坑中的骨渣残骸，经鉴定均为大型动物，没有人骨，基本符合甲骨卜辞所记"卯牛""卯羊"一类祭祀方式。更为重要的是，这些器物大都是礼器一类，专用于祭祀，因此可以确定这是古蜀先人祭天祀神的一种特殊礼仪。[26]

2号坑共出有6棵青铜神树，2大4小，其中最大的1号神树通高达3.96米，树干高3.84米。神树由底座、树干和飞龙组成。神树的底座是圆锥形，绘有太阳和云雾的图案，象征高耸的神山，神山顶上就是树干。树干上"长"出来的树枝，由上而下共分三层。每根树枝上都饰有花果和神鸟。树旁还有一条马面飞龙正张牙舞爪，俯冲而下。这会使我们很自然地联想到《山海经》神话中的昆仑、扶桑、若木和建木。在这个神话中，太阳每天以金乌形象出现，沿扶桑升起，傍晚再沿若木下降，进入羽渊和黄泉，从地底绕回扶桑，第二天再从扶桑冉冉升起。[27]在另外一则华夏神话中，昆仑是作为天地之中柱出现的，

"方八百里，高万仞，上有木禾，长五寻，大五围"[28]。这里的木禾即所谓若木、建木，是长在昆仑之上的神树。人间帝王就是通过攀缘若木上天，来领受天帝旨意统治人间。神树的树枝由上而下共分三层，可能还意味着华夏神话中的神域、人间和地域三重境界，每根树枝顶端都饰有花果和神鸟，表达的正是天庭仙果飘香、神鸟歙忽的仙境情景。

三星堆几乎每件遗物及其摆放秩序，都散发着浓厚的宗教气息，无一不反映着上述文献所记古蜀国作为神国所特有的神秘。2号祭祀坑出土了铸有大小两种不同青铜人像的神坛，大者手握一瑞枝祥草，小者手持前端呈禾芽状的玉璋。最高大者，连同基座高2.62米，重180公斤。该立人像体形细长，头戴一顶兽面纹冠冕，兽面的眉心有一象征太阳的圆形装饰。太阳常被古人喻为天眼，兽面双目与太阳图像同在，或可称为"天目冠"。[29]人像腿部带有脚镯，赤足站在一个由四个龙头支撑的方形底座上。

▲ 三星堆1号大型青铜神树

立人像身着龙纹左衽长襟，双臂环抱胸前，双手中空，呈持物状，身穿衮衣，完全是一副通天彻地的王者和宗教领袖姿态。小人像有多尊，均为跪坐。其中典型的一尊，通高仅13.3厘米。该人像"头戴平顶双角冠，左腿弯曲，右腿单膝跪地，手按腹部，很像在恭恭敬敬地向青铜大立人跪报"。[30]

这些大小不同、姿态各异的青铜人像，隐隐向我们透露出了古蜀国一丝信息：这是一个存在着严格等级制度的神权社会。古蜀王在古蜀国是集神权、王权和军权于一身的"超人"，他高高在上，而其他人只能是匍匐在他身旁服务于他的奴仆。

三星堆古国（二）

在三星堆1号和2号坑中，还出土了包括金杖、金面罩、金虎、金叶、金璋、金带等在内的上百件金器。这些金器数量多，型体大，制作也十分精美，可见古蜀人对金矿的冶炼、制作和加工技术已经达到一个非常高的水平，形成了一种特殊的"黄金文化"。

在所有的黄金制品中，最富有特色的就是1号坑出土的金杖。这根金杖长143厘米，直径2.3厘米，重约500克，系用纯金捶打成金皮之后包卷木杖而成。不过由于经过了3000多年的涤荡，内芯的木棒已经腐朽碳化，只留下了被压扁变形的金皮，向人们述说着岁月的沧桑。但令人惊喜的是，这根只剩外面金皮的权杖上端约46厘米处还铸刻有三组清晰可辨的图案：上面两组是两只羽箭穿过鸟和鱼，下面一组是前后两个对称的头戴王冠的人头像。

前述鹳鸟是柏灌族人的图腾，所以，这幅图案的寓意显然就是伯鹳射鱼的意思：柏灌族和鱼凫族政权交替之时，柏灌族在某一次战争中战胜了鱼凫族，或者说是柏灌族为战胜来犯的鱼凫族，特意在这枚象征至高神权的金杖上铸刻了伯鹳射鱼图案，以鼓舞士气。另外，《淮南子·时则训》说："季冬之月……命渔师治渔,天子亲往射鱼,以荐寝庙。"[31] 国君射鱼一般用作宗庙祭品,射鱼要在渔梁上进行。这根金杖实际上就是一柄标志着王权、神权和经济、社会财富垄断之权的权杖,为古蜀国政权的最高象征物。

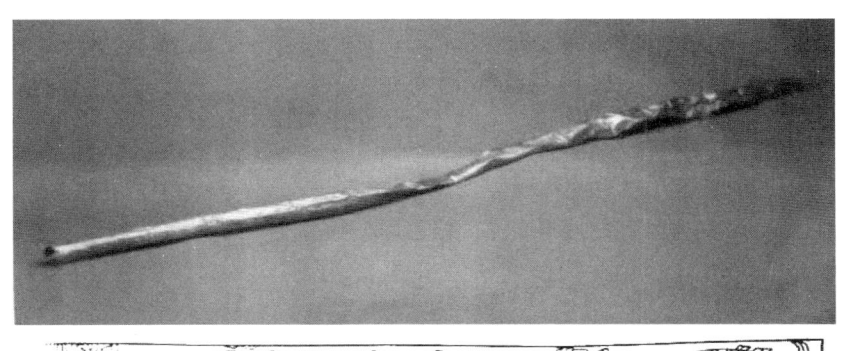

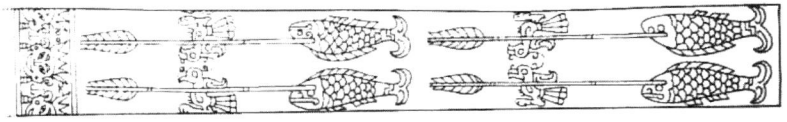

▲ 三星堆1号坑出土的金箔权杖及其上伯鹳射鱼图案

1号坑从坑内器物年代观察,相当于盘庚至武丁早期,因此,1号祭祀坑很可能就是柏灌王时期的祭祀遗存和器物坑。[32]

2号祭祀坑,从坑内器物年代观察,相当于武丁后期至西周早期,与新发掘的4号坑同属一个时代,应该是鱼凫王时期的祭祀遗存和器物坑。坑内出土了三件蜀王蚕丛"目纵"青铜人面像。所谓目纵,是指眼睛如圆柱一样从眼眶中突出。其中略小的一件,宽77.4厘米,眼柱突出眼眶竟有9厘米,鼻梁上方还有根高达68.1厘米的装饰物,整体高达82.5厘米。蚕丛之所以"目纵",可能和他原来居住在岷山上游的汶山郡有关。此地水土严重缺碘,很容易导致人罹患眼球向外凸出的甲亢病症。所以,有专家推测蜀王蚕丛很可能是一个严重的甲亢病

第十章 剪商布局

患者，于是便有了眼球异常凸出的"目纵"形象。[33]

　　古蜀人没有觉得蚕丛"目纵"是生理缺陷，反倒是在这个问题上大做文章，用更夸张的手法向外宣示，他们信奉的祖先神具有"极目通天"的神性。[34]

　　武家璧先生的研究表明[35]，古先蜀与后蜀之间出现的空白期就是《蜀王本纪》所谓的"神化"期，即世俗社会宗教化，世俗政权隐入山中，完全蜕变为宗教神国，全体国民"化"为教民。古先蜀三代王蚕丛、柏灌和鱼凫都曾"神化"，前两代"神化"之后，都有新蜀王继续统治没有"随王化去"的蜀民，但最后一代鱼凫王"神化"规模空前，化民甚众，以至于数百年都未能产生新的蜀王。

　　"神化"就意味着鱼凫人在人世间生活的结束，意味着得同过去有个了断。碳十四测年鉴定，三星堆八个祭祀坑所出土的器物，除了极个别是原来的生活用品外，绝大多数如神像、青铜和玉石礼器等，原本都供奉在三星堆古城的宗庙之内。从1号坑中的器物观察，年代最早的是玉璋、玉戈等，可以早到二里头夏文化时期；青铜器可以早到早商前期，晚的也在晚商早期，这意味着这些器物是长期存放在宗庙中的礼器。

　　宗庙祭祀既然到此终止，为防止世俗对神明的亵渎和破坏，就必须对宗庙祭器进行瘗埋。瘗埋之前举行了最后一次燎祭，实际就是毁器。这也就是我们今天看到的三星堆几个祭祀坑中的器物大都有火烧或砸打痕迹的原因。考古也表明，三星堆这八个祭祀坑所埋器物尽管年代不一，但就每一个器物坑而言，均系一次性埋藏。[36]

　　前述蜀王蚕丛至鱼凫都是在湔山"神化成仙"的。湔山就是位于今成都平原西缘的茶坪山，实系龙门山、玉垒山连体，乃湔江发源之处。湔江是沱江上游三大支流之一，彭州关口以上称湔江，以下进入平原分为"湔江九河"，包括流经三星堆古城北的鸭子河、穿城而过的马牧河等。

湔江发源地茶坪山，自古以来就被认为是"神仙"居住的地方，现在依然还被乡人称为"神仙岭"。据考察，鱼凫王前往湔山神化的路线大致为：从三星堆遗址出发，自东向西沿今鸭子河—马牧河—小石河到达关口，由此穿越两山夹江的天彭阙，然后从南向北沿湔江到达龙门山麓，再自西南向东北进入龙门山以东宽阔的湔江河谷，最后溯流而上，攀缘至海拔高达4700余米的目的地——神仙岭。[37]

处于中转站的今彭州市天彭阙，因两山相对，地形险要，遂成为鱼凫王"升仙路"东西—南北向的转折点，是所谓人间与鬼神冥界的分界线。龙门山东的河谷是"化民"们赖以生存的渔猎采集区域，而高山峻岭则是修仙的理想场所。

鱼凫国王率领国民进入湔山"神化"以后，留下的一部分鱼凫人向东迁徙，在成都地区形成了具有三星堆文化明显特征的十二桥文化；还有一部分往北经陕西汉中城固进入今陕西宝鸡地区，在西周时期建立了"强"国——陕西省宝鸡市茹家庄发现有西周"强"国墓地，铭文"强"从弓、从鱼，就是射鱼的意思，另外，还发现有与三星

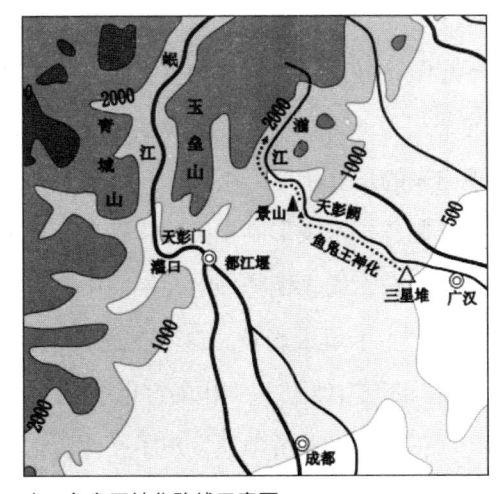

▲ 鱼凫王神化路线示意图

第十章　剪商布局

堆近似的青铜立人像[38]，暗示二者有渊源关系。

城固出土了一件属于晚商时期的青铜三角援戈，这种外表呈等腰三角形的援戈，又被称为"蜀戈"，多分布于蜀地及汉中，尤以蜀地为多，在中原极为罕见。[39]这或许正是周文王"伐蜀""克蜀"，古先蜀人臣服于周后，双方进行交流的物质遗存。其中可能包含着大量的古先蜀人向北迁徙的文化信息。古先蜀鱼凫国"神化"消失后，鱼凫遗民能北上建立"弴"国，大概正是受了这部分先民迁徙的影响。西周"弴"国位于秦蜀古道"陈仓道"北端，而城固正好位于古道中枢位置，所以，西周"弴"国大概率是三星堆古国遗民经城固迁徙后所建成。[40]

根据现有的考古资料观察，早期三星堆文化除继承了当地宝墩文化因素外，还吸纳了大量的其他外来文化因素，如中原夏商文化、江汉平原晚期石家河文化和陕北石峁文化等。[41]2019年11月至2020年5月，考古人员对三星堆遗址进行发掘时，在3号坑中出土了一件高达1.15米的双手顶尊铜人像。过去也出土过类似的铜像，可能因形体小不起眼，并未引起人们的重视。这件顶尊铜人像表现的是祭祀场景中的祭祀者形象。头顶青铜尊这样的珍贵器物并以此作为祭祀礼器，体现出来的是夏商文化礼制。三星堆1、2号祭祀坑中也出土过与中原青铜器制作技术及形制相类的青铜尊，还有与中原二里头夏文化相似的镶有绿松石的青铜牌饰等，说明中原青铜文化对三星堆文化的形成和发展产生了重大影响。这同上述青铜神树等所表现出来的《山海经》神话内容等中原传统文化内容也较为一致。

三星堆2号坑中还发现了9件青铜兽面像，均为长眉直鼻，眼珠硕大，嘴巴阔长，耳朵尖而下垂，看上去就像令人恐怖的野兽。专家推测，这是古蜀人通灵祈祷"傩舞"时所戴的面具。面具在古时被称为"魌头"，《周礼·夏官》中就有"掌蒙熊皮，黄金四目，玄衣朱裳……以索室驱疫"[42]的记载。祭祀时使用面具通灵祈祷是中原传统。三星堆中的人面和兽面像，显然也是受了中原文化影响。[43]

三星堆人像的众多特征，在石家河文化晚期玉人头上也有非常多的发现，尤其是耳朵等具体特征与石家河文化玉人头、石峁文化石雕人头有明显的传承关系，所表达的都是神祖的意思。[44]

三星堆文化中或许还蕴藏着一些中亚、西亚文明因素。成都平原地处中西文化交流要冲之地，汉代张骞"凿通西域"的背景就

▲ 三星堆出土的青铜面具

是因为发现了从蜀地贩卖到印度、中亚一带的蜀布、枸酱、邛竹杖一类特产，才引发了汉武帝开拓"丝绸之路"壮举的产生。何况，早在四五千年以前，由西亚、中亚引领的青铜文化浪潮就通过新疆和内蒙古地区传入了中原，所以，紧邻新疆地区的古蜀成都平原与外域的这种交流沟通应该早就存在了，只是目前的考古资料还不足以形成这种文化传播交流的链条证据。[45]

三星堆文化最初在成都平原仅分布于中心遗址三星堆周围，基本不出沱江流域。之后向南扩张，至三期时已分布至岷江流域的成都市区，但遗址数量较少。四期时分布范围略有扩大，遗址数量也有显著增加，并且呈现出三星堆和成都两个中心。[46]三星堆文化分布范围狭

小，说明其青铜金器制造技术水平虽然达到了一定的高度，但其政治、经济和文化实力同商周比起来，还有相当大的差距，所以，它先后臣服于商、周，也是自然而然的事情。

公元前 2000 年左右石家河文化衰亡后，相隔五六百年，江汉地区在早商时期再次进入了繁荣期。早商人群的大规模进入促成了武汉盘龙城早商青铜文化中心的崛起。早商文化由此对包括赣江流域、湘江流域和四川盆地在内的长江中上游地区产生了深远影响。在公元前 2500—前 1700 年宝墩文化时期，四川盆地不见任何有关铜器铸造的遗迹。虽然在三星堆文化中期阶段发现了可能与二里头夏文化存在一定关系的铜牌饰，却基本不见同时期的其他铜器，可以认为当时青铜文化还没有真正发展起来。[47]

三星堆文化形成以后，以成都平原为核心向东方扩展，在江汉平原与扩张至此的早商文化相遇而受到压制，早商文化长驱直入。三星堆文化在接受早商文化及其他外来文化影响的基础上，于晚商时期达到了其青铜文化的鼎盛时期。[48]

扬梦以说命

周文王向江淮、江汉和西南巴蜀等地区扩张，采取的策略不仅仅是武力征服，更多的是施行了以文教化的怀柔政策。这些地区长期苦于商纣"淫风遍于天下"，所以就半被迫半自愿地接受了"文王之教化"，最终"文王之道，被于南国，美化行乎江汉之域"。

周文王对南方江淮、江汉流域和西南地区的经营，从战略上看是要对商王朝从西北、西和南三面形成一个半包围圈状态，但还可能存有另外一个目的，那就是打通江汉，进而与地处长江下游的吴人联结，策反东夷。[49] 前已述及，吴国开国领袖太伯，是周侯季历的大哥，也就是周文王的大伯父。

文王在通过怀柔政策和武力征服南方的同时，也在西方悄然扩充着自己的势力范围，先后"侵孟、克莒、举酆（丰）"，纣闻此消息，又对文王产生了怀疑，文王得知，赶忙前往商都，主动把原来属于周人的"洛西之地、赤壤之国方千里"献给纣，但希望他能够废除炮烙之刑。文王一箭双雕，既消除了纣的怀疑之心，又免去了百姓的酷刑之忧，收获了民心。[50] 其大智慧让500年之后出生的孔子都赞不绝口：

"仁哉文王！轻千里之国而请解炮烙之刑。智哉文王！出千里之地而得天下之心。"[51]

在"修刑"的基础上，文王又以"爱民"为治理国家的根本，在最大程度上缓和了国内的阶级矛盾，得到国内各个阶层人民的广泛支持。[52]

在商纣暴虐淫荡、滥杀无辜的对比下，周文王道德君子的形象就像磁铁一样吸引了天下人的注意。周文王的威望愈来愈高，甚至就连诸侯之间出现一些纠纷都会跑到周邦找文王来评判说理。其中最著名的一件事是，当时居地在渭南、晋南一带的芮、虞两国人起了纠纷，双方争执不下，竞相去找文王评理。结果进入周国后，发现周人种田时都把田界让着对方，还有谦让长者的优良风气。芮、虞两国人看到这种情景，都有些惭愧，就说："我们所争，正是人家所让。还去找文王干什么，只会自取其辱啊！"于是双方互相让步，携手而归。"诸侯闻之，曰'西伯盖受命之君'。"[53]

平虞芮之讼事件不只说明文王以德服人取得效果，文王"受命"已是人心所向，更重要的意义还在于，周人因此而得以控制潼关崤函一带的天险，对商人形成了进可攻、退可守的压倒性战略优势，文王公开"受命"的客观条件已经成熟。

彼时，伯夷正躲避纣，住在遥远的北海之滨；太公姜尚住在偏远的东海之滨。两位都是天下闻名的贤能人士，听闻文王敬老爱幼，有贤明之名，就都不约而同投奔文王而去。孟子说："二老者，天下之大老也。而归之，是天下之父归之也。天下之父归之，其子焉往。"[54]

姜尚就是姜子牙，其先祖曾做四岳之官，辅佐夏禹治水有大功。舜、禹时被封在吕地，所以又称吕尚。《史记·齐太公世家第二》记载，姜尚到西地后，打听到文王近日有出猎之行，遂在文王必经的渭水之滨磻溪装作垂钓，以期同文王相遇，得到文王的赏识。文王出行，果然在渭河边上遇到了姜尚。两人交谈一番后，姜尚的文韬武略，让文王大为折服。文王喜之不胜，对姜尚说："我先君太公说过，一定会有圣人来周，周会因此而兴旺发达，说的就是您吧。我们盼望您已经很久了。"文王遂拜其为太师，尊称太公望。[55]

文王礼贤下士，广罗人才，更多的贤能之士趋之若鹜，史称："济济多士，文王以宁。"[56]这让周文王如虎添翼。

商末，由于奴隶主对奴隶的残酷压榨，奴隶不堪忍受便纷纷逃亡。甲骨文中就有许多"丧众"一类的记载。这里的"众"就是奴隶，而"丧"就是丢、损失的意思。周文王是奴隶主贵族的代表，自然要保护奴隶主贵族的利益，因此有针对性地制定了保护奴隶主利益的法律条文，核心内容是"有亡荒阅"[57]，意思是发现奴隶逃走，就要大规模地展开搜索。不管谁抓住逃跑的奴隶，都必须归还原主人，任何人不许擅自收留。文王此举得到了奴隶主的拥护，也得到了当时各诸侯国的支持，这为他赢得了更多无形的政治资本。

▲ 清·民归一德图

在设法使自己好起来的同时，文王也不忘玩儿阴的让敌人烂下去。

第十章 剪商布局

《韩非子·喻老》记载了这样一个故事：周有玉版，纣令胶鬲前往索取，文王不给。纣又派费仲到周来求取，文王就给了费仲。文王为什么不给胶鬲而给费仲呢？文王认为胶鬲贤能而费仲无道。[58] 他采用的是离间计。《韩非子·内储说下》一语道破天机："文王资费仲而游于纣之旁，令之谏纣而乱其心。"[59]

帝辛第32年，亦即姜尚投奔周文王的第二年，位居今甘肃灵台县一带的密须国出兵侵略阮国，文王以道义为名，果断率师讨伐密须，密须抵挡不住，于次年降周。周文王伐密须之举，不但为他进一步赢得了道义人心，得到大多数诸侯的拥戴，更重要的是，他因此又博得纣的信任，并授予他专征伐大权[60]，这意味着，周文王从此以后拥有了不需要经纣同意就可以征伐其他诸侯方国的权力。这在周人剪商的历程中具有划时代的意义。周文王扭转了逆境，获得了拓展实力的良机，为以后灭商奠定了坚实的基础。

文王伐密须取胜后，驱使密须国的奴隶建造了一座祭坛，称为"灵台"。随后又在灵台举行了一次声势浩大、隆重庄严的"军礼"祭祀，以此祭天慰民。[61] 灵台故址在今甘肃灵台县城，是个较大的建筑群，以灵台为主，附带包括灵囿、灵沼、辟雍等。慰民就是"与民偕乐"，甚至"恩及鸟兽"[62]。祭天慰民寄托着周文王"天视自我民视，天听自我民听"的民本思想，也包含了他想对外表达"受命于天"的真实想法。问题是，怎样才能让天下知道，他周文王就是以周代商的"真命天子"？

也就在此前后，一件荒诞但在当时又可俘获人心的传说在诸侯国间不胫而走：一只赤红色的鸟儿衔着玉圭，降临到周人的祖社上，"啾啾啾"地鸣叫着说："天命周文王伐殷，有国。"[63]

随后不久，周文王的王后太姒宣称说，她做了一个很奇怪的梦，梦见商朝的宫廷长出了荆棘，还梦见太子发从周的宫廷里取了一棵梓树种在宫中，结果变成了松、柏、榆、柞四种树。文王听说后，赶快把太子发召来，让他到明堂去慎重地占卜一下。明堂是古代帝王所建最隆重的建筑物，用作朝会诸侯、发布政令、秋季大享祭天并配祀祖宗的地方。太子发占卜的结果是大吉："受商之大命于皇天上帝。"[64] 就是说，皇天上帝将把商朝的政权赐予周文王和周武王。

为寻找"代商"的天命依据，周文王可说是费尽了心机，周人不仅借此"扬梦以说命"，用天降"赤鸟衔圭"的祥瑞昭示其接受天命的合法性，而且还通过"灵台"以及设在周原成汤等商先王的庙宇以祭祀的形式同上天和商先王直接对话，从而获得"天命转移"的正统依据。

仅此还不够，在迷信盛行的殷商末期，倘若没有天帝具体形影的耳提面命，普罗大众终归还会是半信半疑，于是，天帝就真的现身了，还对文王有了面对面的训示：

——不要徘徊不要动摇，也不要去非分妄想，渡河要先登岸才好。[65]

——你的德行我很欣赏。不要看重疾言厉色，莫依仗刑具兵革。你要做到不声不响，天帝意旨遵循莫忘。[66]

真真假假，假假真真，云遮雾绕中，"真命天子"赫然现身。《尚书大传》云："天之命文王，非喑喑然有声音也。文王在位而天下大服，施政而物皆听。命则行，禁则止，动摇而不逆天之道，故曰'天乃大命文王'。"[67]

"天乃大命文王"实际上是确立了周在西方各国中的领导地位，同时也标志着以周为核心的反商联盟的最终形成。时为公元前1058年，距文王继位称王已经过去了40余年。[68]

潮起潮退，日落日升，同东方的天子与帝呈现强烈对比者，"乃是新兴的周民族与新兴的德性上帝正从西方崛起。这个德性上帝的名称甚至有了另一个名称，虽然他不是崭新面世，却是由隐而显地出现于历史的舞台。'周'这股新兴的政治势力同时也带来新兴的宗教概念'天'，一个道德性的上帝正照耀着中土大地。这个新兴的上帝在祭典中，传达出新的讯息。"[69]

注　释

1.（清）郝懿行著，李念孔点校：《竹书纪年校证》，齐鲁书社2010年版，第3871页；程树德撰，程俊英、蒋见元点校：《论语撰》，中华书局1990年版，第560页。

2.（清）皮锡瑞撰，吴仰湘编：《今文尚书考证》，中华书局2015年版，第641页。

3.许维遹撰，梁运华整理：《吕氏春秋撰》，中华书局2009年版，第202页。

4.李云凯、姚玉成：《周文王对商政策浅析》，《哈尔滨学院学报》2010年第6期。

5.（汉）毛亨传，（汉）郑玄笺，（唐）陆德明音义，孔祥军点校：《毛诗传笺》，中华书局2018年版，第13页。

6.周原甲骨 H11∶232、H11∶110。

7.周原甲骨 H11∶83、H11∶14。

8. 陈全方：《周原与周文化》，上海人民出版社1988年版，第140页。

9.（汉）司马迁撰，（南朝宋）裴骃集解，（唐）司马贞索隐，（唐）张守节正义：《史记》，中华书局1982年版，第1691页。

10. 周原甲骨H11：68、H11：97。

11. 孟世凯：《商朝》（文明的历程丛书/李学勤主编），上海科学技术文献出版社2020年版，第275—279页。

12.《合集》6858，6859，6860—6863，6864。

13. 熊明辑校：《汉魏六朝杂传集·蜀王本纪》，中华书局2017年版，第179—180页。

14.（晋）常璩撰，刘琳校注：《华阳国志校注》（卷三），巴蜀书社1984年版，第175—192页。

15. 武家璧：《古蜀的"神化"与三星堆祭祀坑》，《四川文物》2021年第1期。

16. 袁珂：《山海经校译》，上海古籍出版社1985年版，第273页。

17. 王家祐、李远国：《三星堆文化拾零》，《四川文化》1997年第5期。

18.（晋）郭璞注，（宋）邢昺疏：《尔雅注疏》，北京大学出版社1999年版，第319页。

19. 武家璧：《古蜀的"神化"与三星堆祭祀坑》，《四川文物》2021年第1期。

20. 四川省文管会等：《广汉三星堆遗址一号祭祀坑发掘简报》，《文物》1987年第10期；施劲松：《三星堆遗址》，王巍总主编《中国考古学大辞典》，上海辞书出版社2014年版；孟世凯：《商朝》（文明的历程丛书/李学勤主编），上海科学技术文献出版社2020年版，第270—275页。

21. 杨雪梅等：《神秘三星堆考古再解谜》，《人民日报》2021年3月22日；许倩、刘海波：《神秘三星堆"再惊天下"》，《人民资讯》2020年3月21日。

22.《对话施劲松：三星堆文化将进入新阶段》，《中国报道》2021年4月刊。

23. 施劲松：《三星堆一号坑铜器群》，王巍总主编《中国考古学大辞典》，上海辞书出版社2014年版。

24. 施劲松：《三星堆二号坑铜器群》，王巍总主编《中国考古学大辞典》，上海辞书出版社2014年版。

25. 李思达：《纵目头像与黄金权杖：有个性的三星堆文明从何而来》，《国家人文历史》2019年第13期。

26. 李思达：《纵目头像与黄金权杖：有个性的三星堆文明从何而来》，《国家人文历史》2019年第13期。

27. 郭世谦：《山海经考释》，天津古籍出版社2011年版，第455、498页。

28. 郭世谦：《山海经考释》，天津古籍出版社2011年版，第510页。

29. 王仁湘：《古蜀人的艺术创造力》，《人民日报》2021年4月17日。

30. 李思达：《纵目头像与黄金权杖：有个性的三星堆文明从何而来》，《国家人文历史》2019年第13期。

31. 张双棣：《淮南子校释》，北京大学出版社1997年版，第609页。

32. 武家璧：《古蜀的"神化"与三星堆祭祀坑》，《四川文物》2021年第1期。

33. 刘亭亭：《三星堆，掀起古蜀国的神秘面纱》，《海南日报》2020年3月2日。

34. 刘亭亭：《三星堆，掀起古蜀国的神秘面纱》，《海南日报》2020年3月2日；李思达：《纵目头像与黄金权杖：有个性的三星堆文明从何而来》，《国家人文历史》2019年第13期。

35. 武家璧：《古蜀的"神化"与三星堆祭祀坑》，《四川文物》2021年第1期。

36. 赵晓霞等：《"走进三星堆读懂中华文明"活动举办》，《人民日报》2021年5月30日。

37. 武家璧：《古蜀的"神化"与三星堆祭祀坑》，《四川文物》2021年第1期。

38. 卢连成、胡智生：《宝鸡"弜"国墓地》，文物出版社1988年版，第315页。

39. 印群：《商周之际三角援青铜戈与蜀人随武王伐纣》，《齐鲁学刊》2008年第6期。

40. 武家璧：《古蜀的"神化"与三星堆祭祀坑》，《四川文物》2021年第1期。

41. 霍巍：《三星堆祭祀坑发掘的前世今生》，《中国社会科学报》2021年4月20日。

42. （清）孙诒让著，汪少华整理：《周礼正义》，中华书局2015年版，第3003页。

43. 李思达：《纵目头像与黄金权杖：有个性的三星堆文明从何而来》，《国家人文历史》2019年第13期。

44. 顾万发：《论三星堆文化首有青铜尊的跪坐握手青铜人及有关问题》，《黄河黄土黄种人》2021年3月号（下）。

45. 霍巍：《三星堆祭祀坑发掘的前世今生》，《中国社会科学报》2021年4月20日。

46. 冉宏林：《郎家村遗存再分析——兼谈三星堆文化在成都平原的分布》，《中国国家博物馆馆刊》2020年第6期。

47. 张昌平：《夏商时期中原与长江中游地区的文化联系》，《华夏考古》2006年第3期。

48. 于孟洲：《三星堆文化东向扩张的原因分析》，教育部人文社会科学重点研究基地等编：《边疆考古研究》（第24辑），科学出版社2018年版。

49. 李忠林：《周人翦商史实考略》，《北大史学辑刊》2007年第1期。

50. 陈奇猷校注：《韩非子新校注》，上海古籍出版社2000年版，第875页。

51. 郭沂校注：《孔子集语校注》，中华书局2017年版，第221页。

52. 李云凯、姚玉成：《周文王对商政策浅析》，《哈尔滨学院学报》2010年第6期。

53. （汉）司马迁撰，（南朝宋）裴骃集解，（唐）司马贞索隐，（唐）张守节正义：《史记》，中华书局1982年版，第117页。

54. （清）焦循撰，沈文倬点校：《孟子正义》，中华书局1987年版，第513页。

55. （汉）司马迁撰，（南朝宋）裴骃集解，（唐）司马贞索隐，（唐）张守节正义：《史记》，中华书局1982年版，第1477—1478页。

56. （汉）毛亨传，（汉）郑玄笺，（唐）陆德明音义，孔祥军点校：《毛诗传笺》，中华书局2018年版，第354页。

57. （清）洪亮吉撰，李解民点校：《春秋左传诂》，中华书局1987年版，第676—677页。

58. 陈奇猷校注：《韩非子新校注》，上海古籍出版社2000年版，第460—461页。

59. 陈奇猷校注：《韩非子新校注》，上海古籍出版社2000年版，第647页。

60. （清）郝懿行著，李念孔点校：《竹书纪年校证》，齐鲁书社2010年版，第3872页。

61. （汉）毛亨传，（汉）郑玄笺，（唐）陆德明音义，孔祥军点校：《毛诗传笺》，中华书局2018年版，第374页。

62.（清）焦循撰，沈文倬点校：《孟子正义》，中华书局1987年版，第49、50页。

63.（清）孙诒让：《墨子间诂》，中华书局1986年版，第139页。

64.（唐）欧阳询撰，汪绍楹校：《艺文类聚》，上海古籍出版社1982年版，第1355页。

65.周振甫译注：《诗经译注》，中华书局2010年版，第384—385页。

66.周振甫译注：《诗经译注》，中华书局2010年版，第386页。

67.（清）孙星衍撰，陈抗、盛冬铃点校：《尚书今古文注疏》，中华书局2004年版，第360页。

68.刘庞生：《周武王伐纣克殷暨牧野大战时间考》，《人文杂志》1999年第5期。

69.杨儒宾：《殷周之际的纣王与文王——新天命观的解读》，《深圳社会科学》2018年第2期。

第十一章
伐纣灭商

彼时，各方讨伐商纣残余势力的将帅也带着胜利的喜讯陆续返回。一个绵绵延延存在了554年的王朝顷刻之间灰飞烟灭——按照夏商周断代工程年表，成汤在公元前1600年建立商王朝，纣王在公元前1046年自焚，周武王从此君临天下。

文王遗训

文王公开宣示"受命"后的第二年，就开始利用纣王赋予的专征伐之权，乘纣集中精力征伐东夷之机，率领周师对与周为敌的商属方国，发动了一系列的剪除军事行动，并一度进逼商都殷墟。《史记·周本纪》载："明年，伐犬戎。明年，伐密须。明年，败耆国……明年，伐邘。明年，伐崇侯虎。"并在随后"做丰邑，自岐下而徙都丰"。[1]

犬戎，在今甘肃省静宁县威戎镇一带。[2] 崇，在今陕北榆林石峁遗址一带，是夏人后裔建立的一个小国，崇来源于夏人祖先崇伯鲧。[3] 文王伐犬戎、密须和崇，目的在于巩固周国的后方根据地。耆，即"西伯戡黎"之黎国，在今晋东南地区。邘，在豫北沁阳西北西万镇邘邰村附近，向北毗邻黎国。文王"败耆""伐邘"目的，是打通向东发展的道路，将势力深入豫北一带，并由此东进直达商王朝老巢所在的安阳地区。[4] 邘国和商都殷墟相距不过200公里左右，文王的战略目的一目了然。

为了东进中原调度指挥方便，文王审时度势，将国都由岐下东迁至丰。丰在今陕西西安西南，鄠邑区东面。[5] 至此，文王已为灭商做好

第十一章　伐纣灭商

了战略决战的准备。

时为商大臣的祖伊听说周人攻占了黎国，就惊慌失措地跑去见纣："王啊，老天恐怕要终止我殷商的国运了。现在无论是贤人还是神龟都占卜不出吉兆。"祖伊悲愤地说，"这不是先王不扶助我们后人，而是大王淫荡嬉戏在自绝于天……作为一国的君王，您不揣度天性，不遵循法律。如今百姓都希望王您灭亡，他们说：'老天为什么不降威罚呢？'天命已经不再归向我们了，现在可怎么办？"纣毫不在意，哈哈笑着说："我生不有命在天吗？怕什么！"祖伊反驳道："唉，您的过失太多，又懒惰懈怠，高高在上，难道还能向上天祈求福命吗？殷商就要丧失天命了，摸摸您的良心吧，这都是您的功劳。我们每个人都会在此遭受杀戮之辱！"[6]

纣不为所动。纣的宠臣费仲见周人势力越来越大，也跑去进谏："西伯姬昌有贤名，老百姓都爱戴他，诸侯国也有很多归附了他，必须赶快将他杀掉。不杀，必会给我们商国带来祸害。"纣反问道："你说他是义主，为何还要杀他呢？"费仲回答："您知道，帽子即使有了破洞，也还要戴在头上；鞋子即使再漂亮，也还是要踩在地下。西伯现在是您的一个臣子，他施行仁义，收拢人心，终会成为天下大患。他一定会兴旺发达起来！一个人的贤明不能为其主所用，而是成就了他自己，那就非杀不可。何况，他是您的臣子，君王诛杀臣子，有什么过错？"不料纣王此时却对费仲大谈起了仁义："仁义二字，是君王经常劝勉臣下的话，今姬昌好仁义，诛之不得。"[7]

费仲见此，只得叹口气，怏怏而归。

由于周人的势力和威望已经达到了如日中天的地步，文王将周都迁丰以后，各地诸侯纷纷前来祝贺。文王采纳周公旦的建议，对前来祝贺的诸侯都馈赠相应的礼品,设宴款待,又给随行人员发放了贵重的纪念品。诸侯返回时,文王又亲自或派重臣远送到郊外,还与刚归附周的崇国结为姻亲,[8] 从最大程度上,将诸侯团结在自己周围,形成了一个广泛的反商联盟统一战线。

但遗憾的是,文王已近期颐之年,身体一天不如一天,还时常生病。文王担心自己日子一天比一天少,如果再不留下遗嘱,恐怕就来不及了。

▲ 咸阳周文王陵(衣冠冢)

先周的君位继承规则是嫡长子继承制,但由于长子伯邑考在早年被纣王屠杀,次子姬发就被立为太子。文王病重时,适逢太子姬发去外地公干。姬发得知父王病重消息,就急急忙忙往回赶,但父子俩最终还是没能见上一面。

文王看太子姬发赶不回来,就强撑病体给姬发写了一份遗嘱:

发！我的病已经很重，恐怕来不及跟你讲话了。

从前，古人垂训于后世，都是当面口授，如今我的病日益加重，恐怕等不到最后时刻了，你还是听我书面讲吧！一定要恭敬从命，不可贪图安逸享受。

从前，舜一直生活在底层，在历丘下的草莽中亲自开荒种地。他放心不下的是，如何找到"中"（大地的中心），有标准可依，使自己的想法完全合乎黎民百姓的要求，用"中"来确定大地的高下远近，所以变方设位，随时观测万物的阴阳变化，使一切顺而不逆。舜有了"中"，话才得体，用不着变实易名，干事也很稳当，一切都恰如其分，小心翼翼，毫不懈怠，因此才立下"三降之德"。帝尧夸奖他，舜因而受命继位。啊，你一定要小心谨慎呀。

从前，先商公上甲微曾向河伯借作为天地之中的旗表，以报有易氏杀父之仇。有易氏背上罪名，而上甲微却毫发未损。上甲微把旗表还给河伯，永记不忘，子孙相传，一直传到成汤。成汤小心从事，绝不敢懈怠，所以得到"大命"。

哦，发！你一定要小心谨慎呀。我知道，我是活不长了，多余的生命已经一点儿没有了。现在，你可要兢兢业业，千万不可懈怠，一切照规矩办事。你不能当面受此"大命"，一定要恭敬从命，不可贪图安逸享受。白天太短，夜晚也不长，你要努力呀！[9]

《尚书》说周文王在位50年，于帝辛四十年春三月驾崩，享寿97岁[10]，葬于毕原，即今陕西咸阳、西安附近渭水南北岸。

关于周文王享寿97岁，还有一个流传极广的故事：《礼记·文王世子》记载:"文王问太子姬发:'你梦见什么啦?'太子回答:'梦见天帝给了我9龄。'文王继续问:'你觉得是什么意思?'太子说:'西方有9个国家,天帝认为我将来是君王,让我安抚他们。'文王摇头:'不是这个意思。古者谓龄,亦指年龄。我命定活百岁,你是90,我让给你3岁吧!'"所以,文王活到97岁而终,太子姬发,亦即周武王活到93岁而终。[11]

这则传说带有神秘色彩,其中展示的是文王作为圣王的爱心。他甘愿把自己的年寿减少3岁,让太子多活3岁。对于太子而言,文王就是一位慈父。这可能是周人对文王作为圣王的一种溢美,不一定是真实的历史情况。[12]

文王本名姬昌,文王是他死后武王姬发给他追授的谥号。《谥法》云"经纬天地曰文"[13],是对其一生盖天之功的肯定。

孟津观兵

周文王驾崩后，子姬发继位，号为武王。文王和武王的年龄是个谜，各家说法不一，但他们活得岁数很大应该是毋庸置疑的。武王的母亲太姒是文王最早聘娶的正妻，一共生了10个儿子，周武王是次子，按古人结婚年龄比较早的习俗来看，武王出生时，文王应该在20岁左右，也就是说，文王驾崩时如果是在90岁左右的话，武王即位时就是70岁左右了。前述周文王97岁、周武王93岁那个故事，更大程度上是为了突出周文王是个仁慈父亲这一光辉形象，多少有些夸张和溢美，所以不可尽信之。

周武王以古稀之龄登上王位，决定了他执政的谨慎和沉稳，不但沿袭了周文王以来剪商事业的方针和政策，而且还继续重用了文王时代的肱股大臣，如以太公望姜尚为太师，以弟弟周公旦为宰辅，召公、毕公、康叔、丹季等良臣均各当其位。为了东进伐商方便，周武王又将周人的政治重心转移至沣水东岸即今西安地区，建立了新都镐京。

周武王即位后的第二年，决定征讨商纣。武王亲率大军，先西行至毕原文王陵墓祭奠，然后转而东行向商纣别宫所在的朝歌前进。武王在中军竖起写有父亲西伯昌名字的牌位，自己只称太子发，意思是奉文王的命令前去征伐商纣，不敢擅自做主。武王告诫司马、司徒，以及各位持有军命符节的官员说："大家务必恭敬谨慎，讲究诚信。我本是无知之人，只因祖先有德，才得以继续先祖的功业，设立了完备的赏罚制度。望诸位奋勇杀敌，共同建功立业！"随后，太师姜尚发布命令："集合舟楫船队，开船划楫！后退者，格杀勿论！"

大军乘船渡过黄河到达今河南孟津，古代亦称盟津，八百诸侯也闻讯从四面八方赶来。诸侯都请命，希望可以立即向商纣发起攻击。

武王和太师姜尚观察到前来助阵的八百诸侯都是一些比较小的诸侯，而那些举足轻重的大国诸侯并没有派人前来，认为时机还不成熟，遂以"诸位不知天命"告诫大家不要操之过急，下令全军撤回。[14]

这次出征实际就变成了灭商预演，史称"孟津之会"[15]或"孟津观兵"。[16]

武王的灭商预演并没有唤醒淫乱的纣王，他反倒变本加厉，更加暴虐专断，致使无数的忠臣良将或者血溅宫廷，或者魂断冤狱，剩下的要么装疯卖傻，要么逃之夭夭。

商容是商末一位著名的贤人，在商朝臣民中享有很高的威望，可能是因为不满商纣王的淫暴行为而上朝犯颜进谏，结果被纣废黜为奴。

▲ 周武王像

第十一章　伐纣灭商

微子，名启，与纣王一母同胞，因受封于微地建立微国，爵位为子爵，故称微子。微，在今山西潞城东北。微子曾多次亲谏纣王，见"纣终不可谏"，就知道商王朝灭亡不可避免。微子大概想到，真到那么一天，自己作为商王朝贵胄，很可能会面临戮族杀身的下场，遂在经过痛苦的思想斗争后，决定出国逃亡。

逃亡前，微子去见他两个叔叔——太师箕子和少师比干。

箕子，名胥余，是商先王文丁的儿子，帝乙的弟弟，官职为太师，因其封地于箕，故称箕子。箕子佐政时，见纣王进餐必用象牙筷子，认为纣王太奢侈了，曾对同僚感叹说："大王今天用象牙筷子，明天就必然会用玉杯了。既然用玉为杯，那么就一定会搜刮远方稀奇的珍贵物品而为自己所用。这样下去，大王的舆马宫室将充满奢靡之气，我大商的衰亡也就为期不远了。"

比干也是商王文丁的儿子，商王帝乙和箕子的弟弟，商纣王的叔父，因受封于比邑而有此称。比邑在今山西省汾阳市一带。[17]

微子对两个叔叔说："父师、少师，看来我们殷商已经无法正统四方而治理天下了。我先祖成汤定诸侯、成事功，布德政于上，然而纣王却醉生梦死，乱朝纲，败德于天下。殷商的大小官员无不嗜好草野窃盗，寇贼奸宄，卿士们互相效仿，诋毁圣贤，僭越法度。他们罪不容诛，却又能逍遥法外。奸邪小人各起一方，彼此为敌，相互仇杀。现在，我们殷商快要沦丧了，就像徒行渡水，却又大水弥漫，茫无涯际。殷商行将灭亡的态势，居然到了这么严重的地步！"微子顿了一下，悲愤地问，"父师、少师，我是佯狂逃亡他国好呢，还是躲避于荒野在自己国家终老好呢？请指点我救亡图存之道。我们的国家即将覆亡，可该怎么办啊！"

箕子回答说:"王子,上天给我们殷商降下大祸,要使我们灭亡,然而国君却还沉醉在酒中,执迷不悟,不惧上天的威严,不听年高德劭的旧时大臣劝告。现在,殷商的臣民就是偷窃祭祀天地祖先神灵的各种贡品也都能被宽恕,就是吃掉了贡品也没有灾祸降临。纣王派下去的官员,就是为了监视百姓,用以治民的手段就是横征暴敛。有罪的人都没有被逮捕和惩治,招致普通民众无休无止的怨恨。他们团结起来,同仇敌忾,共同对付我们。这些罪行都是因纣王一人而起,却让臣民遭受痛苦而无处申诉。殷商有灾祸,我们都会承受灾难;如果殷商灭亡了,我们也不能去做别人的奴隶!我奉劝王子逃出去。我早就说过,纣王要加害于你,你要是不出逃,我殷商的宗庙将坠毁无主。人各有志,大家都以自己的行为和方式报答先王和国家吧!我就不必和你们一道逃亡他乡了。"[18]

微子逃走,箕子心情异常沉重。而此时的纣王更加暴虐无道,整天酗酒淫乐而不理朝政。眼见先祖成汤所创近600年江山就要断送在纣手里,箕子心忧如焚,多次上朝苦心谏阻,但纣充耳不闻,依然我行我故。有人怕纣对箕子下毒手,就劝他逃走。箕子慨然答曰:"为人臣,谏不听而去,是彰君之恶而自悦于民,吾不忍也。"

说是这般说,但箕子明白,他多次劝谏纣王,已经惹纣王不快,纣王迟早会找借口把自己杀掉。但箕子狠不下心来逃离故土,索性披发佯狂,装疯卖傻,每日里只管弹唱"箕子操"以发泄心中悲愤。纣见此,以为箕子真疯了,遂将他囚禁起来,贬为奴隶。[19]

▲ 清·囚奴正士图

比干在商王朝位高权重，但性情耿直，宁折不弯。他以少师高位辅佐帝乙，又受托孤重命辅政纣王。比干见箕子上谏，纣不听，反将箕子贬为奴隶，就气愤地说："君王有过而臣又不能以死谏诤，以至于让百姓无辜遭难，可是普通百姓又有何罪！"随后又无奈叹息，"君主有过不去劝谏是不忠,惧怕死亡不去说话是不勇。君主有过去劝谏而被处死,才是至忠。"

比干于是前往纣王所居摘星楼,强谏三日而不离去。纣问比干,凭什么如此胆大?比干昂首答曰:"我凭的是善行仁义。"纣王大怒,说:"我听说圣人的心有七窍,是真的吗?"说完,就让刽子手将比干杀死,并残忍地将心脏从腹中剖出观看。[20]

"微子去之,箕子为之奴,比干谏而死"[21],忠心耿耿的皇亲国戚尚落得个如此下场,其他大臣也就只能眼睁睁地看着纣王"暴虐滋甚",敢怒而不敢言。主掌殷商祭祀礼乐的大师疵、少师彊见此情景,趁机抱着乐器惶惶向西投奔周人而去。[22]

远居西土的周武王,自"孟津观兵"回朝以后,就日夜秣马厉兵,周全备战,随时准备东进,同商人进行最后的决战。没想到,仅过两年,殷商就内乱如此,贤能被囚,忠臣被杀,民心悖离。

给周武王带来更大的利好是,此时的商纣王完全不顾周人在西方对他的虎视眈眈,而把最精锐的武装力量都用在了对东方夷人的讨伐上。

周武王终于等到了同商纣王决战的最佳时机。

牧野大战

武王欲举兵伐纣,但心里未免还是有点忐忑,太公姜尚说:"谗慝胜良叫戮,贤者出走叫崩,百姓不敢诽怨叫刑胜,殷商已经乱到极点,他们不可能取胜!"[23]武王深以为然,于是遍告诸侯:"商纣有重罪,必须尽力讨伐!"随即,以遵循文王遗旨为名,于文王十年十一月戊子望,即公元前1047年10月16日[24],遣周师先头部队出发东进至崤函尾部,也就是今豫西伊洛河一带集结。

十二月癸巳,即公元前1047年12月20日,武王又亲自率领兵车300乘、勇士3000人、甲士4.5万人,东上同先头部队会合。[25]

大军行至鲜原(今陕西咸阳市东北,接洛阳县界)渭水之滨时,谨慎小心的周武王特意召告召公奭、毕公高,要求他们进入商人地域不要滥杀无辜,要和沿途百姓搞好关系,做到施惠于民,取信于民:"不与民争利,百姓就会忠诚。办事要认真。百姓很难抚养,人主降恩惠给百姓,百姓没有不来归服的。百姓归惠如草应风,仅用财利不会成事。"[26]

二月癸卯朔,即公元前1046年1月2日,武王大军抵洛,同先头部队会合。随后，武王率大军向孟津出发。行至距离孟津不远的鲔水时，碰上雨雪天气，而且是日夜不休，武王依旧疾行不停。这时军中已经有一些士兵因淋雨而生病，军师等一班将领遂上奏武王，请求让部队休整一下再走。[27]武王答应大家的请求，令部队稍作休整后，继续前进。

公元前1046年1月15日（一月戊午），军队全部渡过孟津。武王原本还想着"以六师伐殷"，但出乎意料的是，"六师未至"[28]，只来了庸、蜀、羌、髳、微、卢、彭、濮八个偏远小国。[29]羌在西方，蜀、髳、微在巴蜀，卢、彭在西北，庸、濮两国在江汉之南。[30]这说明周人伐商，并没有得到中原诸侯的武力支持，其武装力量比起商王朝来说，还有相当大的差距。

为鼓舞士气，武王对将士们做了慷慨激昂的动员演说："现今商纣竟听从妇人之言，自绝于天！他毁坏了天地人的正道，疏远了他同祖的兄弟，又抛弃他先祖的乐声而制作了淫荡的靡靡之音，以此扰乱纯正的礼乐，取悦妇人。今天，我姬发只是在恭敬地执行上天惩罚他的命令。努力吧，勇士们！成功在此一举。不会有第二次，更不会有第三次了……民之所欲，天必从之……戎商必克！"[31]

▲ 西安临潼出土的西周利簋，其铭文提到武王征商时间：唯甲子朝，岁鼎，克昏夙有商

武王率军行至今河南荥阳北汜水牛头山时，遭遇狂风暴雨，军中

鼓旗毁折，武王乘骑也遭雷击而死。这时，汜水暴涨，士卒已无法行舟渡河，不得不改走陆路。至武陟怀地时，由于地近沁水，水溢成灾，道路泥泞，只好向北绕行到今辉县共头。不成想，这里山石崩摧，道路中断，又不得不改道前往戚与百泉。[32] 戚在今河南省嘉获县西北20里左右的茅邑以西[33]，百泉在今辉县西北七里苏门山[34]。周师大将霍叔由此想到部队出发时，还迎面碰上了太岁，乃大凶之兆，心生恐惧，就对周公旦说："出行三日而五灾至，是不是可以考虑班师回朝？"

周公本也有此意，但军心不可动摇，就斥责了霍叔一通，然后转身找到太公姜尚说："今时迎面碰上太岁是个不吉利的兆头，龟灼、卜筮均为不吉，星象异常变化终会成灾，我们还是回师吧。"

太公闻言大怒："商纣刳比干、囚箕子，以奸佞飞廉为政，伐之有何不可？枯草朽骨，怎么知道天命？"说完，就将龟甲焚烧，将蓍草折断，并亲自上阵擂鼓，率众过河。武王听从了太公的意见，转身跟了上去。

周公见此，也赶紧重新选马前行。周师早晨还在戚地用餐，夜晚就抵达百泉宿营，次日早晨便迫近牧野。[35]

二月甲子，即公元前1046年1月20日黎明时分，武王早早来到商都郊外一个叫牧野的地方，举行誓师大会。牧野一般认为是在今河南省卫辉市一带[36]。武王左手拿着黄色的大斧，右手举着白色的旌旗，对早已集合在那里整装待发的将士们发表誓师演讲："远来辛苦啊，西方从征的将士们！啊，我友邦的国君们，司徒、司马、司空、亚旅、师氏、千夫长、百夫长等各位指战员，以及庸、蜀、羌、髳、微、卢、彭、濮等盟国从征之人，举起你们的戈，亮出你们的盾，竖起你们的矛，听从我宣誓。

"古人云：'母鸡不能报晓打鸣，如果母鸡报晓，这个家庭就会沦落。'如今，殷纣王只听信妇人的话来办事，抛弃他的先祖而不予祭祀，遗弃他的同族兄弟而不加任用，反倒推崇和重用那些四方逃亡、罪恶多端的人，听任他们在商国胡作非为，暴虐百姓。今天的战斗，不要以为往前六七步就可以轻松获得胜利；不要以为冲刺四次、五次、六次、七次就可以打败敌人。努力，将士们！希望大家英勇杀敌，如猛虎，如熊罴，如豺狼，如蛟龙！在商都之郊，不要杀害前来投降的人，让他们前来帮助我们。奋进，将士们！谁不奋进，谁就会受到惩罚！"

武王宣誓完毕，诸侯将前来会合的 4000 辆战车排列在阵地上，做好战斗准备。《史记·周本纪》记载，纣王闻听周军攻来，立即征调了 70 万军卒前来抵御。[37] 双方临河布兵，严阵以待。[38]

70 万云云可能是个夸大的数字，或者就是 17 万之误。但纣军人数应该是个很庞大的数字。《诗经·大雅·大明》记述商军当时威烈的场面说，其军旗就如繁盛的林木那样，在牧野上空迎风飘扬。[39]

比较而言，周军就有点相形见绌，只有戎车 300 乘，虎贲军士 3000 人，甲士 4.5 万人，即便加上前来助阵的庸、蜀、羌、髳、微、卢、彭、濮"八国联军"，同商军也无法相提并论。

武王见此阵势，心里就有些忐忑，遂悄悄对太公姜尚说："商国面积比咱大，人口比咱多，势力比咱强，处境比咱安全。商纣又是天子，而我们只是诸侯。我们以诸侯的身份讨伐天子，是以下犯上，以小击大，以少击多，以弱击强，以危击安。用我们的五种劣势去攻击人家的五种优势，能成功吗？"

太公回答："作为诸侯，我们自然不应该攻打天子，更不应该用自己的劣势去攻击人家的优势。"

听太公这样说，武王更加惴惴不安："我们现在已是骑虎难下，尚父说该怎么办吧。"

太公说："我王不必惊慌。所谓大，应该是天下百姓归其所有；所谓众，应该是天下民众都愿意拥护他；所谓强，应该是天下百姓都愿意为他效力；所谓安，应该是满足了天下人的需求而得到的安宁；所谓天子，是那种让天下人相亲相爱、尊敬如父的人。我们今天的行为是替天行道，为百姓除残去贼。周虽弱小，抵抗一个残贼还有问题吗？"

武王问："尚父说的残贼是指什么？"

太公回答："抢掠天下美女，搜刮天下财宝，使老百姓无法生活，谓之残；任用凶暴狂虐的官吏，不分贵贱好坏，无法无度地任意杀戮，谓之贼。商纣不正是这样的残贼吗？"

武王听了太公这番话，一腔热血油然而生："那就让周替天下除掉这个残贼吧！"

太公随即说："我率少数勇士上前挑战，您随后可催动大军掩杀过去，成功与否，在此一举。"[40]

说罢，太公带领百名勇士驱驰战车就冲了上去。随后，周武王趁商军还在错愕之际，发出了全面攻击的信号，周军及其联军瞬间就呼啸着向商军掩杀而去。[41] 当时的战斗场面极其壮观，

▲ 西周武士复原图

《诗经·大明》的描述是:"牧野洋洋,檀车煌煌,驷騵彭彭。"[42]

杀向商军的周国联军中,这时出现了一幕奇葩的景观:在众将士"载驱载驰,赴敌争先"时,竟还有一部分士兵"前歌后舞,凫噪欢呼"。[43]原来,这支主要由周人和庸、蜀、羌、髳、微、卢、彭、濮八国组成的联军中,来自巴蜀地区的蜀、髳、微三国,尤其是蜀,是个特殊的存在。古蜀是个神国,祭祀而行傩舞是他们的习俗。《华阳国志·巴志》记载:"巴师勇锐,歌舞以凌,殷人倒戈"。[44]所谓"凌",就是侵犯、进犯的意思,"歌舞以凌",说明武王联军中的巴蜀军队是以歌舞的方式在冲锋陷阵。这是一种鼓噪夸张、类似傩舞的战斗方式,并非以艺术和审美为目的。西汉时,巴人仍有此习俗,曾作为汉军前锋,"锐气喜舞",得到了汉高祖刘邦的赞赏。云南德宏地区的景颇族和四川凉山地区的彝族在战前也有"歌舞以凌"的习俗:在战斗开始前,他们的先锋一手持刀,一手持色彩鲜艳、图案可怖的盾牌,在舞刀弄枪的同时,发出吼叫,制造出紧张恐怖的气氛,然后向敌军战阵冲去。[45]

《史记·周本纪》记载,[46]商军虽然人多,但没有斗志,他们从内心里希望周人尽快打过来。商军兵卒大都在战斗中倒戈,反倒成了周军的开路先锋。

这个说法可能有夸大商兵倒戈规模之嫌。综合各种史料记载,当时两军交战时应该是像前述周军东进一样,遭遇了雨雪天气。[47]两军临河交战,厮杀激烈,伤亡惨重,以至于将士的鲜血和一些木质盾牌之类的木杵被汹涌的雨水裹挟冲入河流,形成了红色的水面上漂浮着木杵这样惨烈的景象,因此才有了《尚书·周书》对牧野之战"血流漂杵"这样的记载。[48]

《逸周书·世俘解》说，武王在牧野之战时，还向四方征讨，总计杀敌107779人，[49]这其中，牧野之战中死亡人数应该占了绝大多数。虽然，这个记载可能有夸大之嫌，但应该还是反映了一定的史实。

总之，在经过一番激烈的交战后，纣兵全线崩溃。纣王见大势已去，慌忙逃回朝歌，登上商王朝用来囤聚钱粮宝物的鹿台，穿上用宝玉做成的衣服，放火自焚而亡。《大清一统志》谓朝歌在今淇县城内，鹿台在淇县治内。[50]

战斗结束，武王手执太白旗向诸侯挥动示意，诸侯都来参拜。武王也作揖还礼。殷商的贵族和庶民都在郊外惶恐不安地等着武王的到来。武王派臣下告诉他们说："上天会赐福给大家。"听到这句话，那些商人忐忑不安的心才放松下来，于是，大家叩拜谢武王赐恩。武王知道后，也回拜答谢了大家。

武王进入朝歌城，径往商纣所在鹿台，亲自拉弓上弦，射了商纣的尸体三箭。下车后，又用轻吕剑击刺纣王尸身，然后用黄钺大斧砍下商纣首级，悬挂在太白旗上示众。接着搜查宫内，纣王两个宠妾彼时都已经自缢身亡。武王射了她们三箭，又走上前去用轻吕箭刺了一下她们的尸身，然后用铁质大斧砍下她们的首级，令手下悬挂在小白旗上示众。做完这一切后，武王这才出城，回到军中。[51]

有人告诉武王，纣放火自焚时，还同时焚烧了4000件玉器。五天后，武王命千夫长带人到鹿台去寻找那4000件玉器，结果发现，除了五枚天智玉外，其余均已毁于火中。武王在商宫廷中先后缴获宝玉14000枚、佩玉18万枚。[52]

牧野之战，从双方布阵、交战到纣王纵火自焚，只持续了1天的时间。不可一世的商纣王在位30余年，顷刻间化为灰烬。

商鼎迁周

商纣自焚身亡，意味着以周武王为首的盟军取得了决定性的胜利，但是散处四方的殷纣残余势力还很强大。为防止殷纣势力重新集结，对盟军实施反攻，武王在牧野之战结束后的第二天，就先后命太公姜尚阻击纣之大将方来，命吕他讨伐越、戏、方三国，命侯来讨伐靡、陈两国，命伯算讨伐卫国，命陈本讨伐磨国，命百韦讨伐宣方、新荒、厉国……肃清商纣残余势力的战争持续了一个多月，直至武王凯旋班师回归镐京以后，才宣告结束。期间，共计攻灭99国，杀敌197779人，生俘30023人，总计征服652国。[53]

《史记·周本纪》记载了牧野之战结束后武王"膺更大命"的壮观场景[54]：纣王死后的第二天，周武王下令清除朝歌道路，修理社坛及商宫。至吉时，100名勇士高举着云罕旗作为先导，武王弟弟叔振铎献上给武王使用的威仪专车，另一个弟弟周公旦手持象征军权的大斧，毕公手持小斧，跟在专车两侧，旁边还有散宜生、太颠和闳夭三位大将持剑护卫。进城以后，武王停立于社庙的南面，军队和群臣环卫于左右。毛叔郑手捧在明月夜里收取的露水，康叔封铺好草席，召公奭奉献五色彩帛，太公姜尚牵来用作牺牲的牲畜……太史尹佚庄严地宣读策书祝文："殷商末代子孙纣殄废先王的圣明德行，侮蔑神祇而不予祭祀，还暴虐商国百姓。其罪恶昭著，连上天都不忍直视……"

武王这时候连忙起身稽首叩拜，然后庄重言道："我恭受上天改变天地之命，革除殷商政权，要建立一个崭新而又合乎天道的天下秩序。"说完，又再次叩头行礼后方才退出。

之后，武王又命大臣南宫括和史官向大家展示了收藏在商王室的九鼎和宝玉。九鼎相传为夏禹收天下之金所铸成，象征九州。[55]后来成了象征国家政权的传国之宝。武王让诸侯和众官员瞻仰九鼎，是要明确宣告天下，象征九州天下的九鼎已经从商社转移到周社。周人革除殷命，受天明命，君临天下，是周人对商代社神祭祀权的接替，也为周人代殷而为天下共主提供了"合法"依据。

即位大典完成以后，武王谨遵文王"天命有德"的教导，派人修整比干的坟墓，旌表商容的故里，保护箕子的旧宅，朝拜商汤的宗庙，还将纣王储存在钜桥、鹿台的粮食和财物散发给百姓。针对天下百姓厌战的心理，武王又特意派人砸破战鼓，折断鼓槌，松开强弓，拉断弓弦，松懈佩剑，同时让大臣们随身带着记事的笏板记下民情，以示以后不会再有仇敌，不会再无端挑起战争让普罗大众受害。

为了提倡生活俭朴，武王还命军队搬离房舍、露宿野外。这几项行动都得到了朝野上下一致的称赞，"天下歌而乐之，诸侯执币相朝"。[56]

武王并没有因为对商纣的厌恶和仇恨而对他的子民实施残酷的杀戮政策，反而把原商王朝畿内殷墟及其周围核心地区封给了商纣的儿子禄父，以此安抚商朝遗民。但为了安全起见，又在禄父周围设立"三监"，监视他的一举一动。商都殷墟以东为卫国，由管叔监之；殷墟以西为鄘国，由蔡叔监之；殷墟以北为邶国，由霍叔监之。[57] 管叔、蔡叔和霍叔三人都是周武王同母胞弟。

  武王在牧野之战结束后，仅在朝歌待了五六天，等完成即位大典及上述必要的工作后，即于三月戊辰（二日）这天班师回朝。返回途中，又特意上天室封禅祭天。[58] 天室即天室山，亦名太室山，就是今中岳嵩山，乃古帝王的封禅之地。封禅是以高山为天然祭坛举行的祭天仪式。[59] 武王此举意在向诸侯方国宣示：天地祖先神灵共鉴，周人已是代殷而有天下的新的共主了。[60] 由此为天命归周披上了神圣的外衣。

  四月丙午（十一日），武王率军凯旋返抵镐京。大家稍事休整，周王廷在四天后开始连续六天举办各种祀典活动。[61]

▲ 镐京国家大遗址保护项目效果图

  第一天庚戌日，举行献俘礼，凯旋告祖。武王命人斩断商纣恶臣百人手足，杀掉俘获的军中小吏和守鼎官员，还杀掉了40个小氏族的首领。司徒、司马在外朝南门（皋门）处剥掉俘虏的衣服，夹道示众，然后再将他们驱赶到内朝杀掉，献祭众位商先王。之后又由太师吕尚用白、赤两种旗杆挑着商纣及其两个宠妾的首级进入，作为牺牲燎祭位居上帝牌位左右的先祖木主，以示伐纣事业大功告成。

第二天辛亥日，举行郊祭礼，祀天配祖。武王用来告祭祖宗上帝天命归周所恭陈的祭物，不仅有九鼎，还有玉珪、宪令一类。武王在周庙手持黄钺对归服于周的诸侯国发布文告，册命诸侯之长，形成王权之下的二级权力机制。追赠先父为文王，追赠先祖季厉为太王，并效仿商人祭礼，将太伯、虞仲、伯邑考等先祖牌位请进附祭配享之列。

此后两天册封诸侯，建立地方政权；册命殷士，充实文化机构。第五天告功祖庙，礼成《大武》；第六天以众国之君助祭后稷，诚誓于社。

制礼作乐，特别以《大武》为国乐，强化了周人一统天下的政治意识；让诸侯之长助祭上天和后稷，是在彰显武王作为周天子在政治上的新形象。周武王由此成为天下四方之君，颁克殷之命于列邦列国，周之天下得以确立。

此时，各方讨伐商纣残余势力的将帅也带着胜利的喜讯陆续返回。一个绵绵延延存在了554年的王朝顷刻之间灰飞烟灭——按照夏商周断代工程年表，成汤在公元前1600年建立商王朝，纣王在公元前1046年自焚，周武王由此君临天下。[62]

至此，由古公亶父开山，由季厉奠基，由文王姬昌布局，由武王姬发发起总攻的剪商事业，经过周人四代首领近100年百折不挠的努力，终于得以完成："天命"授周，一个对后世中国礼乐文明产生了重大影响的朝代——西周，由此登上历史舞台，开始了属于自己的炫目表演。

由周武王发动并领导的这场伐纣灭商之战，如果从武王自周启程算起，到纣王自杀、牧野之战结束，历时 31 天；如果从武王派先遣部队出发算起，则历时长达 96 天。[63]

武王伐纣灭商的时间历来说法不一，江晓原、钮卫星在《回天——武王伐纣与天文历史年代学》一书就列出 44 种不同的说法，[64] 年代最早的为公元前 1130 年，最晚的为公元前 1018 年。相对而言，夏商周断代工程年表核定时间还是更具有说服力，所以，本书以夏商周断代工程年表核定时间为准。

在商王朝存在的 554 年里，按照《世本》《史记》等记载，共经历了 17 世 31 王。1917 年，王国维根据新出土的甲骨文，写了《殷卜辞中所见先公先王考》和《殷卜辞中所见先公先王续考》两篇文章，系统地考证了殷商先公先王的名号，大体排出了一个可靠的商人发展世系，证明了《世本》《史记》所记殷商历史，除个别有误，其基本历史框架是对的。[65]但在商王朝前后相续的 17 世 31 王中，成汤的太子太丁，在成汤驾崩后并没有即位为王——甲骨文里迄今为止，还找不到这方面的记载。这也就是说，商王朝存在的 554 年里实际是经历了 17 世 30 王。[66]

注　释

1.（汉）司马迁撰，（南朝宋）裴骃集解，（唐）司马贞索隐，（唐）张守节正义：《史记》，中华书局 1982 年版，第 118 页。

2. 马卫东：《〈乾〉卦爻辞与周文王克商方略》，《周易研究》2011 年第 4 期。

3. 李琳之：《元中国时代——公元前 2300—前 1800 年华夏大地场景》，商务印书馆2020年版，第261—290页。

4. 李云凯、姚玉成：《周文王对商政策浅析》，《哈尔滨学院学报》2010年第6期。

5. 顾颉刚、刘起釪：《尚书校释译论》，中华书局2005年版，第1066页。

6. "殷之即丧，指乃功，不无戮于尔邦"这句话有不同的理解，这里借鉴了王进锋的译文，又加上了我自己的理解，见王进锋：《〈尚书·西伯戡黎〉"殷之即丧，指乃功"释义》，《四川文物》2009年第4期。

7. （清）王先慎撰，钟哲点校：《韩非子集解》，中华书局1998年版，第300页。

8. 黄怀信：《逸周书校补注译》，三秦出版社2006年版，第89页。

9. 李零：《读清华简〈保训〉释文》，《中国文物报》2009年8月21日。个别词句有改动。

10. （清）王鸣盛著，陈文和主编：《尚书后案》，中华书局2010年版，第854页。

11. （清）孙希旦撰，沈啸寰、王星贤点校：《礼记集解》，中华书局1989年版，第552页。

12. 赵奉蓉：《〈逸周书〉中周文王叙事视角的转变》，《甘肃社会科学》2009年第2期。

13. （清）阮元校刻：《十三经注疏》（清嘉庆刊本），中华书局2009年版，第1120页。

14. （汉）司马迁撰，（南朝宋）裴骃集解，（唐）司马贞索隐，（唐）张守节正义：《史记》，中华书局1982年版，第120页。

15. （清）马骕撰，王利器整理：《绎史》，中华书局2002年版，第2483页。

16. （汉）刘安编，何宁撰：《淮南子集释》，中华书局1998版，第693页。

17. （汉）司马迁撰，（南朝宋）裴骃集解，（唐）司马贞索隐，（唐）张守节正义：《史记》，中华书局1982年版，第1610页。

18. （清）孙星衍撰，陈抗、盛冬铃点校：《尚书今古文注疏》，中华书局2004年版，第253—263页。

19. （宋）郭茂倩编：《乐府诗集·箕子操》，中华书局1979年版，第829页。

20. （汉）司马迁撰，（南朝宋）裴骃集解，（唐）司马贞索隐，（唐）张守节正义：《史记》，中华书局1982年版，第108页。

21. 程树德撰，程俊英、蒋见元点校：《论语集释》，中华书局1990年版，第509—510页。

22. （汉）司马迁撰，（南朝宋）裴骃集解，（唐）司马贞索隐，（唐）张守节正义：《史记》，中华书局1982年版，第121页。

23. 吕不韦：《吕氏春秋》，岳麓书社1989版，第121页。

24. 罗琨：《商代战争与军制》（商代史·卷九/宋震豪主编），中国社会科学出版社2010年版，第365页。另，下面所引具体阳历日期，均见此书，不再特意注明。

25. （汉）司马迁撰，（南朝宋）裴骃集解，（唐）司马贞索隐，（唐）张守节正义：《史记》，中华书局1982年版，第121页。

26. 黄怀信：《逸周书校补注译》，三秦出版社2006年版，第161页。

27. （清）王鸣盛著，陈文和主编：《尚书后案》，中华书局2010年版，第516页。

28. 许维遹撰，梁运华整理：《吕氏春秋集释》，中华书局2009年版，第127页。

29. 方诗铭、王修龄：《古本竹书纪年辑证》，上海古籍出版社2005年版，第239页。

30. （汉）司马迁撰，（南朝宋）裴骃集解，（唐）司马贞索隐，（唐）张守节正义：《史记》，中华书局1982年版，第123页。

31. （战国）左丘明撰，（三国吴）韦昭注：《国语》，上海古籍出版社1988年版，第85、100页。

32. 杜勇：《武王伐纣日谱的重新构拟》，《古代文明》2020年第1期。

33. 彭邦炯：《武王伐纣探路——古文献所见武王进军牧野路线考》，《中原文物》1990年第2期。

34. 高士奇：《春秋地名考略》（卷5），《景印文渊阁四库全书》第176册，台湾商务印书馆1986年版，第550页。

35. （清）王先谦撰，沈啸寰、王星贤点校：《荀子集解》，中华书局1988年版，第134—161页；黄晖：《论衡校释》，中华书局1990年版，第1004页。

36. 谭其骧主编：《中国历史地图集》，中国地图出版社1982年版，第13—14页。

37. （汉）司马迁撰，（南朝宋）裴骃集解，（唐）司马贞索隐，（唐）张守节正义：《史记》，中华书局1982年版，第124页。

38. 白立超：《论"血流漂杵"的历史真相》，《西北大学学报》2017年第2期。

39. （汉）毛亨传，（汉）郑玄笺，（唐）陆德明音义，孔祥军点校：《毛诗传笺》，中华书局2018年版，第358页。

40. （宋）洪兴祖撰，白化文等点校：《楚辞补注》，中华书局1983年版，第109页。

41. （清）马骕撰，王利器整理：《绎史》，中华书局2002年版，第297—298页。

42. （汉）毛亨传，（汉）郑玄笺，（唐）陆德明音义，孔祥军点校：《毛诗传笺》，中华书局2018年版，第358页。

43. 游国恩著，游宝谅编：《天问纂义》，中华书局2008年版，第372页。

44. （清）马骕撰，王利器整理：《绎史》，中华书局2002年版，第296页。

45. 汪宁生：《释"武王伐纣前歌后舞"》，《历史研究》1981年第4期；公孙蛋：《三星堆文明到底参战了没有？武王伐纣：决定历史走向的"小规模"战斗》，《国家人文历史》2020年第3期。

46. （汉）司马迁撰，（南朝宋）裴骃集解，（唐）司马贞索隐，（唐）张守节正义：《史记》，中华书局1982年版，第124页。

47. 武王伐纣是在"二月甲子"，虽说是冬天，但根据竺可桢的《中国近五千年来气候变迁的研究》，那个时代，黄河北岸属于亚热带气候，冬天雨雪交加很常见。这种温暖的气候一直持续到西周初年。见公孙蛋：《三星堆文明到底参战了没有？武王伐纣：决定历史走向的"小规模"战斗》，《国家人文历史》2020年第2期。

48. 白立超：《论"血流漂杵"的历史真相》，《西北大学学报》2017年第3期。

49. 黄怀信：《逸周书校补注译》，三秦出版社2006年版，第200页。

50. 和珅：《大清一统志》（卷158），《景印文渊阁四库全书》第477册，台湾商务印书馆1982年版，第181页。

51. （汉）司马迁撰，（南朝宋）裴骃集解，（唐）司马贞索隐，（唐）张守节正义：《史记》，中华书局1982年版，第124—125页。

52. 黄怀信：《逸周书校补注译》，三秦出版社2006年版，第203—204页。

53. 黄怀信：《逸周书校补注译》，三秦出版社2006年版，第195—200页。

54. （汉）司马迁撰，（南朝宋）裴骃集解，（唐）司马贞索隐，（唐）张守节正义：《史记》，中华书局1982年版，第125—126页。

55. （清）孙星衍撰，陈抗、盛冬铃点校：《尚书今古文注疏》，中华书局2004年版，第207页。

56. （汉）刘安编，何宁撰：《淮南子集释》，中华书局1998年版，第894页。

57. （晋）皇甫谧撰，徐宗元辑：《帝王世纪辑存》，中华书局1964年版，第90页。

58. 蔡运章：《周初金文与武王定都洛邑——兼论武王伐纣的往返日程问题》，《中原文物》1987年第3期；林沄：《天亡簋"王祀于天室"新解》，《史学集刊》1993年第3期。

59. 杜勇：《武王伐纣日谱的重新构拟》，《古代文明》2020年第1期。

60. （清）方玉润撰，李先耕点校：《诗经原始》，中华书局1986年版，第474页。

61. 黄怀信等：《逸周书汇校集注》（修订本），上海古籍出版社2007年版，第426—441页；杜勇：《武王伐纣日谱的重新构拟》，《古代文明》2020年第1期。

62. 岳南：《考古中国——夏商周断代工程解密记》，海南出版社2007年版，第224—225页。

63. 罗琨：《商代战争与军制》（商代史·卷九/宋震豪主编），中国社会科学出版社2010年版，第354页。

64. 江晓原、钮卫星：《回天——武王伐纣与天文历史年代学》，上海交通大学出版社2014年版。

65. 王国维：《观堂林集》，河北教育出版社2003年版。

66. 胡厚宣、胡振宇：《殷商史》，上海人民出版社2019年版，第17—35页。

附录：

夏商年表[1]

朝代	王	年代（公元前）	年数
夏	禹	2070—1600	
	启		
	太康		
	仲康		
	相		
	少康		
	予		
	槐		
	芒		
	泄		
	不降		
	扃		
	廑		
	孔甲		
	皋		
	发		
	癸（桀）		

续表

朝代	王	年代（公元前）	年数
商前期	汤	1600—1300	
	太丁		
	外丙		
	中壬		
	太甲		
	沃丁		
	太庚		
	小甲		
	雍己		
	太戊		
	中丁		
	外壬		
	河亶甲		
	祖乙		
	祖辛		
	沃甲		
	祖丁		
	南庚		
	阳甲		
	盘庚（迁殷前）		
商后期	盘庚（迁殷后） 小辛 小乙	1300—1251	50
	武丁	1250—1192	59
	祖庚 祖甲 廪辛 康丁	1191—1148	44

附录：夏商年表

续表

朝代	王	年代（公元前）	年数
商后期	武乙	1147—1113	35
	文丁	1112—1102	11
	帝乙	1101—1076	26
	帝辛（纣）	1075—1046	30

注　释

1.《夏商周断代工程夏商周年表》，岳南：《考古中国——夏商周断代工程解密记》，海南出版社2007年版，第224—225页。

图片来源

清·有夏昏德图，引自（清）孙家鼐等主编：《钦定书经图说》，清光绪三十一年印。

二里头文化与河南龙山文化相似陶字符类比示意图，引自李维明：《二里头文化陶字符量化分析》。

二里头陶尊及其上"臣"字刻符，引自蔡运章：《二里头陶尊臣字解读》。

荥阳大师姑夏代城址南城墙、壕沟，引自阎铁成主编：《重构中国上古史的考古大发现——郑州地区重大考古发现纪实》。

二里头1号宫殿复原图，摄于中国国家博物馆。

豫鲁苏皖相邻地区二里岗上层二期遗存分布示意图，引自赵俊杰：《仲丁迁隞地望新探》。

清·"殷人屡迁"荡析离居图，引自（清）孙家鼐等主编：《钦定书经图说》。

前庄遗址出土的饕餮乳钉纹大方鼎，引自卫斯：《商代大方鼎大圆鼎背后的一座"城"，以及一个王朝的兴起》，《文博山西》2021年4月6日。

清·盘庚迁殷图，引自（清）孙家鼐等主编：《钦定书经图说》。

洹北商城与殷墟位置示意图，改自牛世山：《从洹北商城到殷墟商邑：城市规划与建设的嬗变》，《中原文物》2018年第5期。

"妇好"和"司母辛"铭文拓迹，摄于河南省博物馆。

殷墟"族邑模式"早、晚期布局示意图，引自岳洪彬等：《殷墟都邑布局研究中的几个问题》。

甲骨文"牧"字，引自《李德龙解析甲骨文易错字：牧》。

妇好墓所出玉梳，引自国家地理中文网。

商王武丁时期卜辞，记述了北方有方国分别于甲辰、戊申两日征伐某地，并俘获31个俘虏的史实，摄于中国国家博物馆。

清·太甲"桐宫思训图"，引自（清）孙家鼐等主编：《钦定书经图说》。

清·祖己训王图，引自（清）孙家鼐等主编：《钦定书经图说》。

有关"帝"的卜辞，引自李双芬：《晚商时期人神关系出现新变化（上）帝祖崇拜逐渐合一》，《考古汇》2016年7月21日。

武乙射天，引自《燕山小春秋》2021年9月16日。

清涧李家崖古城址出土的"鬼"字陶文，引自吕智荣：《陕西清涧李家崖古城址陶文考释》。

甲骨文中的吕方，引自王恩田：《甲骨文吕方、戲方与廬方考》。

郑州商城宫殿区内发现的人头骨坑，引自阎铁成主编：《重构中国上古史的考古大发现——郑州地区重大考古发现纪实》。

后冈商代人殉圆坑墓，引自胡厚宣：《中国奴隶社会的人殉和人祭》。

益都苏埠屯奠基坑里人殉呈下跪姿态，引自胡厚宣：《中国奴隶社会的人殉和人祭》。

华县野沃沟商墓出土的金项饰和金耳饰，引自张天恩：《晚商西土考古学文化变迁与社会管理的认识》。

有"周"的卜辞，引自孟世凯：《商朝》（文明的历程丛书／李学勤主编）。

清·宗庙不享图，引自（清）孙家鼐等主编：《钦定书经图说》。

清·沉湎冒色图，引自（清）孙家鼐等主编：《钦定书经图说》。

文王膺天命得人心而受多方之拥戴，引自（清）孙家鼐等主编：《钦定书经图说》。

战国竹书《筮法》卦位图，引自冯时：《文明以止——上古的天文、思想与制度》，中国社会科学出版社2018年版。

俯瞰三星堆遗址，王明平摄，引自《中国报道》2021年4月刊。

三星堆1号大型青铜神树，引自李思达：《纵目头像与黄金权杖：有个性的三星堆文明从何而来》。

鱼凫王神化路线示意图，引自武家璧：《古蜀的"神化"与三星堆祭祀坑》。

清·民归一德图，引自（清）孙家鼐等主编：《钦定书经图说》。

南宋·周武王像，南宋马麟绘，现存台北故宫博物院。

清·囚奴正士图，引自（清）孙家鼐等主编：《钦定书经图说》。

西周武士复原图，引自刘永华：《中国古代军戎服饰》，清华大学出版社2013年版。

镐京国家大遗址保护项目效果图，引自《悦西安》2017年6月22日。

后记

这本书我原来设定的书名是《早中国时代——公元前1800—前1046年华夏大地社会场景》，是我"上古中国时代系列"三部曲中的最后一部。前两部分别是《前中国时代——公元前4000—前2300年华夏大地社会场景》（商务印书馆2021年9月版）和《元中国时代——公元前2300—前1800年华夏大地社会场景》（商务印书馆2020年9月版）。

之所以改用现在这个书名，主要是因为这套书的出版总策划丁波先生调任研究出版社，这本书也就随之放到了研究出版社出版。新的出版社需要一个新的气象，尤其是原来书名中的"早中国时代"概念系我独创，读者初看之下，如坠云雾之中，于是在朋友们的提议下，就用了"晚夏殷商八百年"这个更加通俗易懂、简洁明了的书名。

幸运的是，前两部书出版以后，在社会上还是引起一定程度的反响。《元中国时代》先是入选了"百道2020年11月原创好书榜·人文类TOP 20"；接着，又在2020年12月"商务印书馆人文社科好书读者投票评选"活动中获得第二名，在"历史的回响"类别中高居榜首；又在2021年1月成功入选"2020百道原创好书榜年榜·人文类

TOP 100"。《前中国时代》也在 2021 年 12 月入选商务印书馆官方发布的"2021 历史好书 60 种"榜单。

本书的出版意味着我自己中国上古史认知体系拼图的完成，这在历史上是第一次，所以错误之处在所难免，诚恳欢迎各位读者提出批评和建议。

本书能够问世，首先还是得感谢注释中提到的各位师友和同人，本书正是他们相关论著的一个总结和升华，就像那首歌唱的那样："军功章里有我的一半，也有你（们）的一半。"

本书的出版继续得到了山西省"1331 工程"重点学科建设计划、山西大学三晋文化与旅游产业协同创新中心的出版资助。

山西大学副校长孙岩教授、哲学社会学院院长尤洋教授、乔莎老师和研究出版社的丁波副总编辑、编辑安玉霞女士等，也为本书的出版付出了辛勤劳动。

此外，还有很多师友和读者在背后默默关心、支持着我的研究和写作，恕不一一点名，在此一并鞠躬致谢！

李琳之
2022 年 3 月 29 日于京城合生·世界村